W0036640

ICONIC STOREFRONTS

DEVANTURES THÉMATIQUES · FACCIATE A TEMA · FACHADAS TEMÁTICAS

USA

STRUCTURE

Edition 2009

© STRUCTURE
(and imprint of LINKSBOOKS)

Jonqueres, 10, 1-5,
Barcelona 08003, Spain
Tel.: +34-93-301-21-99
Fax: +34-93-301-00-21
info@linksbooks.net
www.linksbooks.net

All rights reserved. No part of this book may be used or reproduced in any
manner whatsoever without written permission except in the case of brief
quotations embodied in critical articles and reviews.

Printed in China

Cafes & Restaurants

Cafés y restaurantes temáticos

a fachada de un restaurante representa las características más relevantes del mismo, de modo que cada establecimiento ha de mostrar su propia marca y tener en consideración las necesidades de su clientela. El diseño debe presentar aspectos formales propios y dejar una buena impresión a los clientes, de manera que combine estética agradable y funcionalidad.

os escaparates americanos emplean básicamente cristal transparente. El restaurante e fondo, junto al rótulo, se convierte así en una representación artística integral que nos presenta l carácter del local. Un diseño bien caracterizado, una temática clara y la utilización e colores armoniosos conforman el estilo global el restaurante y, en consecuencia, mejoran su nagen de conjunto.

as fachadas de restaurantes prestan especial tención al color. Además de tonalidades ontrastantes y llamativas, también se tiene en cuenta psicología del cliente. Muchos restaurantes de omida rápida emplean el rojo para expresar calidez, petito y una cierta sensación de rapidez, al tiempo ue se decantan por el amarillo para crear una tmósfera acogedora.

Caffé e ristoranti a tema

La facciata di un ristorante ne rappresenta le caratteristiche più rilevanti, dal momento che ogni locale deve presentare la propria immagine e tenere in considerazione le esigenze della propria clientela, coniugando quindi estetica piacevole e funzionalità.
Le vetrine americane adottano per lo più vetro trasparente. L'interno del ristorante, insieme all'insegna, si converte così in una rappresentazione artistica integrale che presenta il carattere del locale. Un progetto ben definito, un tema chiaro e l'utilizzo di colori armoniosi conformano lo stile globale del ristorante e, di conseguenza, ne migliorano l'immagine complessiva.
Le facciate dei ristoranti prestano particolare attenzione al colore. Oltre alle tonalità contrastanti e appariscenti, viene considerata anche la psicologia del cliente. Molti ristoranti e "fast food" utilizzano il rosso per esprimere qualità, appetito e una certa sensazione di rapidità, mentre si affidano al giallo per creare un'atmosfera accogliente.

Cafés et restaurants thématiques

La devanture d'un restaurant présente les caractéristiques les plus importantes de ce dernier, au vu des moyens utilisés par chaque établissement pour enseigner sa propre marque et prendre en considération les nécessités de sa clientèle (de sorte que chaque établissement se doit de montrer sa propre marque et de prendre en considération les besoins de sa clientèle). Le design doit présenter des aspects formels propres à la marque et laisser une bonne impression aux clients, de manière à combiner esthétique agréable et fonctionnalité.
Les vitrines américaines sont faites en général de vitres transparentes. Le restaurant au second plan, avec son enseigne, se transforme ainsi en une représentation artistique de l'établissement. Un design réellement caractéristique, une thématique claire et l'utilisation de couleurs harmonieuses conforment le style global du restaurant et, par conséquent, améliorent son image d'ensemble. Les devantures de restaurants accordent une attention particulière à la couleur. En plus de tonalités contrastées et qui attirent le regard, la psychologie du client est aussi prise en compte. Beaucoup de restaurants fast-food emploient le rouge afin d'exprimer la chaleur, l'appétit et une certaine sensation de rapidité, et lorsqu'il se mélange au jaune, crée une atmosphère accueillante.

Cafes & Restaurants

Restaurant fronts represent the main features of the restaurant, so each restaurant has its own brand and takes customers into consideration. The design should have its own characteristic and leave the customers a good impression, that is to say, it should be aesthetically pleasing as well as helpful to the customers.
American shop windows mostly use transparent glass. The background in the restaurant, together with the signboard, is used as a comprehensive artistic form to introduce the restaurant. A characteristic design, a clear theme and harmonious colours can become one with the overall style of the restaurant, and thus enhance its image as a whole.
Restaurant fronts emphasise colour. Besides contrastive and striking colours, customers' psychology is also taken into account. Many fast food restaurants use red to express warmth, appetite and fast speed, and use yellow to create a friendly atmosphere.

Cafes and Restaurants

01

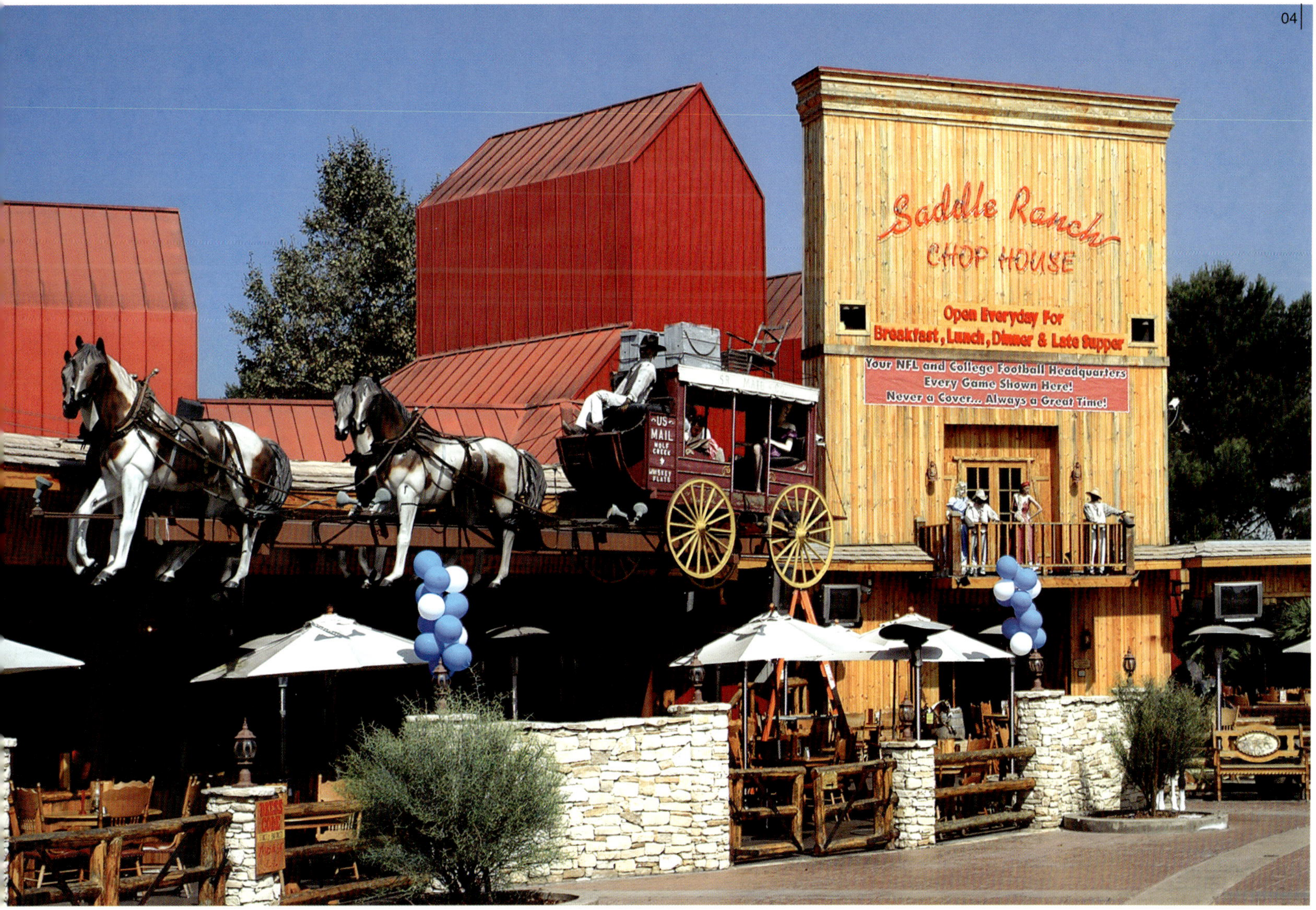

Cafes and Restaurants

05. Los Angeles
06. Los Angeles
07. Los Angeles
08. Los Angeles

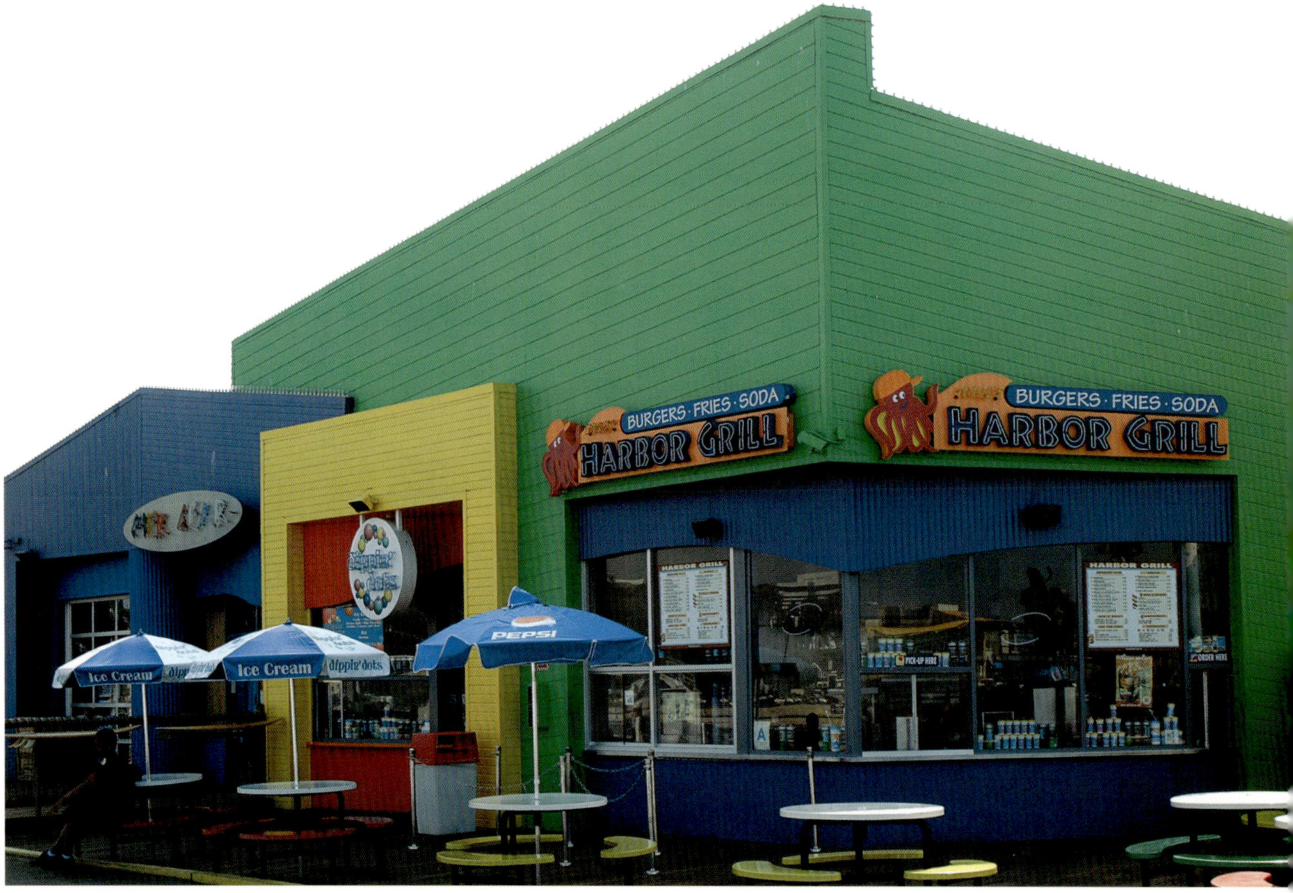

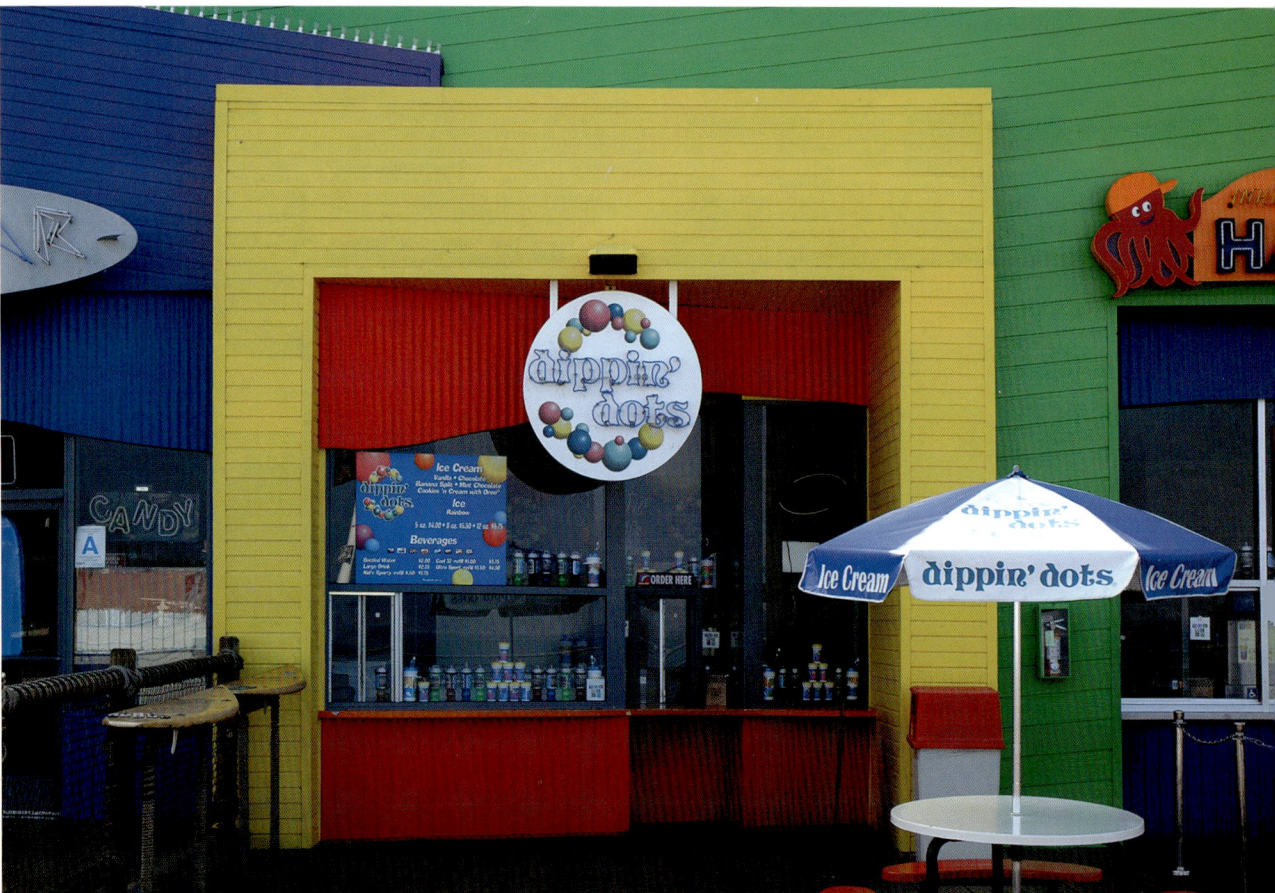

05

06

07

08

Cafes and Restaurants

09

10

11

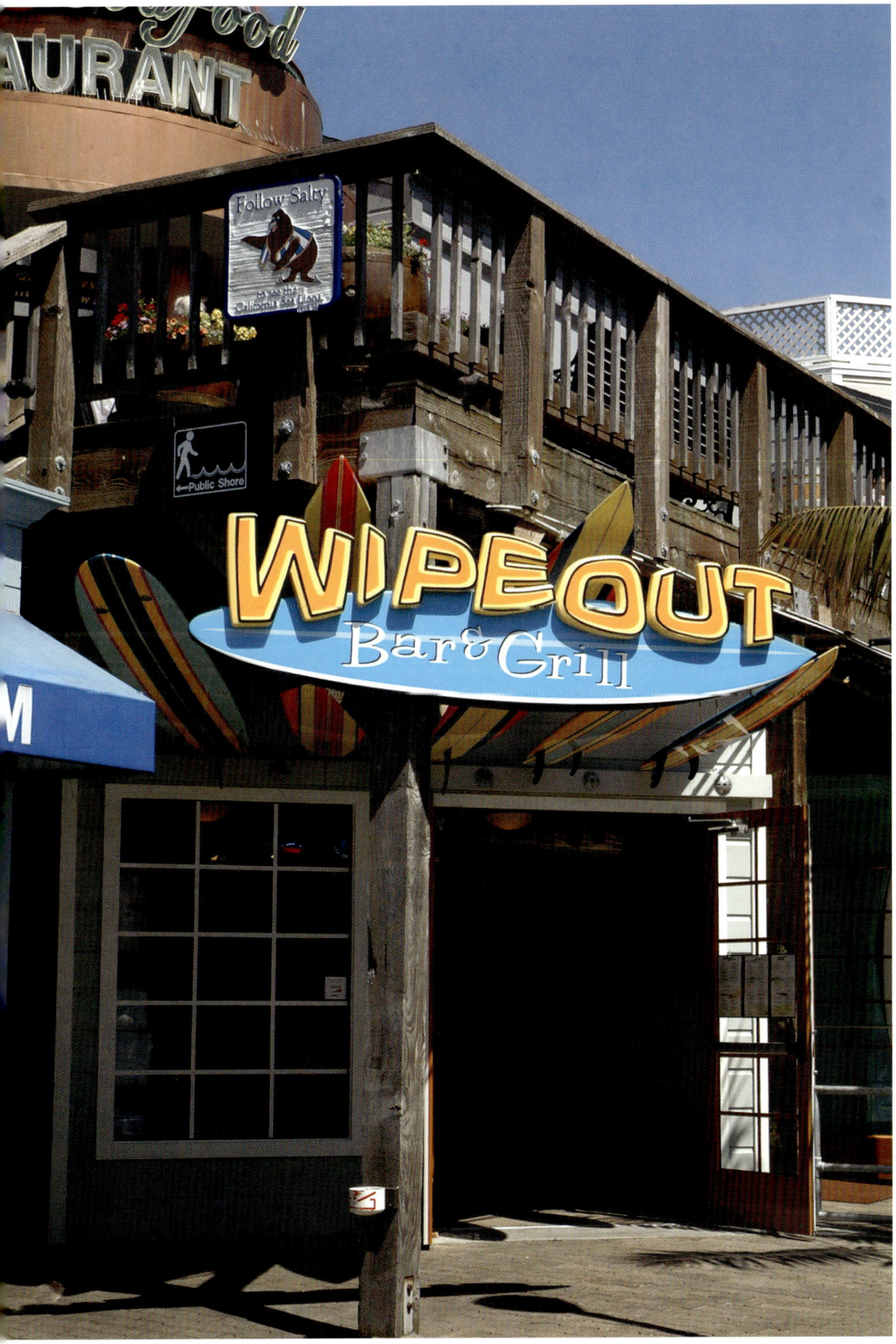

Cafes and Restaurants

15

16

Cafes and Restaurants

19

Cafes and Restaurants

24

25

26

27

Cafes and Restaurants

29

30

Cafes and Restaurants

31

32

34

Tasting Room
SPECIALITY FOODS
WINE TASTING
The OLIVE HOUSE
COLD DRINKS

35

MORTENSEN'S DANISH BAKERY
Mortensen's Bakery

36

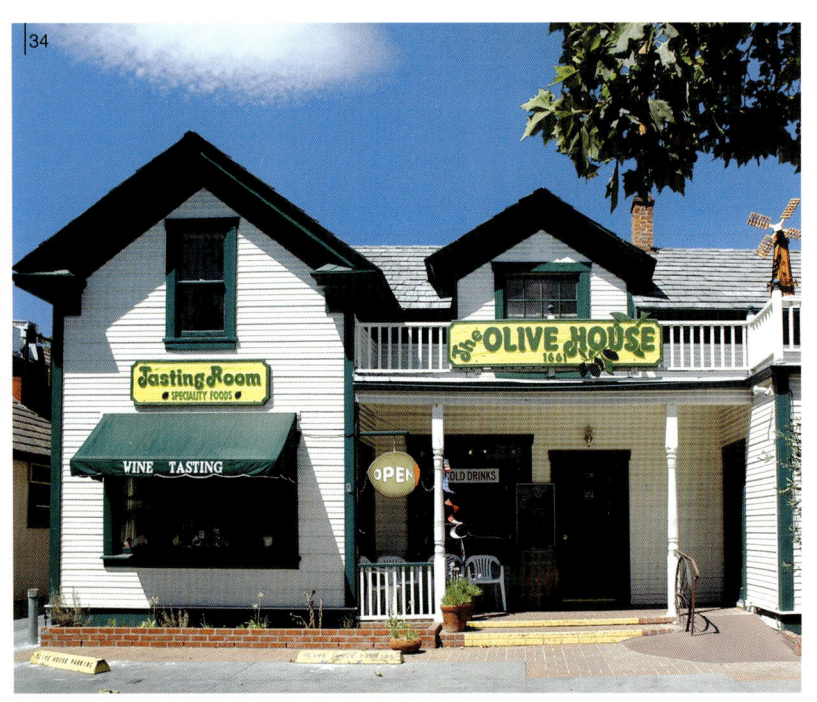

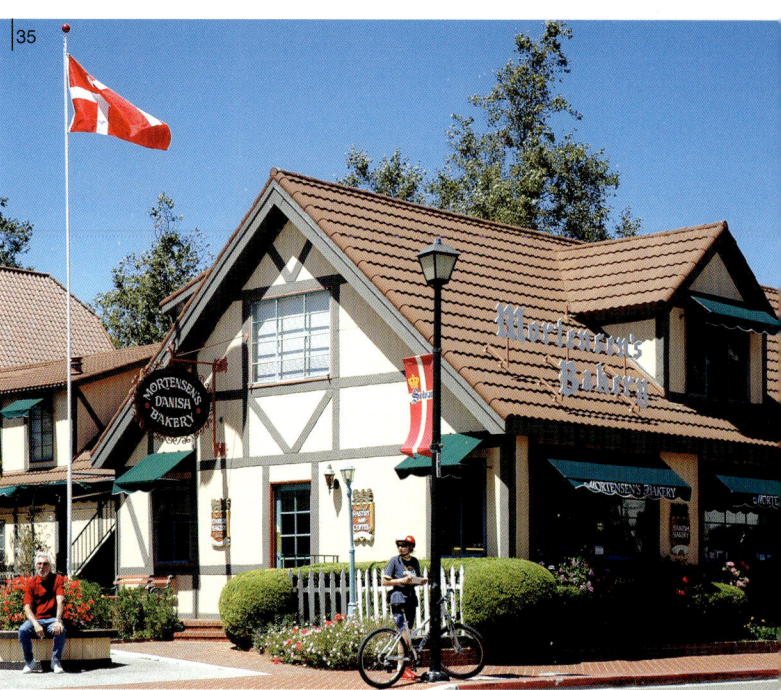

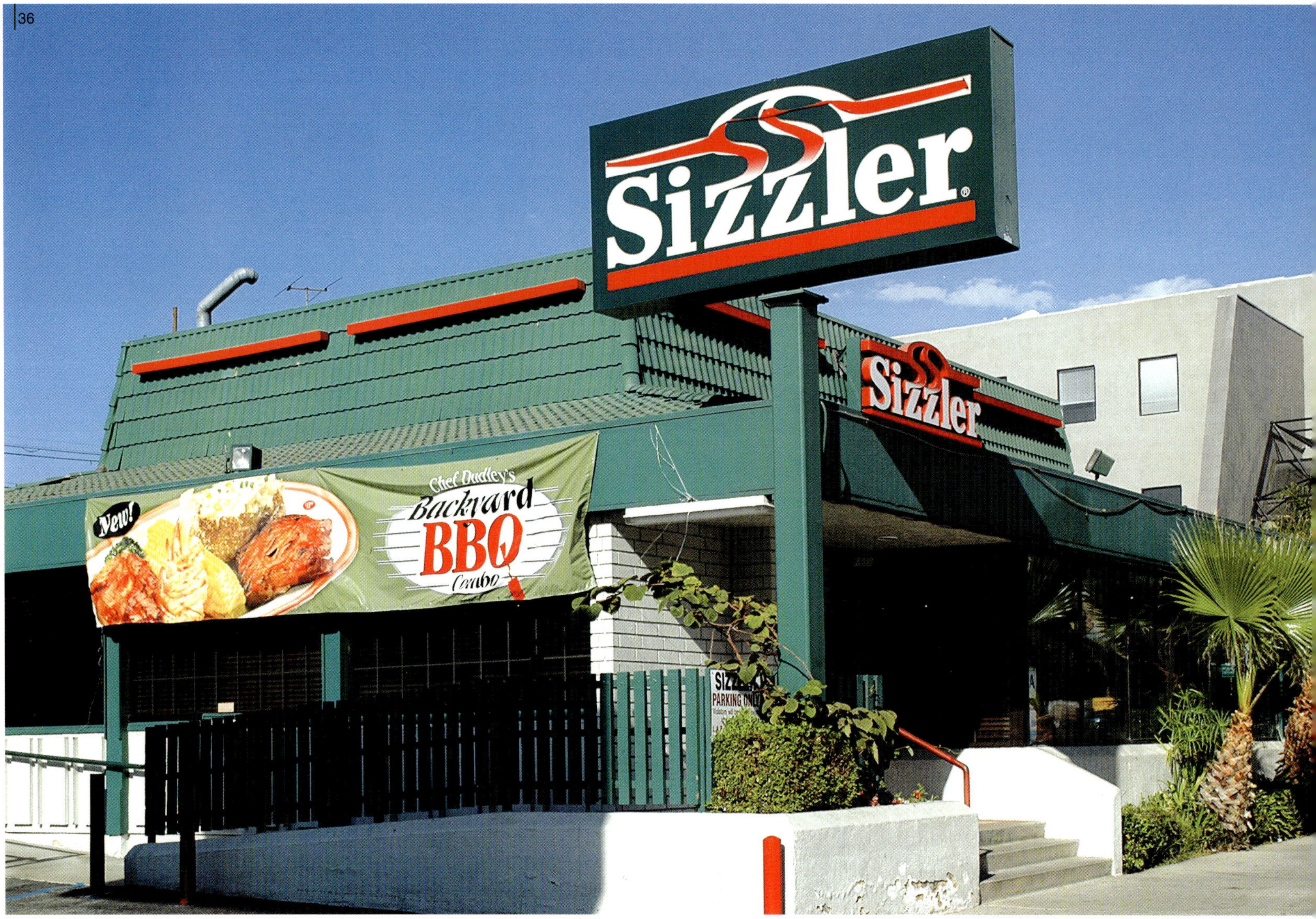
Sizzler
New!
Chef Dudley's
Backyard
BBQ
Combo
Sizzler

37

38

39

40

Cafes and Restaurants

41

42

43

44

45

Cafes and Restaurants

46

47

Cafes and Restaurants

61

62

63

64

Cafes and Restaurants

66

70

71

Cafes and Restaurants

73

74

Cafes and Restaurants

77. Los Angeles
78. Los Angeles
79. Los Angeles
80. New York
81. San Francisco
82. Los Angeles

77

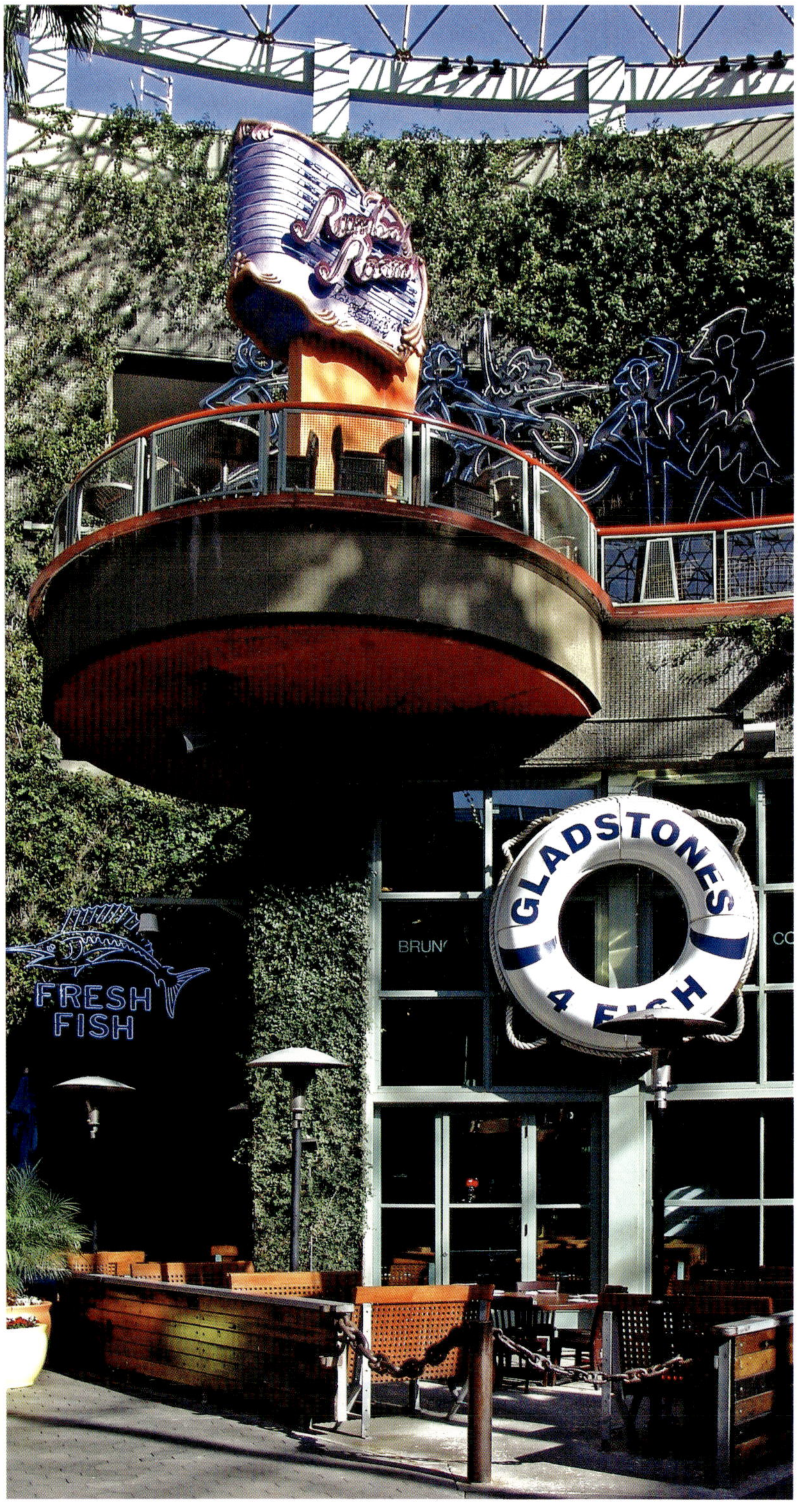

78

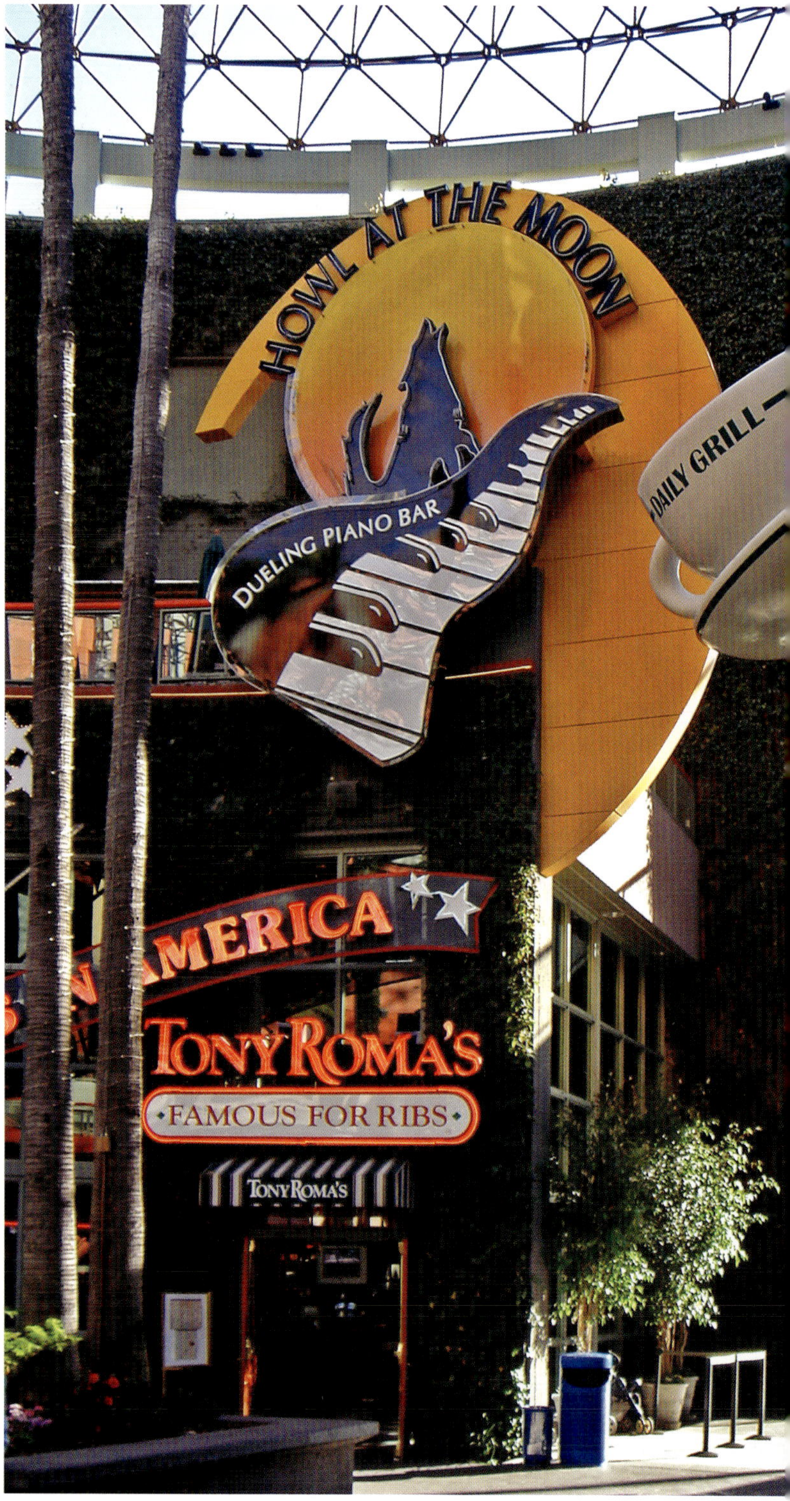

83. Las Vegas
84. Los Angeles
85. San Francisco
86. San Francisco

83

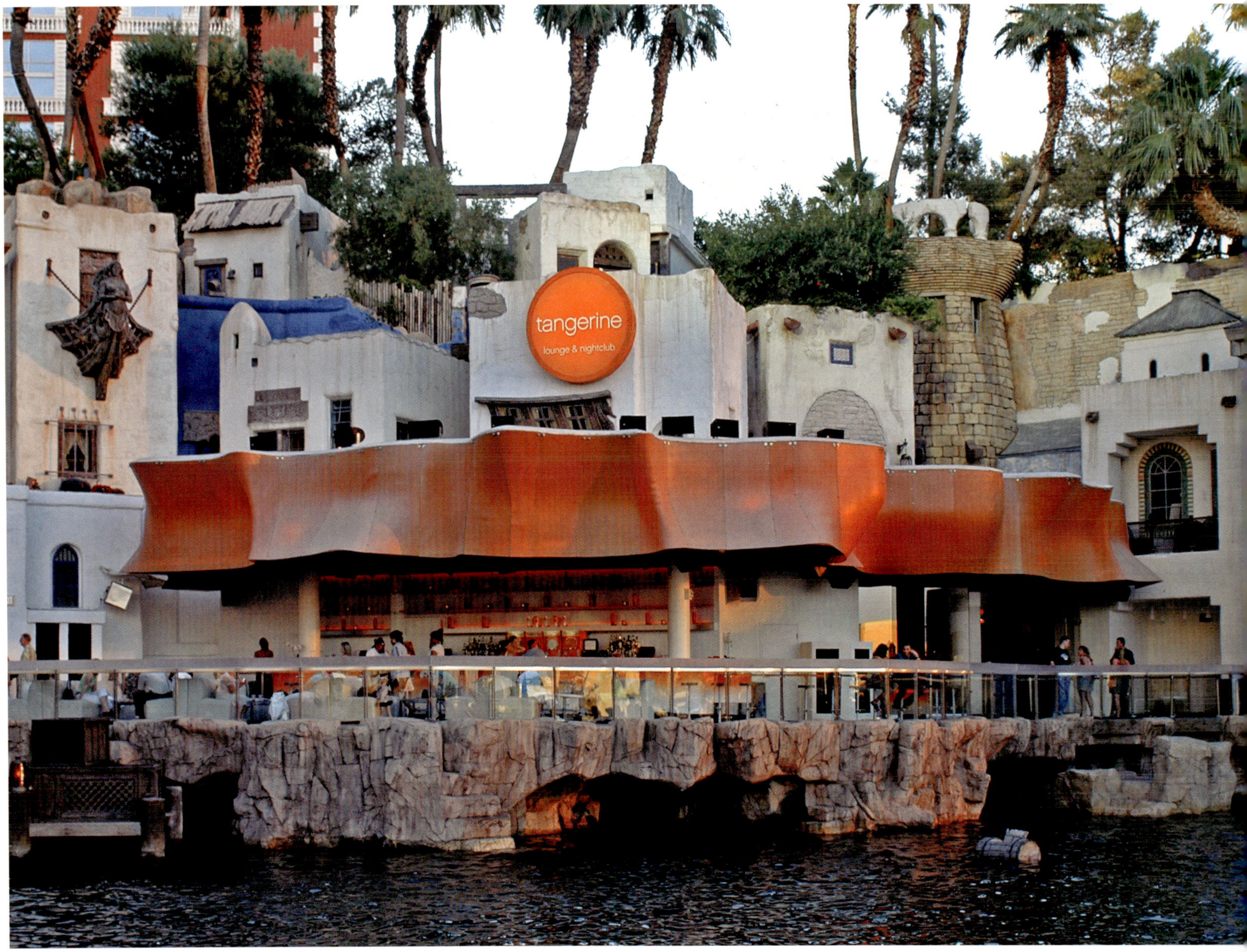

SURF CITY
iced java breezes
MANGO TANGO
84

Caffé DeLucchi
85

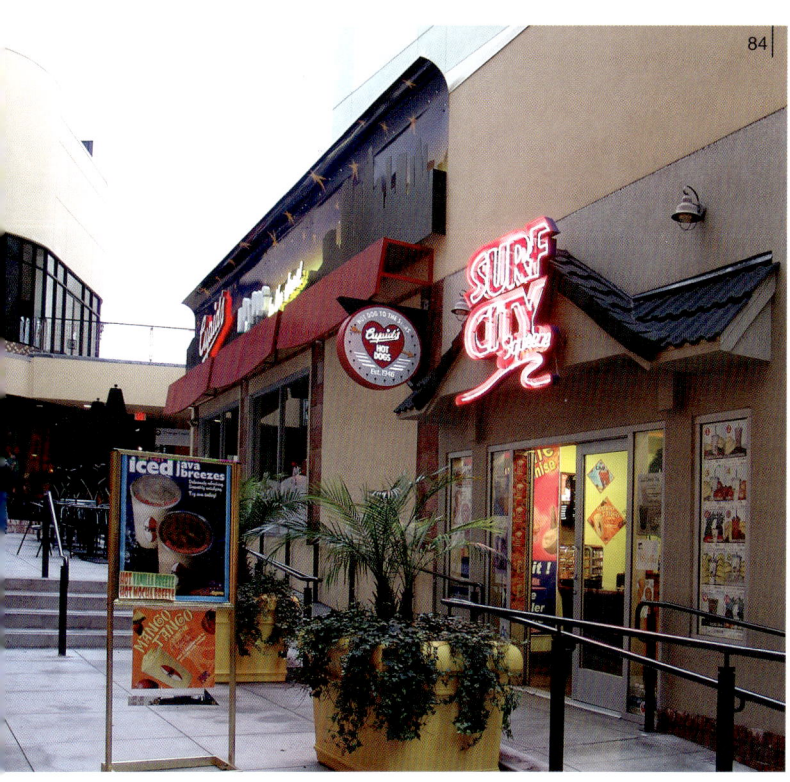

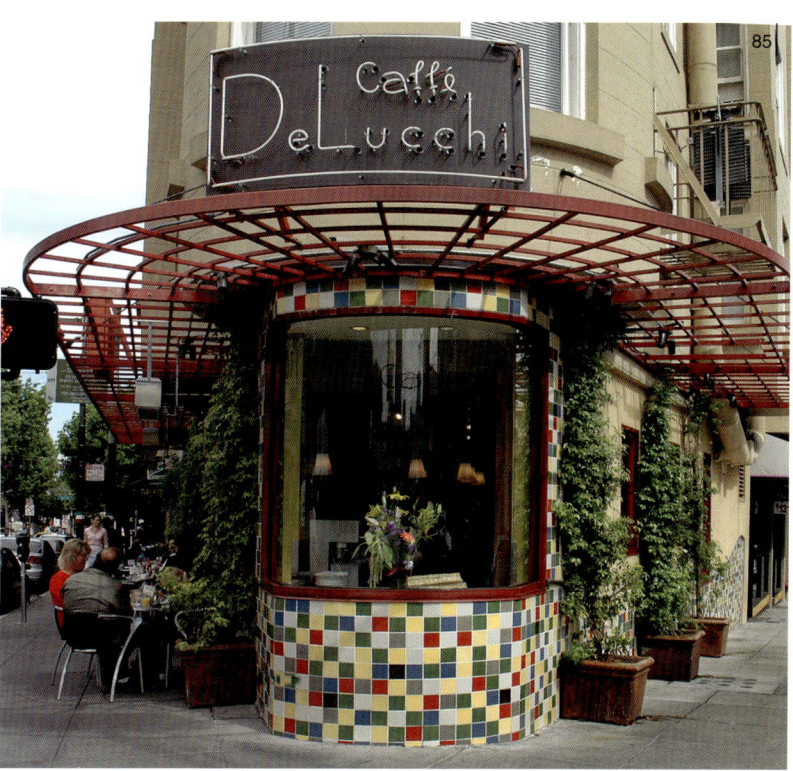

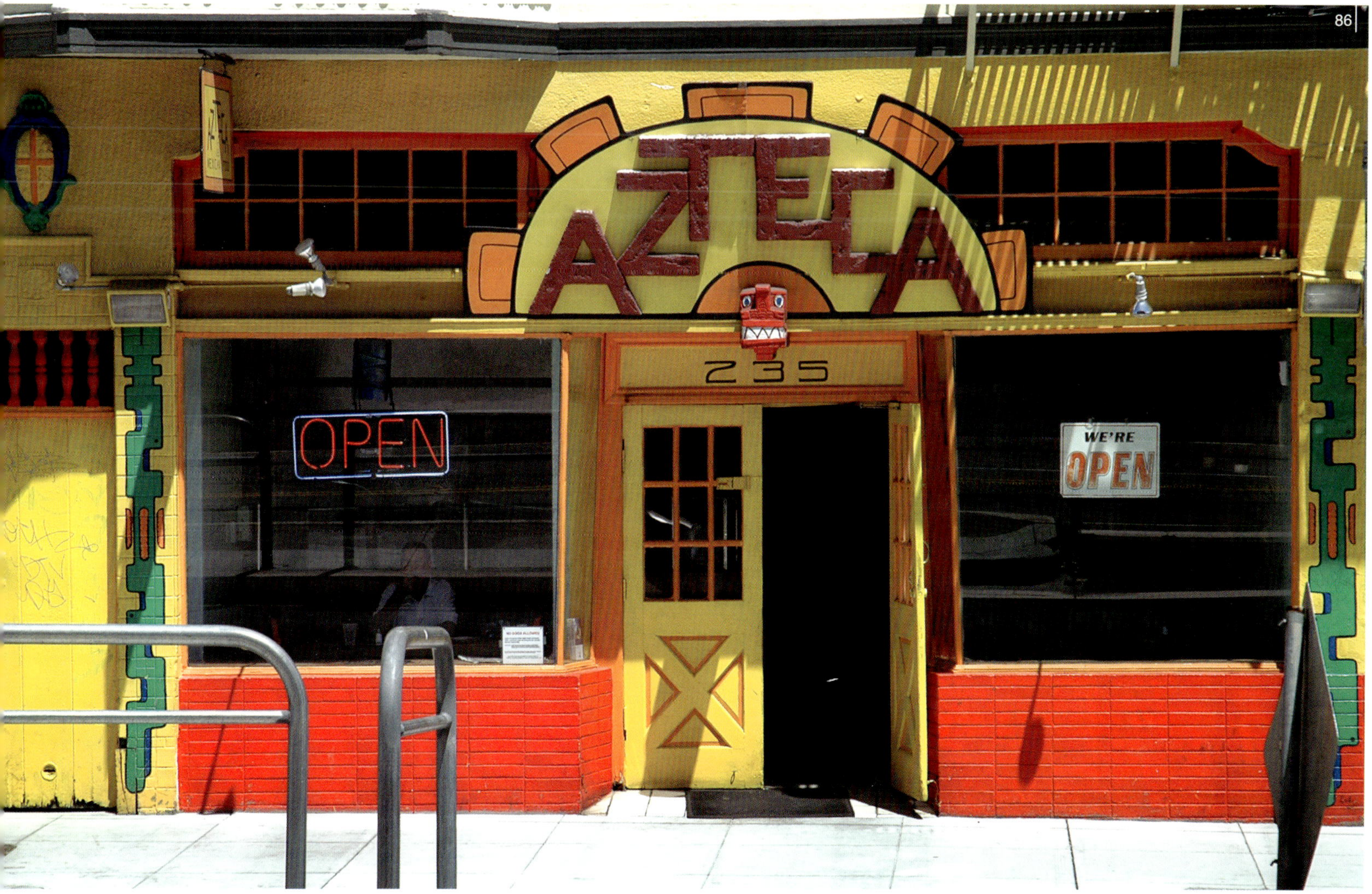
AZTECA
235
OPEN
WE'RE OPEN
86

Cafes and Restaurants

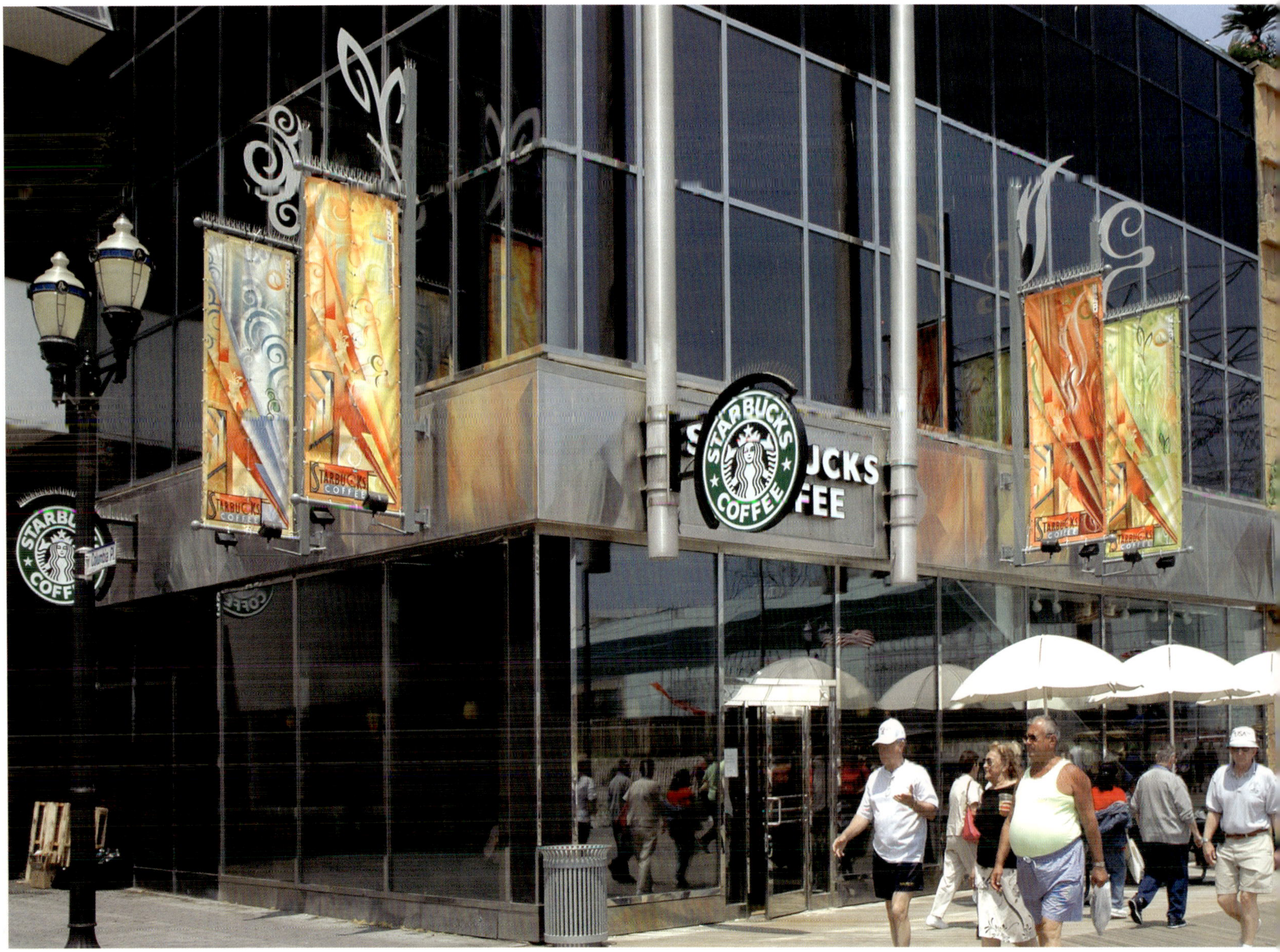

SINCE 184
ORIGINAL SAN FRANCISCO
FRENCH BREAD
BOUDIN SOURDOUGH BAKERY & CAFE

89

Chevys
FRESH MEX

90

NEDICKS
NEDICK'S
NO STANDING
NO STANDING
NOW OPEN
For Business

91

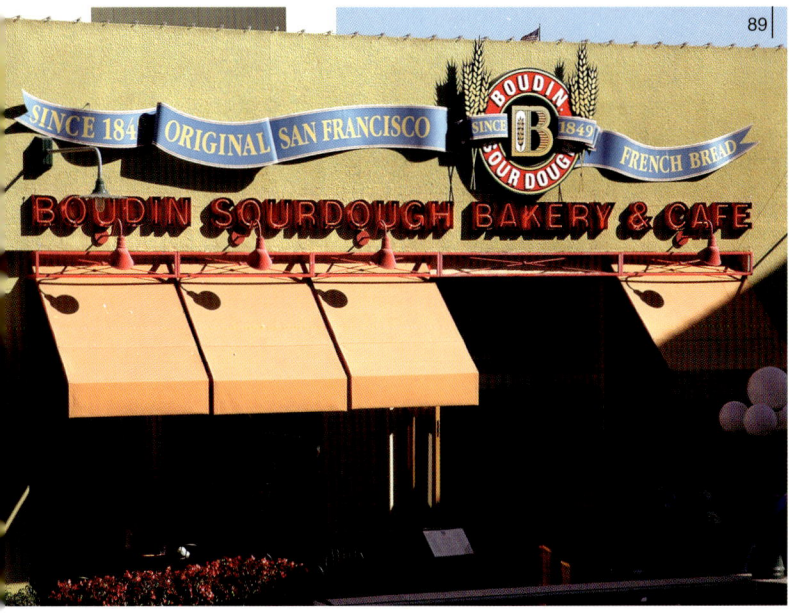

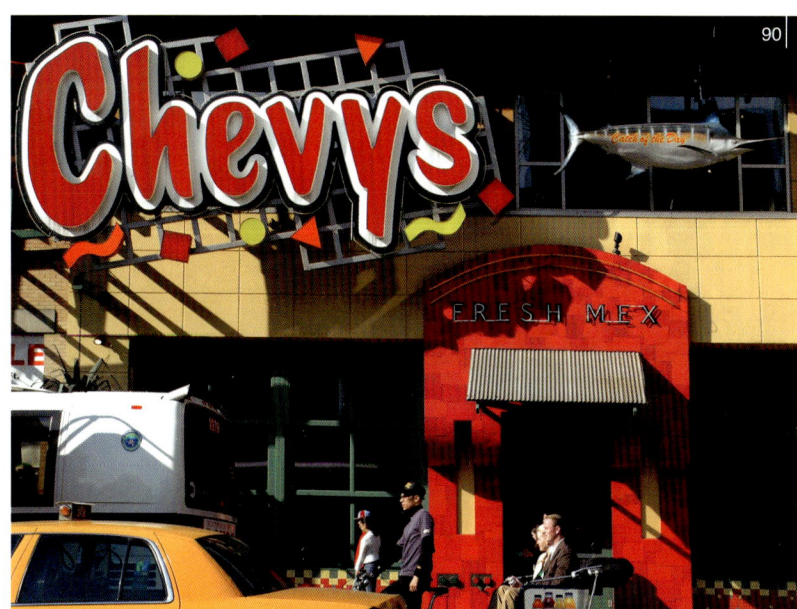

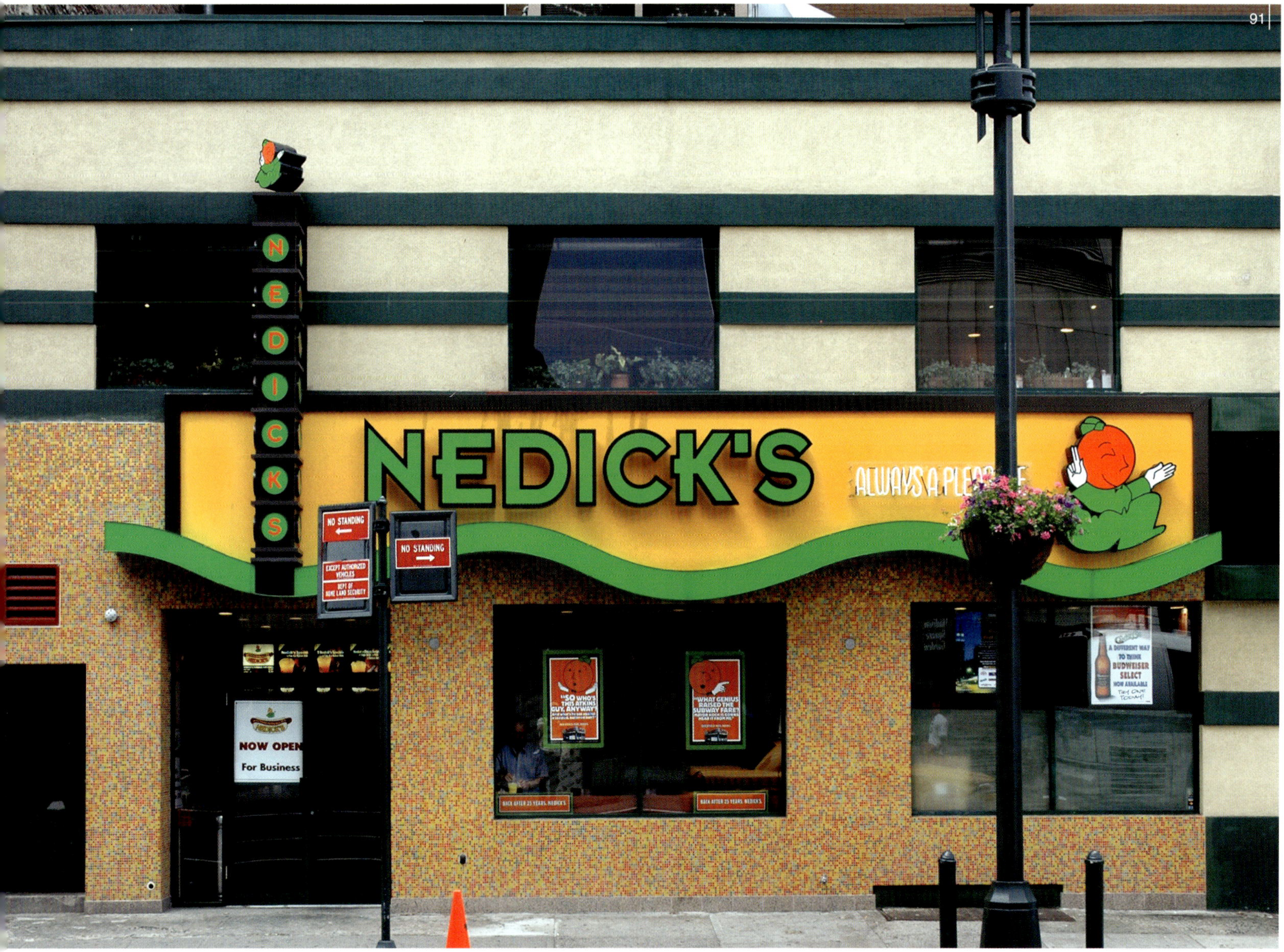

Cafes and Restaurants

Cafes and Restaurants

Cafes and Restaurants

102.Los Angeles
103.Los Angeles
104.Santiago
105.New York
106.New York

102

10

104

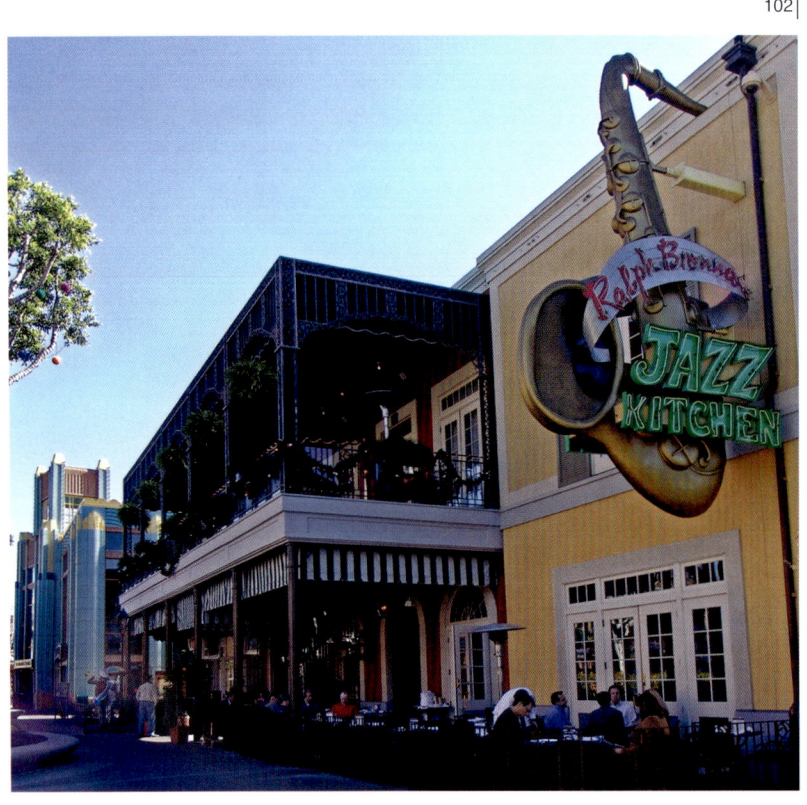

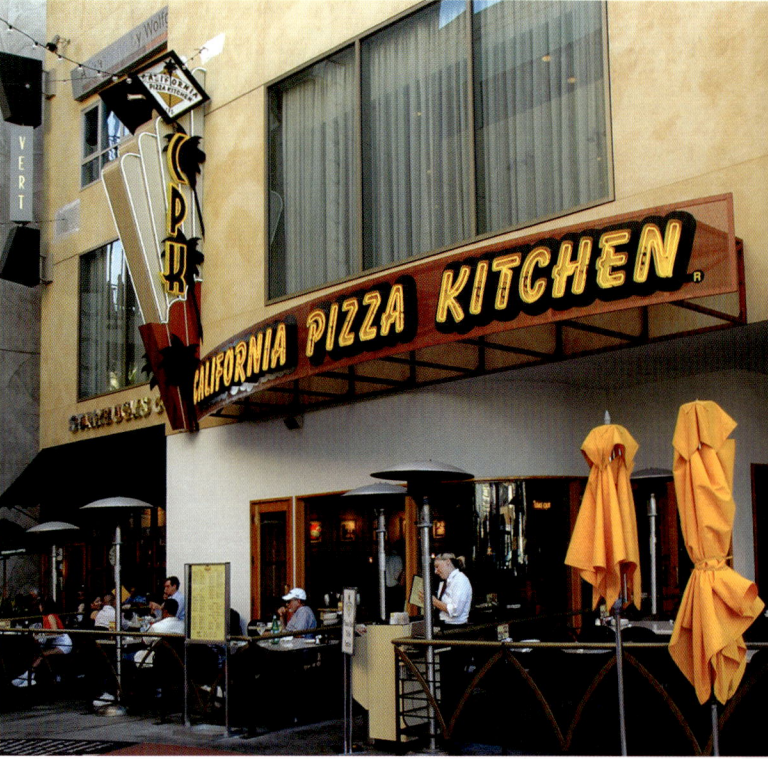

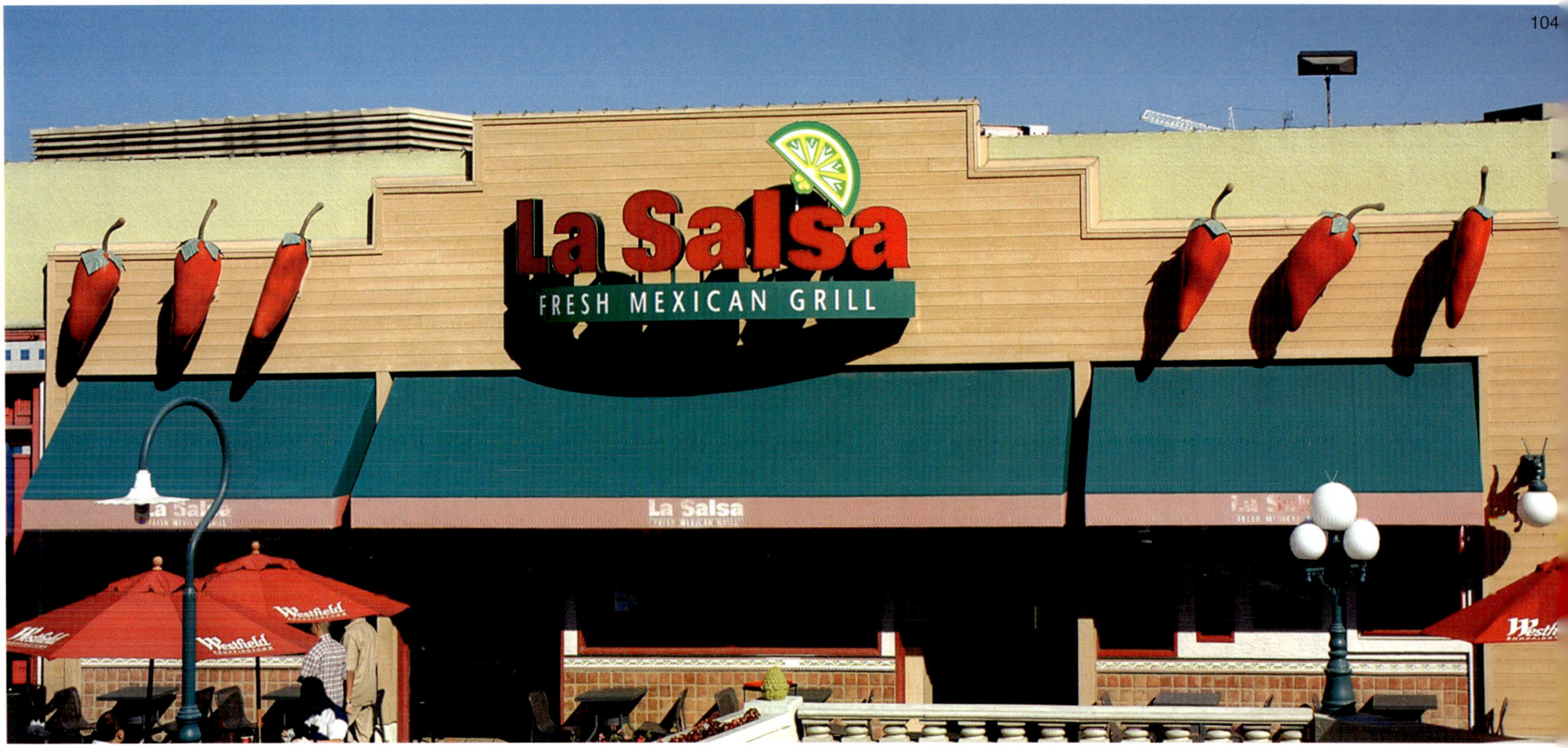

Cafes and Restaurants

107

108

109

110

Cafes and Restaurants

112

113

114

115

Cafes and Restaurants

121

Cafes and Restaurants

124

125

Cafes and Restaurants

128

129

130

131

137. Washington

137

Brand Store

Tiendas de marca

...a primera impresión que nos ofrece el diseño ...ontal de una tienda de marca es esencial. La ...arte externa de estos establecimientos juega un ...nportante papel a la hora de atraer a sus clientes ...otenciales e incluye su localización, los edificios ...e su entorno, expositores luminosos y rótulos ...ntoldados. El principio de este diseño debe ser ...mple, integral y fácil de recordar.
...uchas tiendas de marca americanas asocian sus ...ombres con cierto sentido del humor, de modo ...ue dejan una impresión favorable entre la gente. ...n duda, este humor debe tener una conexión con ...producto ofertado y adecuarse al estilo de los ...onsumidores potenciales. El desarrollo de nuestra ...ciedad implica una feroz competencia entre ...arcas, por lo que el diseño de las fachadas de ...s establecimientos resulta crucial para determinar ...ién será el vencedor al final.

Negozi di marca

La prima impressione che ci offre il disegno del fronte su strada di un negozio di marca è essenziale. La parte esterna di questi locali gioca un ruolo fondamentale nell'attrarre i propri potenziali clienti, e comprende la localizzazione, gli edifici circostanti, l'uso di espositori luminosi e tende con insegne. Il principio di questo disegno deve essere semplice, unitario e facile da ricordare.
Molti negozi di marca americani associano il proprio nome a un certo senso dell'umorismo, in modo da dare alla gente un'impressione positiva. Senza dubbio, questa sottile ironia deve essere correlata al prodotto offerto e adeguarsi allo stile dei potenziali consumatori. Lo sviluppo della nostra società implica una forte concorrenza tra le marche, motivo per cui il progetto delle facciate dei negozi risulta cruciale nel determinare quale risulterà alla fine vincitore.

Boutiques de marque

La première impression que nous donne le design frontal d'une boutique de marque est essentielle. La partie externe de ces établissements joue un rôle important au moment d'attirer l'attention des clients potentiels. Ceci inclut sa situation, les bâtiments de son entourage, les présentoirs lumineux et enseignes métallisées. La base de ce design se doit d'être simple, intégral et facile à retenir. Beaucoup de boutiques de marque américaines associent leur nom avec un certain sens de l'humour, et donnent ainsi une impression favorable aux clients. Sans aucun doute, cet humour doit avoir une relation avec le produit offert et doit s'adapter au style des consommateurs potentiels. Le développement de notre société implique une sévère compétence entre les différentes marques. Pour cela, le design des devantures de leurs établissements devient crucial pour déterminer qui sera le vainqueur.

Brand Store

The first impression of the design of brand shop fronts is very important. The exterior part of many shop fronts which play an important role in attracting the potential customers include their position, buildings around them, light box and sunshading board. The principle for design should be simple, integral and easy to remember.
Many American brand shops connect their names with humor to leave people a favorable impression. There is no doubt that humor should be relevant to the product and appropriate to the potential consumers. With the development of society, there is fierce competition among brand names. Shop front design is crucial for who will be the winner in the end.

Brand Store

01

CELINE

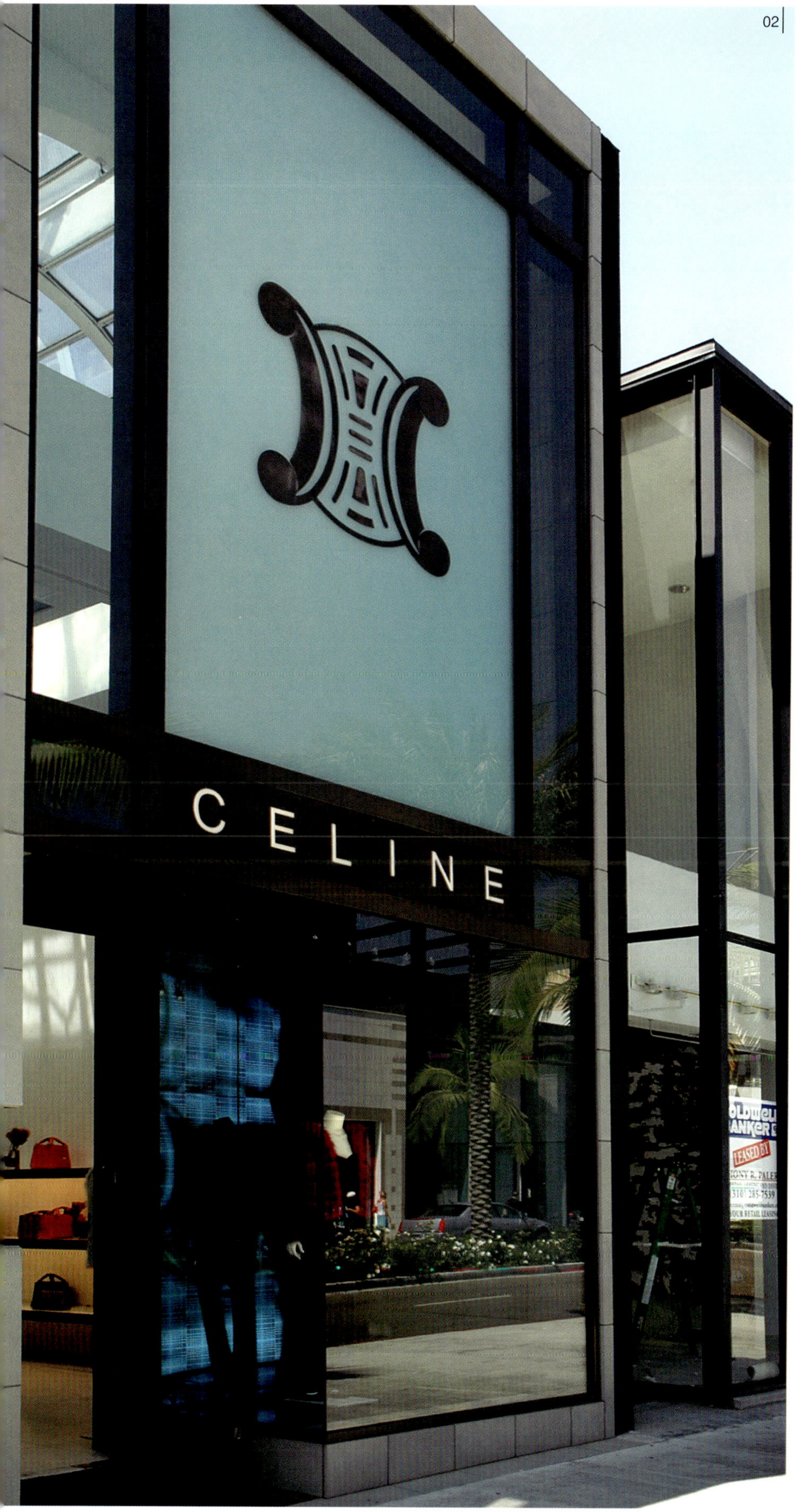

Brand Store

Brand Store

| 09

Brand Store

14. Los Angeles
15. San Francisco
16. Los Angeles
17. Los Angeles
18. New York
19. Los Angeles

14

15

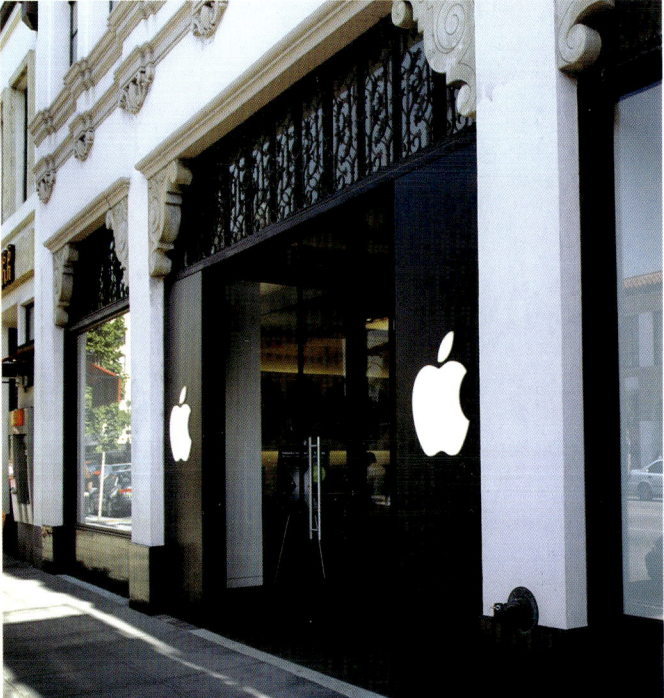

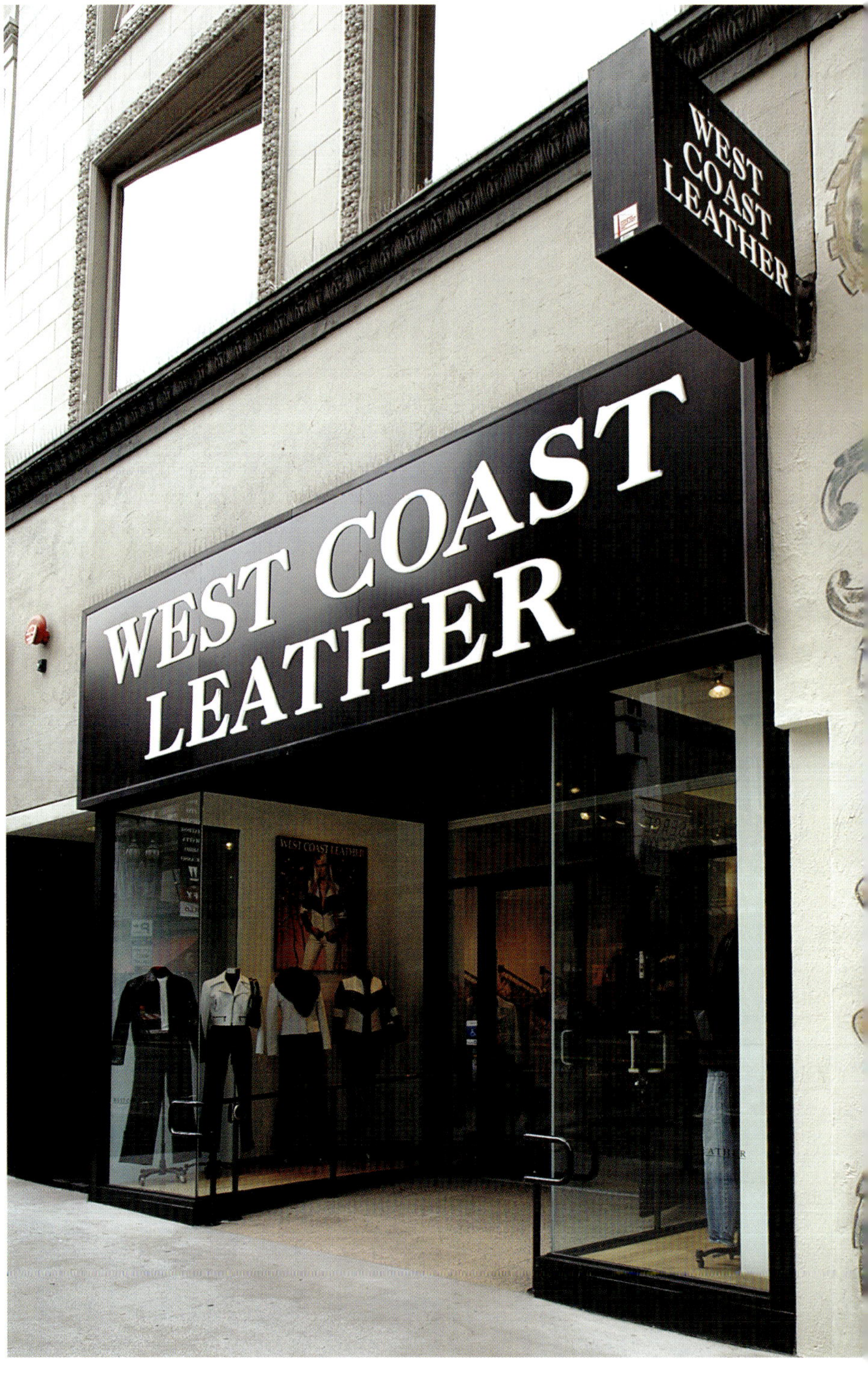

16

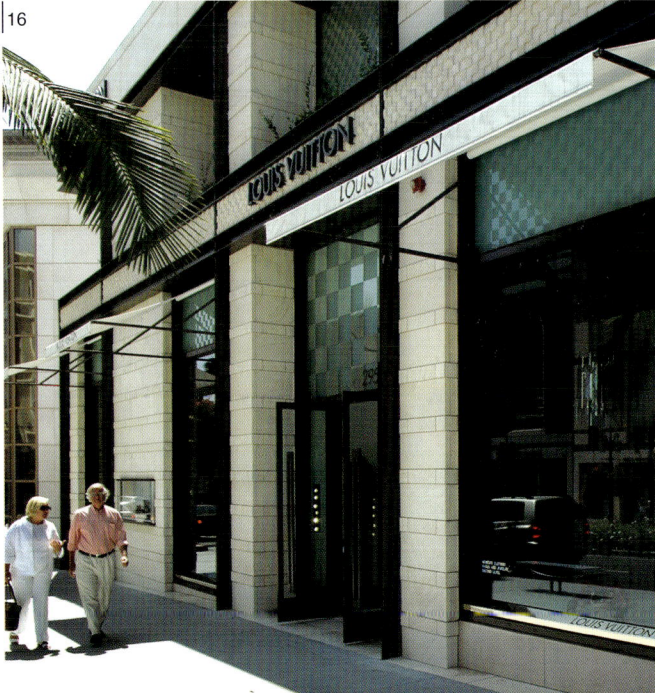

HICKEY FREEMAN
HICKEY FREEMAN
SALE

21

MONT BLANC
time
use it
MONT BLANC
MONT BLANC
MONTBLANC

22

Brand Store

23. New York
24. Los Angeles
25. Los Angeles
26. Los Angeles
27. Los Angeles

23

24

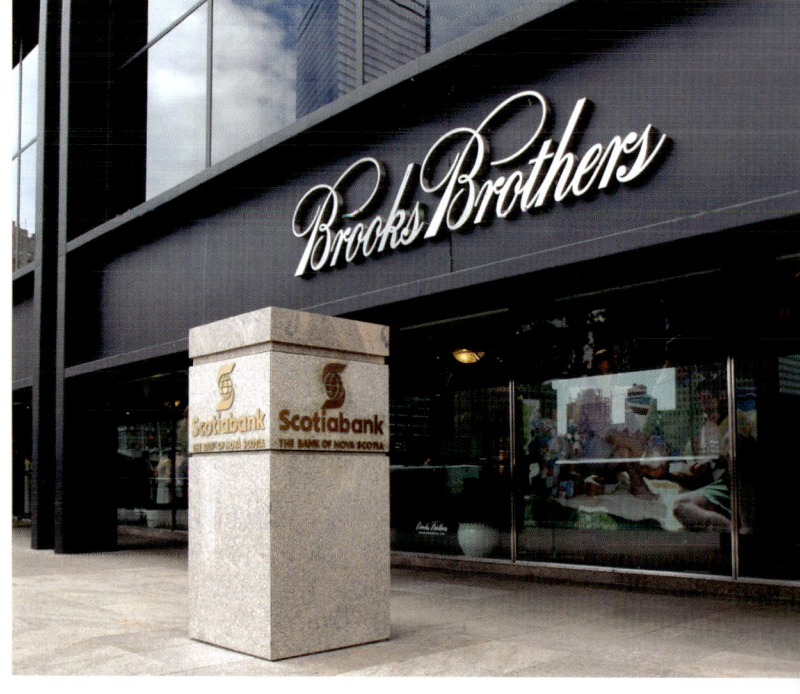

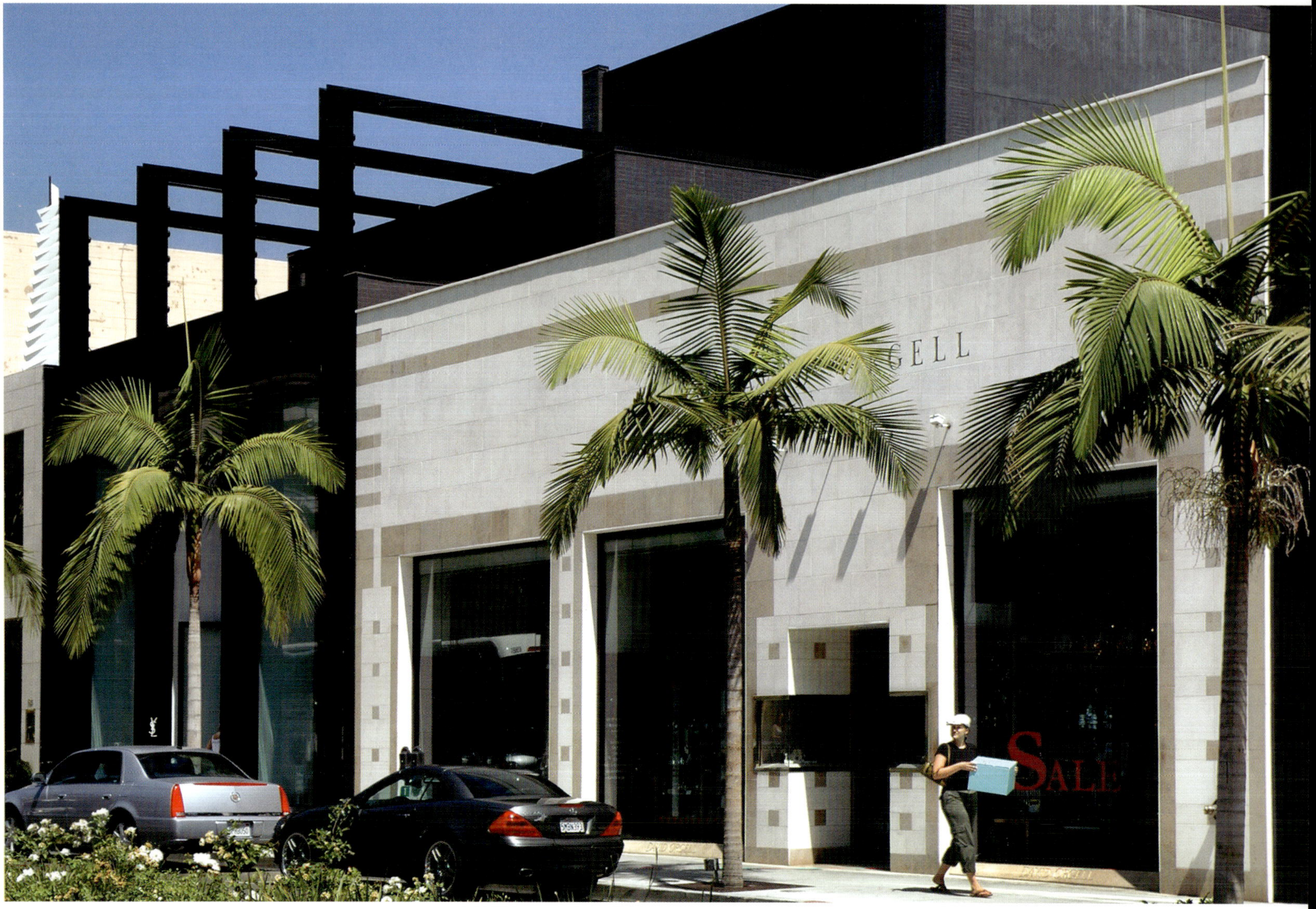

25

BCBGMAXAZRIA
250

26

BOSS
HUGO BOSS

27

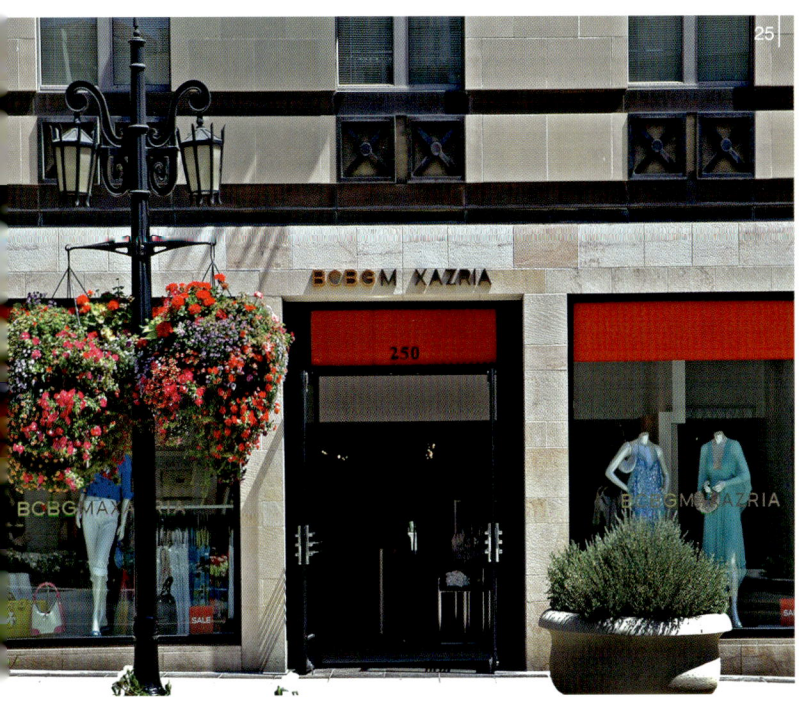

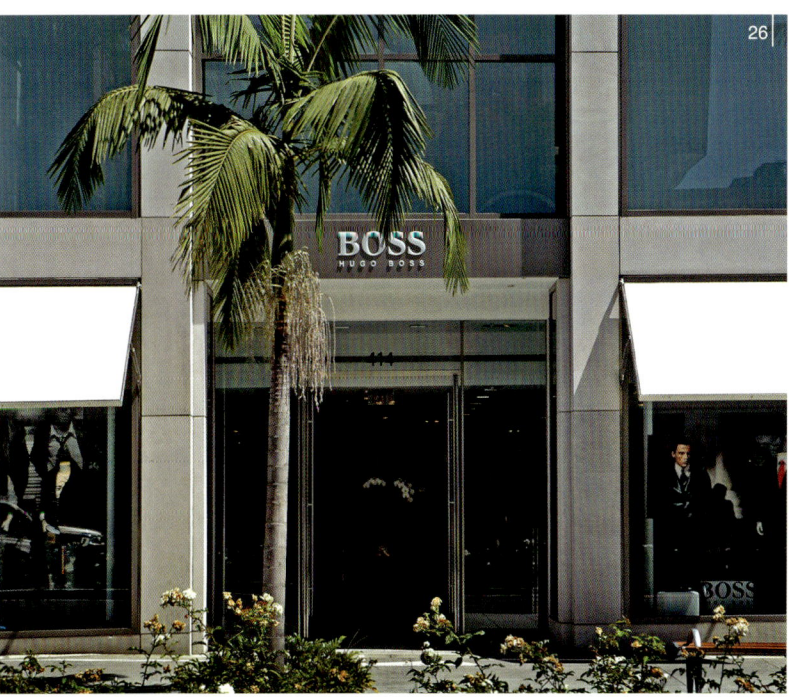

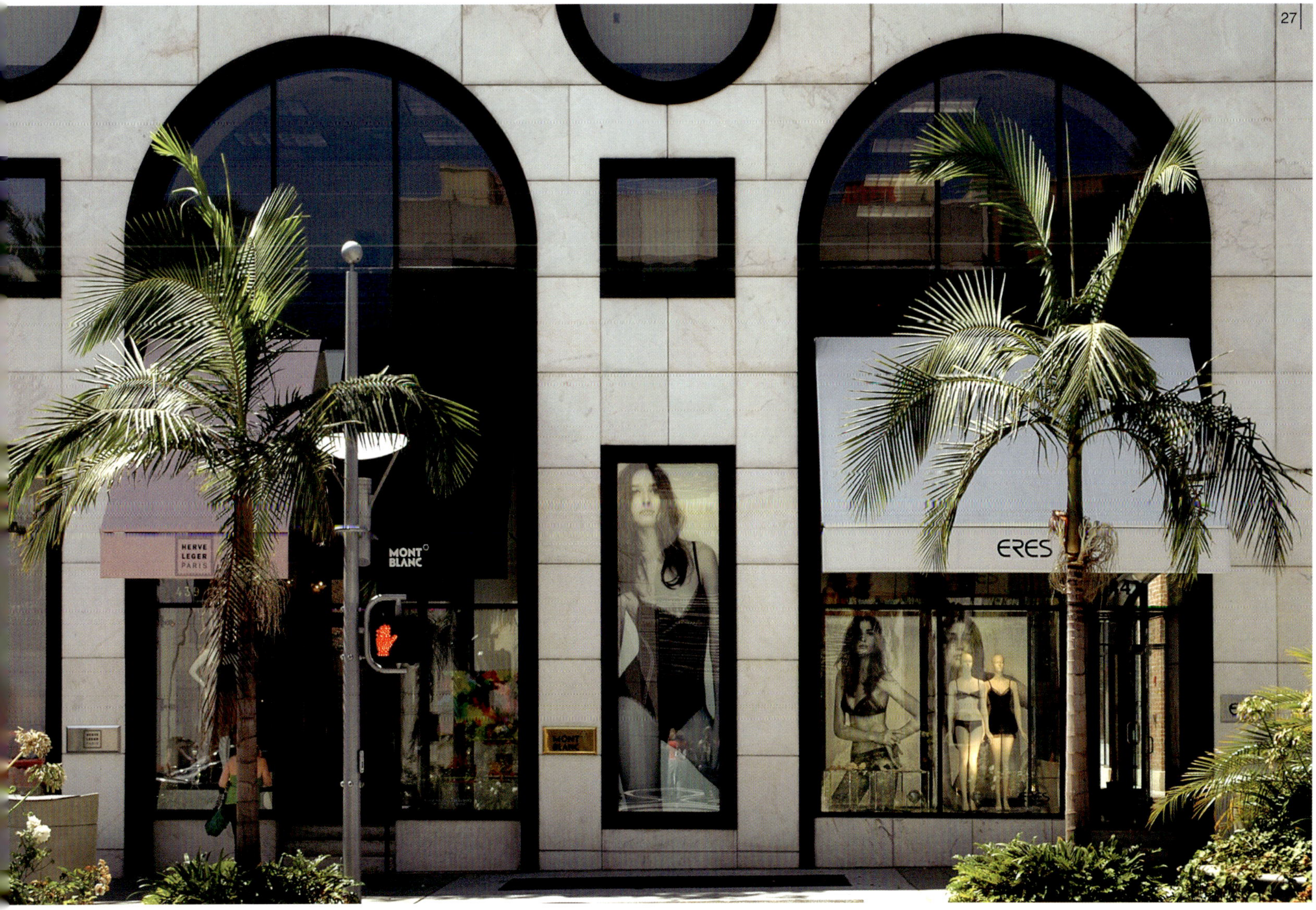
HERVE LEGER PARIS
MONT BLANC
ERES

Brand Store

28

29

30

31

Brand Store

33

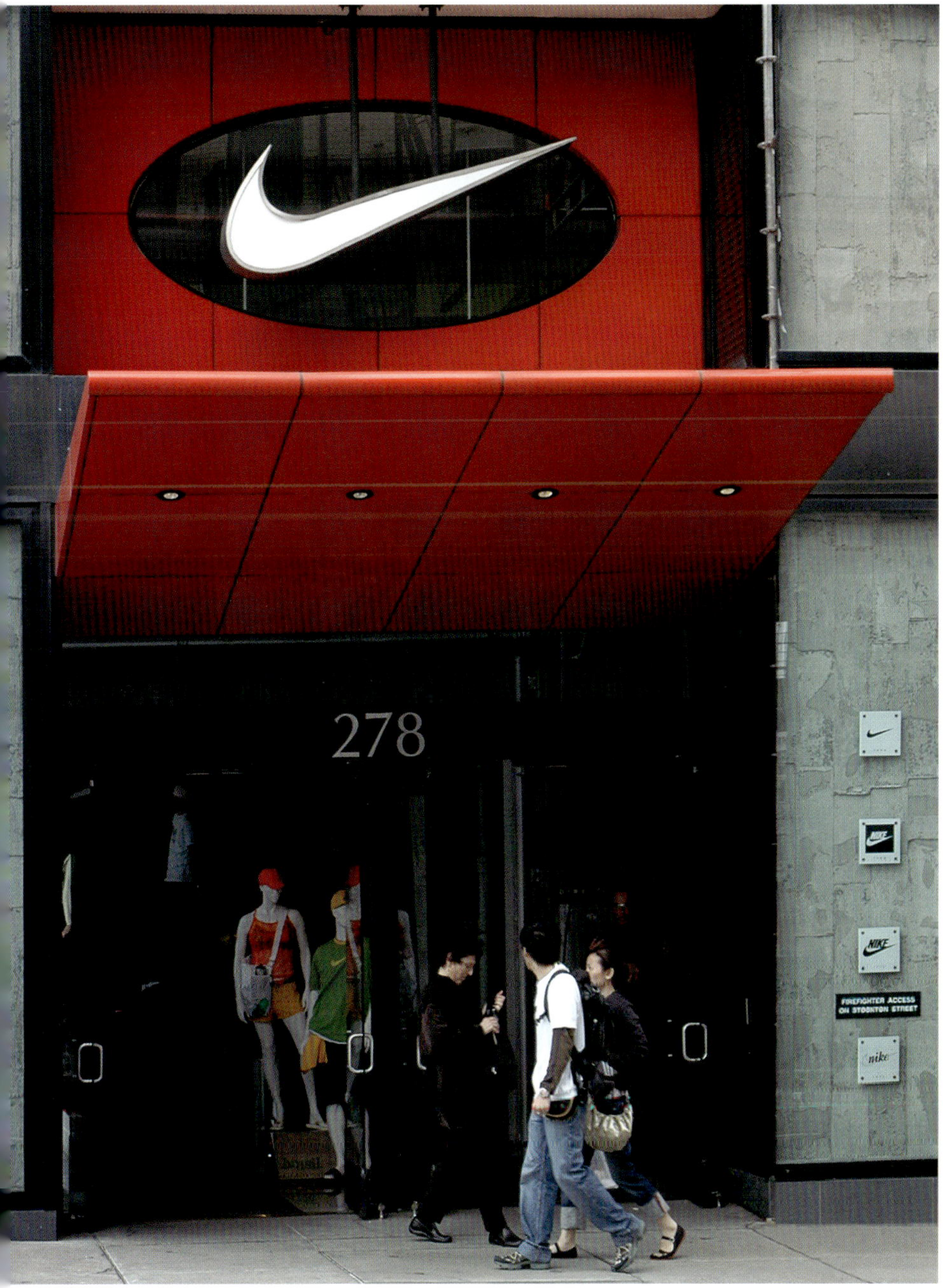
278
FIREFIGHTER ACCESS ON STOCKTON STREET
nike

34

GAP
BODY

35

AVANT GARDE

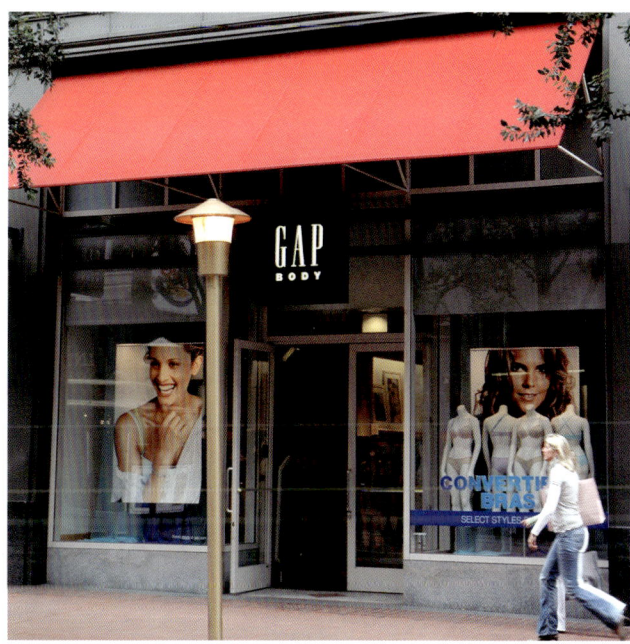

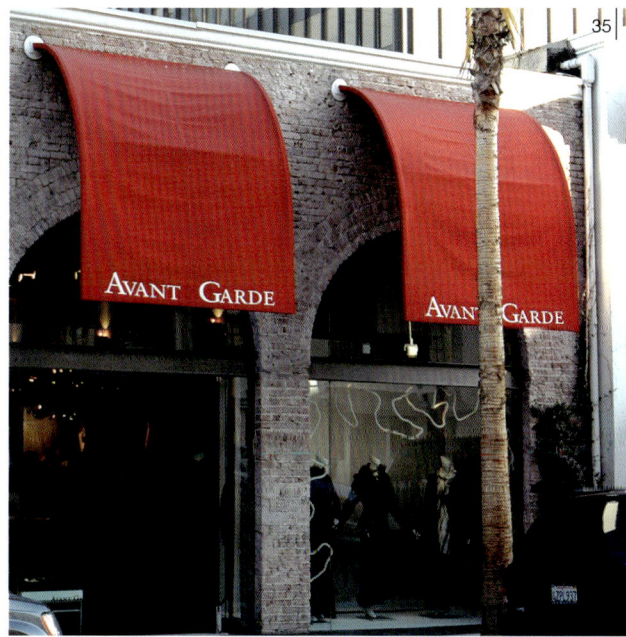

Brand Store

38

Abercrombie & Fitch
A&F NEW FACE
MICHAEL BOND
model

39

BURBERRY

40

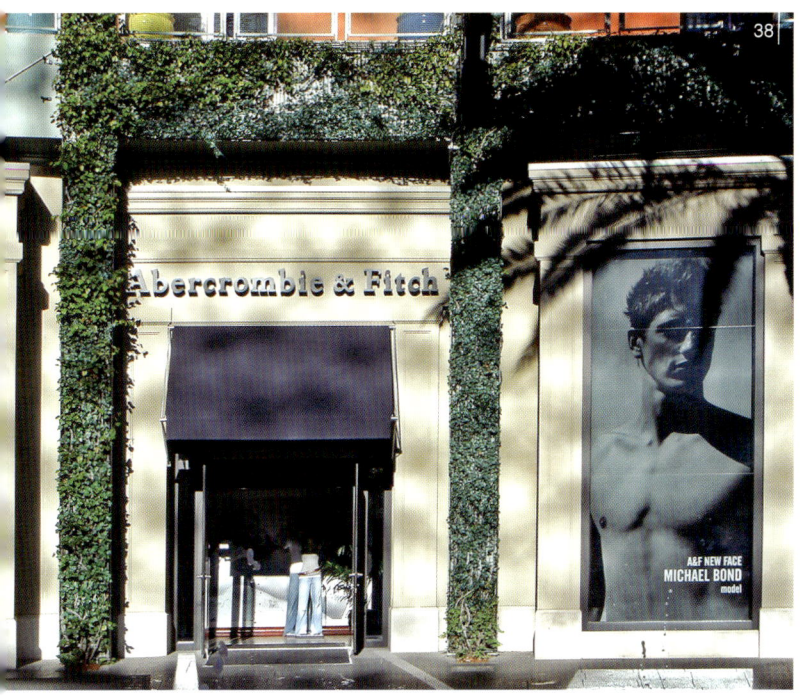

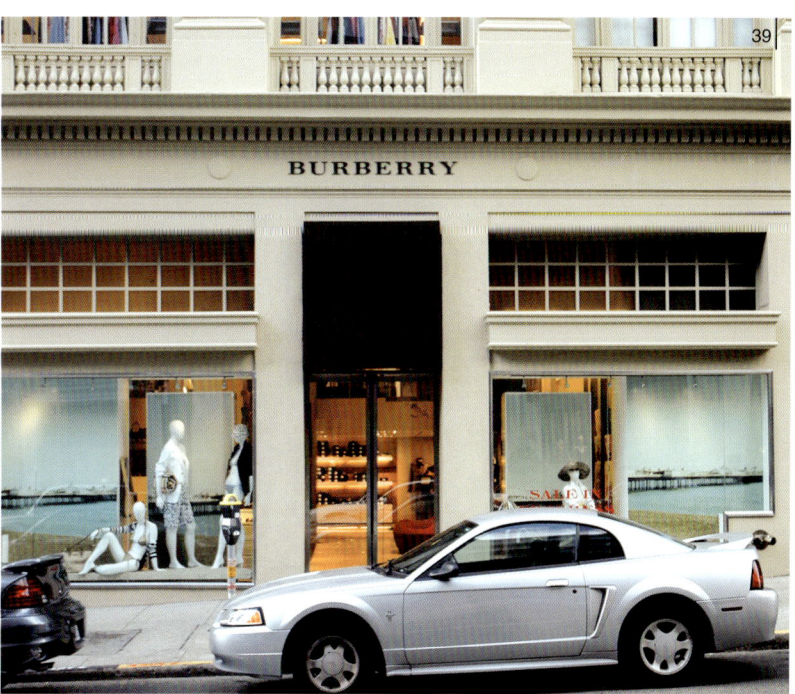

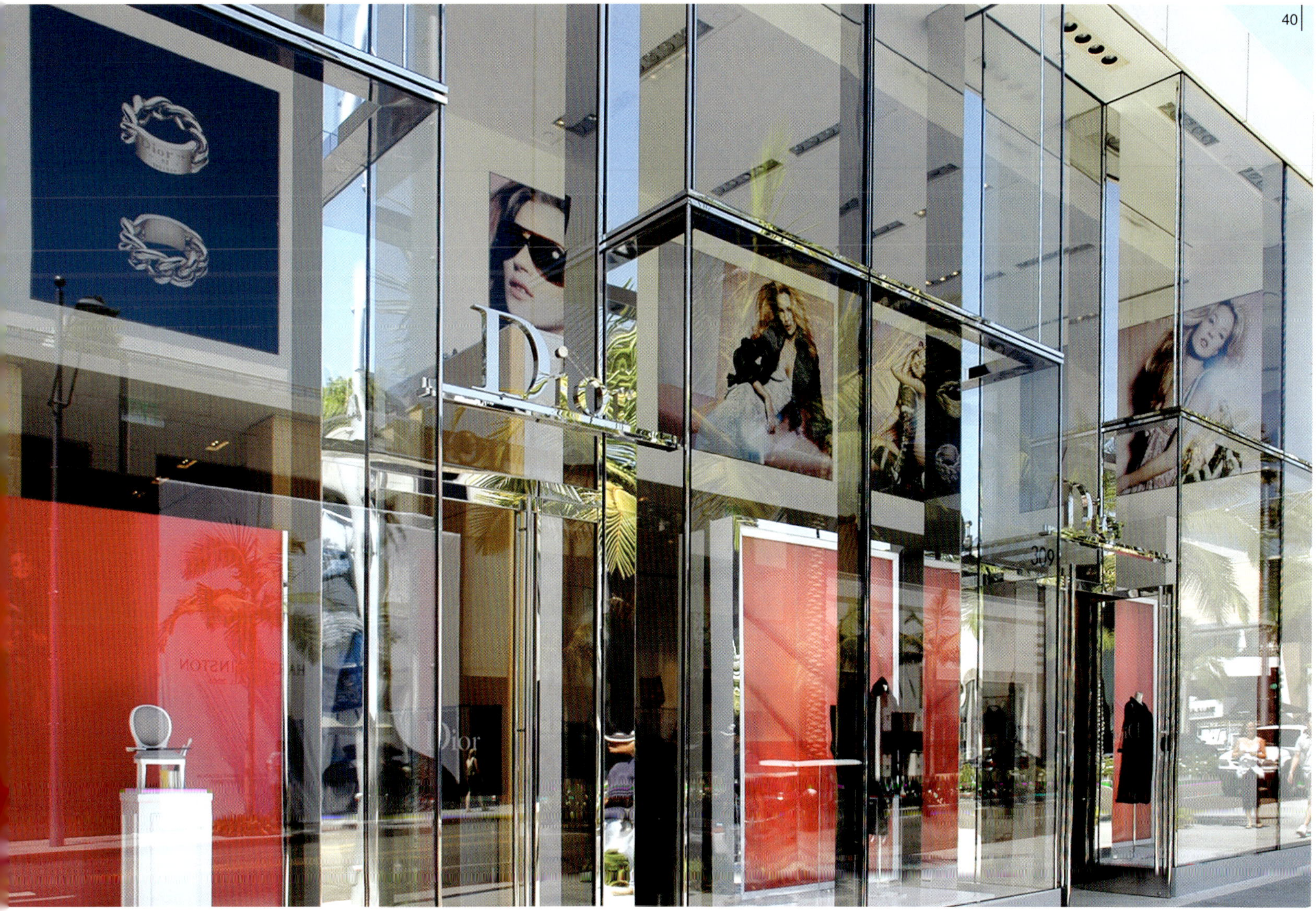
Dior
309

Brand Store

45

EMPORIO ARMANI
EMPORIO ARMANI

46

CHARLES TYRWHITT
CHARLES
TYRWHITT
JERMYN STREET LONDON
Back to
1995 prices
save up to 30%

Brand Store

51

52

53

54

Brand Store

56

57

Brand Store

58. New York
59. New York
60. New York
61. New York
62. New York

58

59

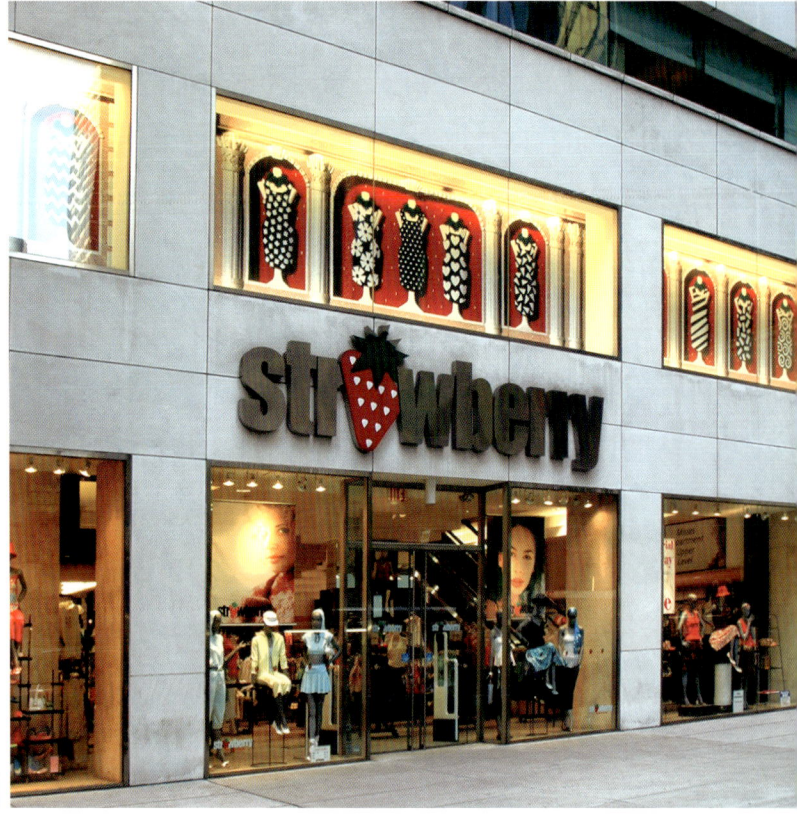

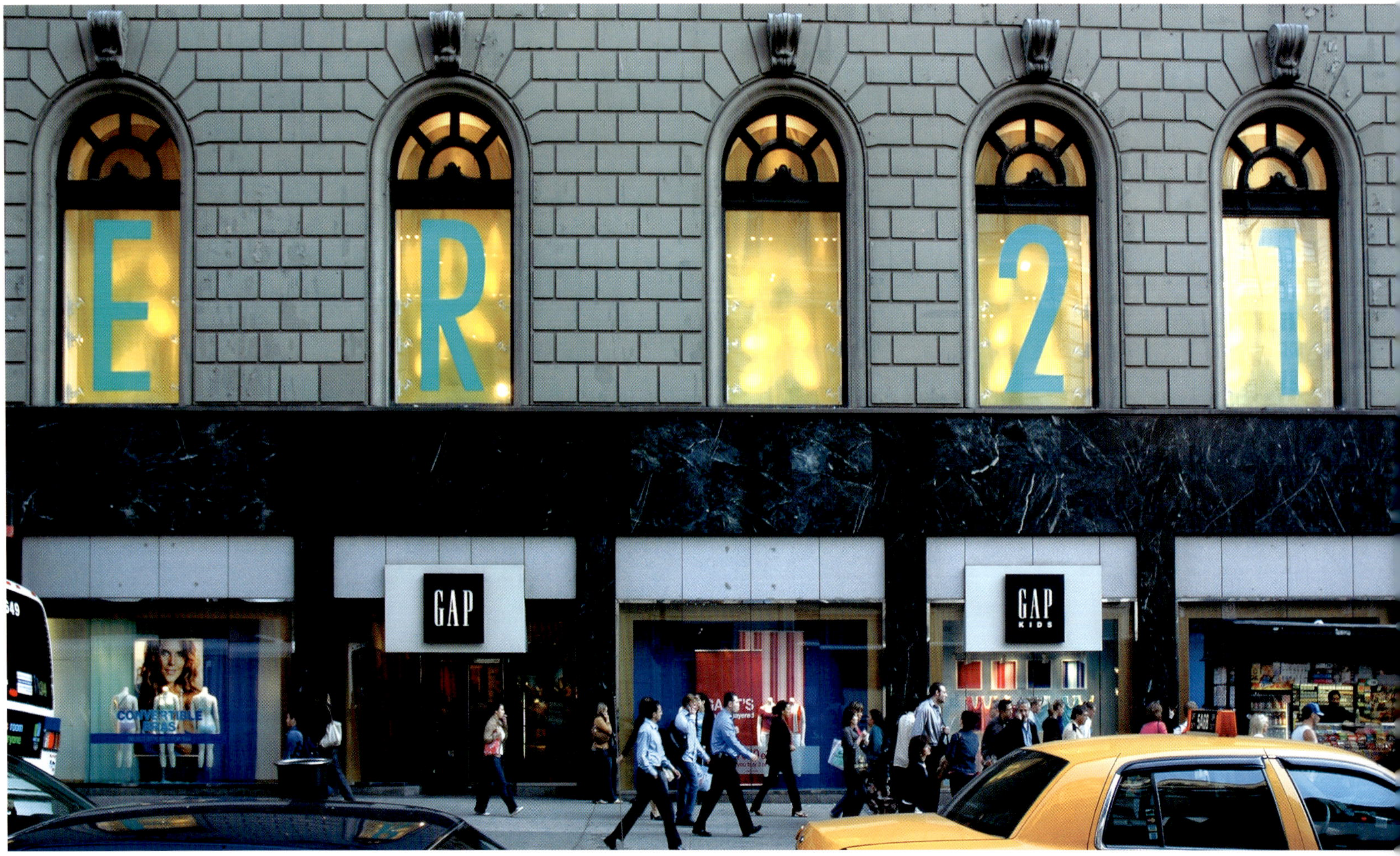

BURBERRY
60

CHARLES SCRIBNER'S SONS
SEPHORA
SEPHORA
SEPHORA
SEPHORA
61

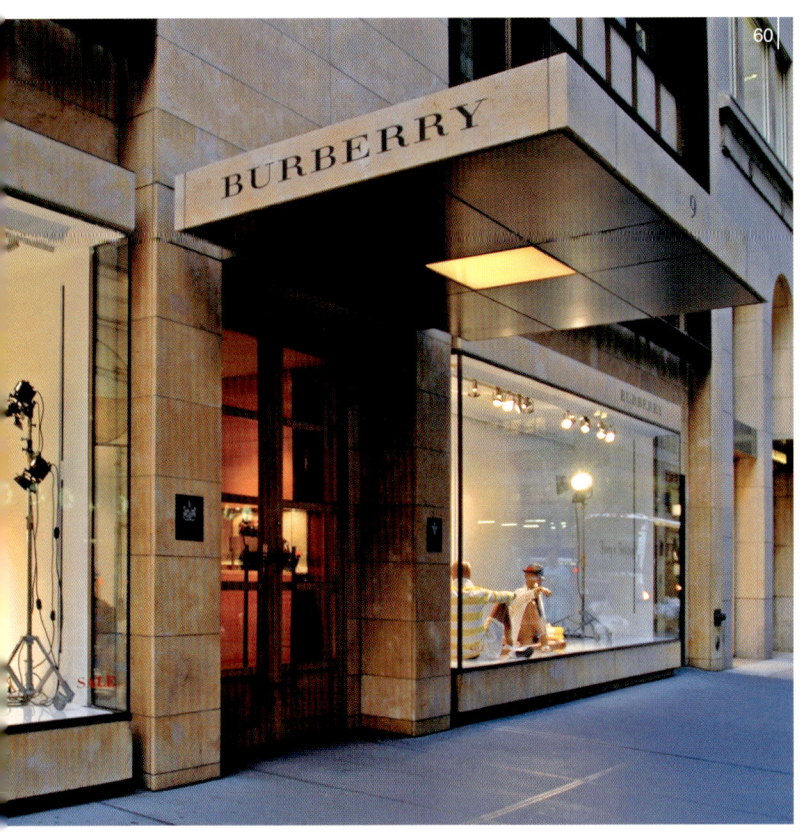

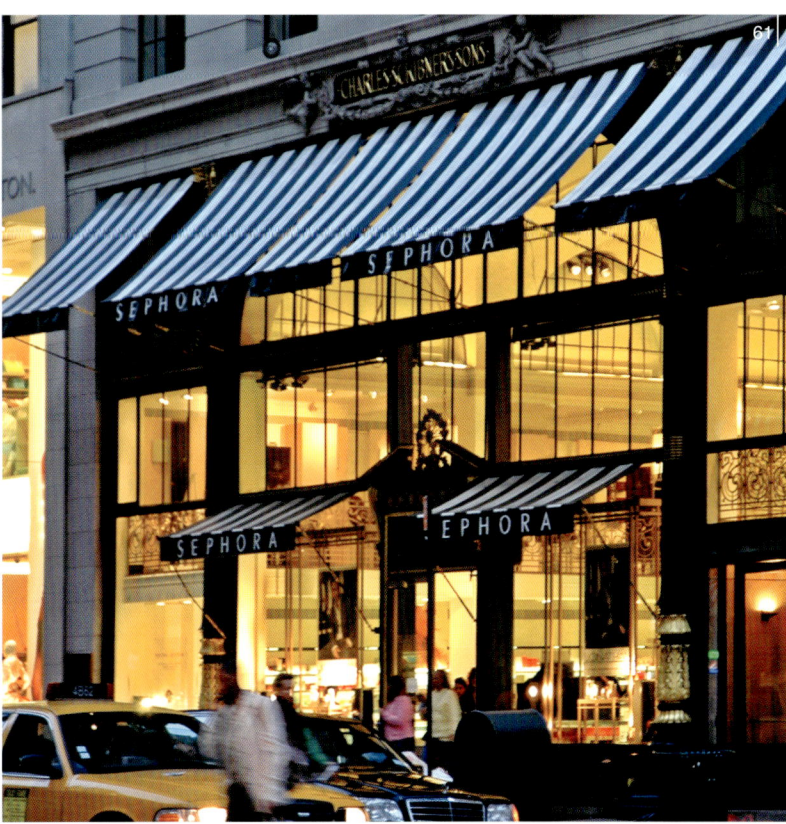

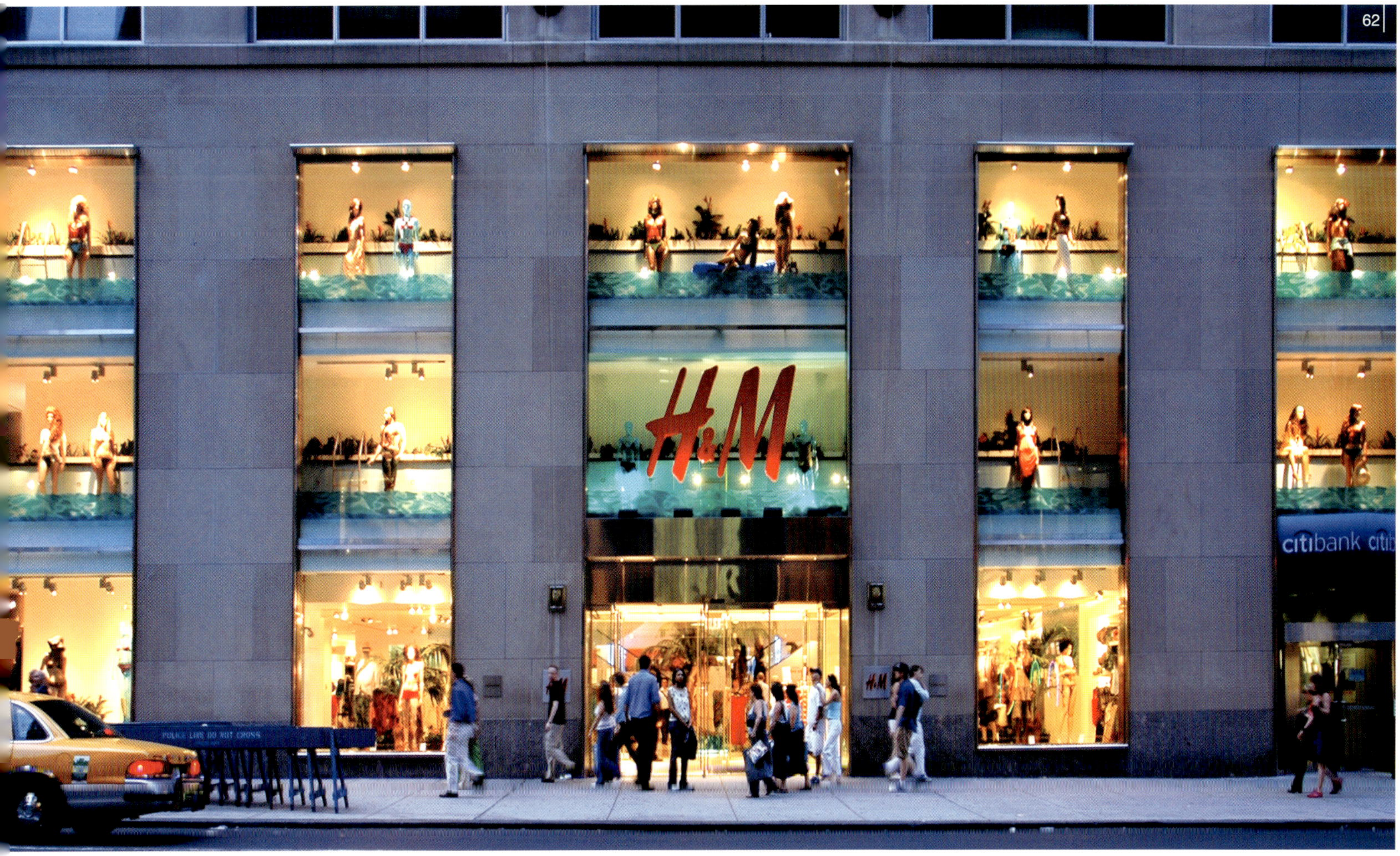
H&M
citibank
62

Brand Store

68

Brand Store

Brand Store

77

78

79

80

Tourist and Souvenir

Tiendas de artesanía y souvenirs

Las tiendas americanas de artesanía suelen comercializar souvenirs, antigüedades, productos artesanos y joyería. Lo clásico y lo moderno se combinan en la decoración, iluminación y esculturas alegóricas de estos establecimientos. La concisión y transparencia de la modernidad se integran con la elegancia de lo clásico, convirtiendo la calle en un lugar idóneo para la relajación, el paseo, el tránsito y las compras. El diseño de las tiendas de souvenirs para turistas utiliza un planteamiento contrastante basado en la comparación de similitudes, lo que constituye la técnica más destacada para expresar la belleza artística del conflicto y el contraste. El aspecto y la calidad que desprenden los productos se muestran a través de un contraste marcado y directo, complementándose entre sí. Las diferencias que nos indica el contraste completan el cambio. Este método puede enfatizar o mostrar plenamente el aspecto y las características del producto, al tiempo que ofrece al consumidor una impactante sensación visual.

Negozi di artigianato e souvenir

I negozi di artigianato americani solitamente presentano in vendita souvenir, antichità, prodotti artigianali e di gioielleria. Il classico e il moderno si combinano nella decorazione, nell'illuminazione e nelle sculture allegoriche di questi locali. Il carattere conciso e la trasparenza tipici della modernità si coniugano all'eleganza dello stile classico, convertendo la strada in un luogo adatto per rilassarsi, passeggiare, transitare e fare shopping.

Il progetto dei negozi di souvenir per turisti utilizza un design di contrasto, basato sulla comparazione di analogie, secondo la tecnica più adeguata per esprimere la bellezza artistica del conflitto e del contrasto. L'aspetto e la qualità dei prodotti viene reso manifesto attraverso un contrasto marcato e diretto, che si completa in se stesso presentando al contempo le differenze intrinseche dei prodotti stessi. Questo metodo può enfatizzare o mostrare apertamente l'aspetto e le caratteristiche del prodotto, offrendo allo stesso tempo al consumatore un sensazione visiva d'impatto.

Boutiques d'artisanat d'art et souvenirs

Les boutiques américaines d'artisanat d'art vendent en général des souvenirs, des antiquités, des produits artisanaux et des bijoux. Le classique et le moderne se combinent grâce à la décoration, aux dispositifs lumineux et aux sculptures allégoriques de ces établissements. La concision et la transparence du moderne s'équilibre avec l'élégance du classique, convertissant ainsi la rue en un lieu approprié à la relaxation, au passage, au transit et aux achats.

Le design des boutiques de souvenirs pour touristes utilise une approche contrastante basée sur la comparaison de similitudes, une des techniques les plus marquante pour exprimer la beauté artistique du conflit et du contraste. L'aspect et la qualité des produits se démontrent au travers d'un contraste marqué et direct, et les différences que souligne le contraste sont complémentaires. Cette méthode peut mettre en évidence ou montrer pleinement l'aspect et les caractéristiques du produit, tout en offrant au consommateur une sensation visuelle impactante.

Tourist and Souvenir

American handicraft shops usually sell souvenirs, antiques, handicrafts and jewelry. The classic and modern styles are combined in the decoration, lights and sculptures of those shops. Brevity and openness of modern style integrated with elegant and simple classical style make the street a good place for relaxation, traveling, transportation and shops.

The design of tourist souvenir shop uses a contrastive approach based on the comparison of similarities, which is the most outstanding technique of expressing the artistic beauty of confliction and contrast. The feature and quality described in the art work is shown through direct complement and sharp contrast, which complement each other. The differences indicated through contrast complete the change. This method can fully emphasise or display the feature and characteristics of the product, and provides the consumer with an impressive visual sensation.

01. Los Angeles
02. San Francisco
03. Los Angeles

01

02

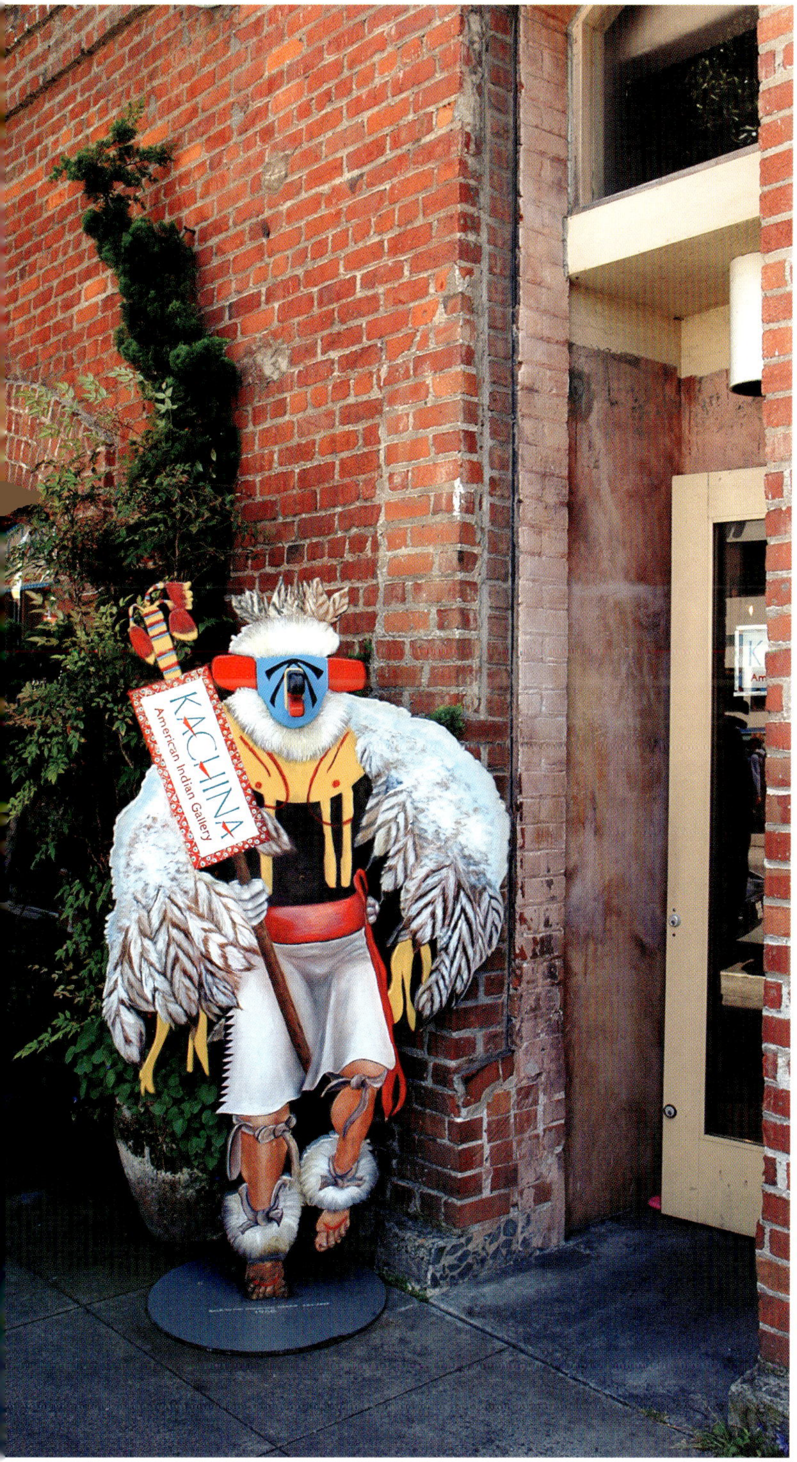
KACHINA
American Indian Gallery

03

Hollywood
Toys & Costumes
Since
6600
WIGS

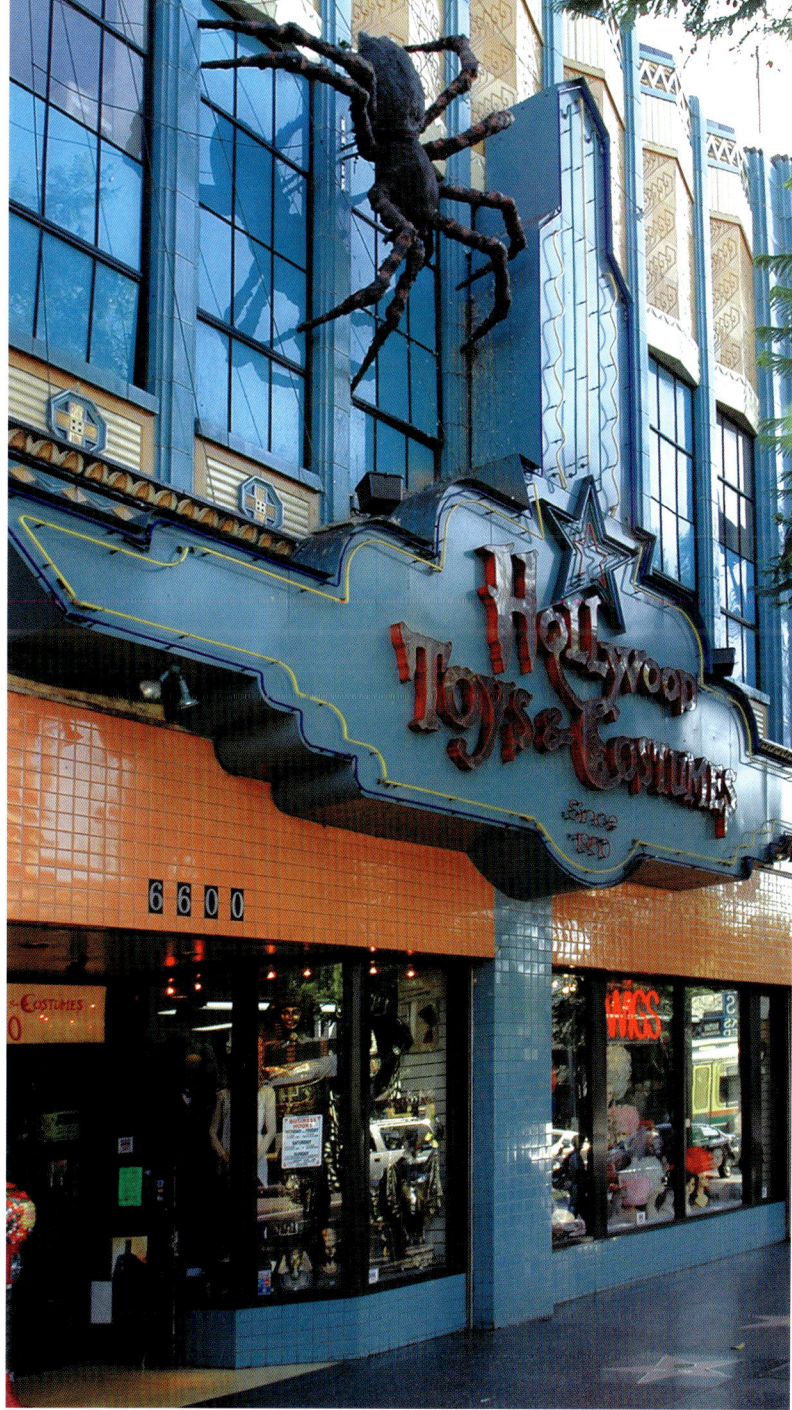

Tourist And Souvenir

04

05

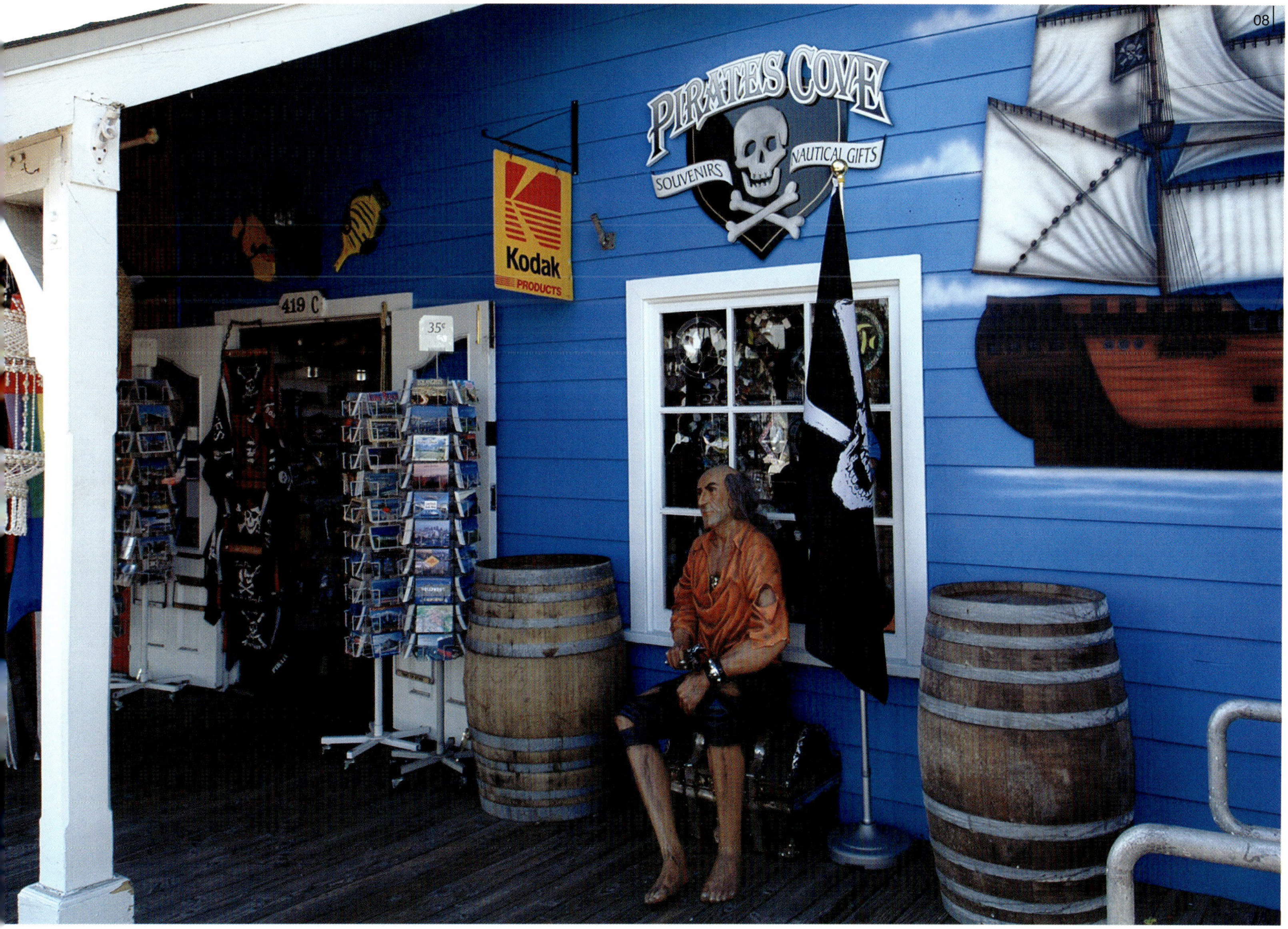

10

11

Tourist And Souvenir

MUSEUM SHOP

Winds
the
yard

'H SPIRIT

17

18

19

20

21

22

Hallmark
Hallmark
GOLD CROWN

23

MARTIN · LAWRENCE
VILLAGE
VILLAGE GALLERY

24

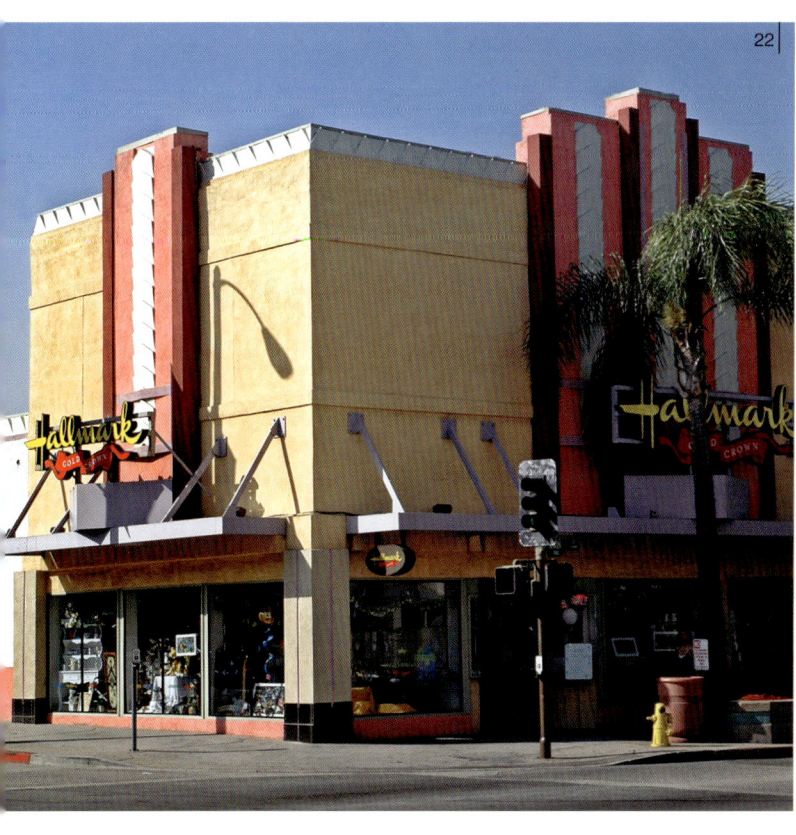

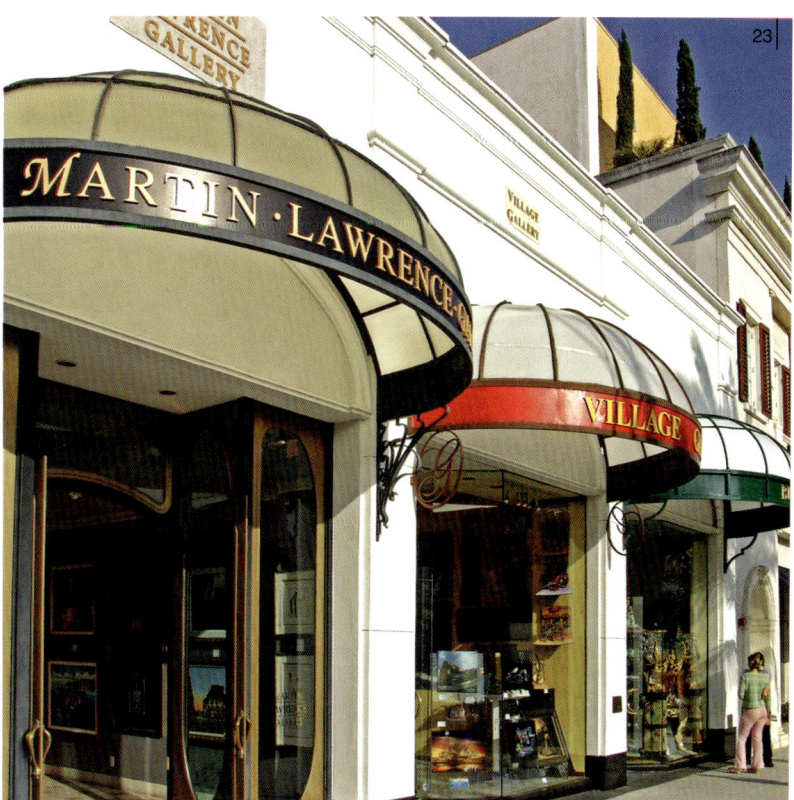

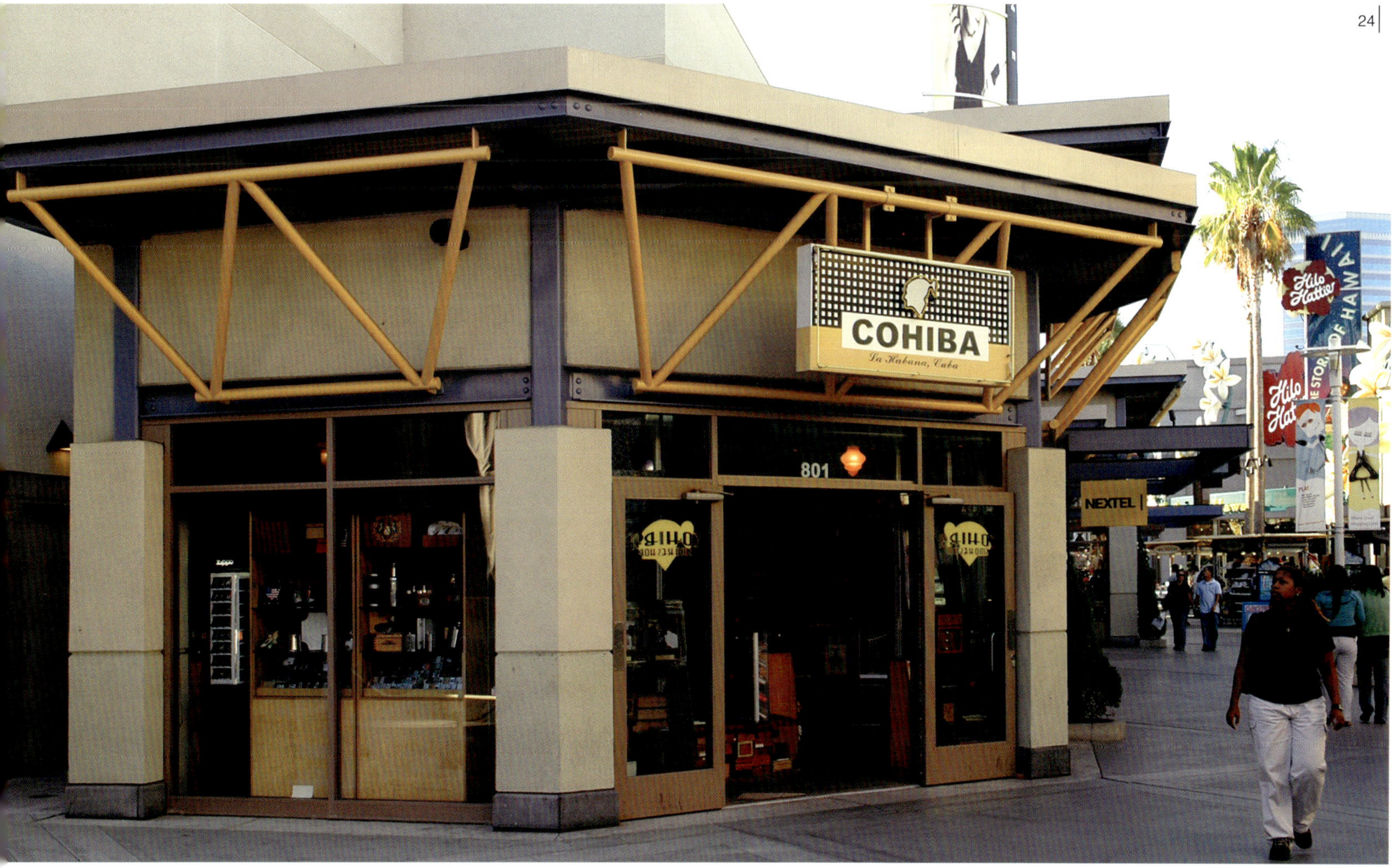
COHIBA
La Habana, Cuba
801
NEXTEL

Tourist And Souvenir

25

26

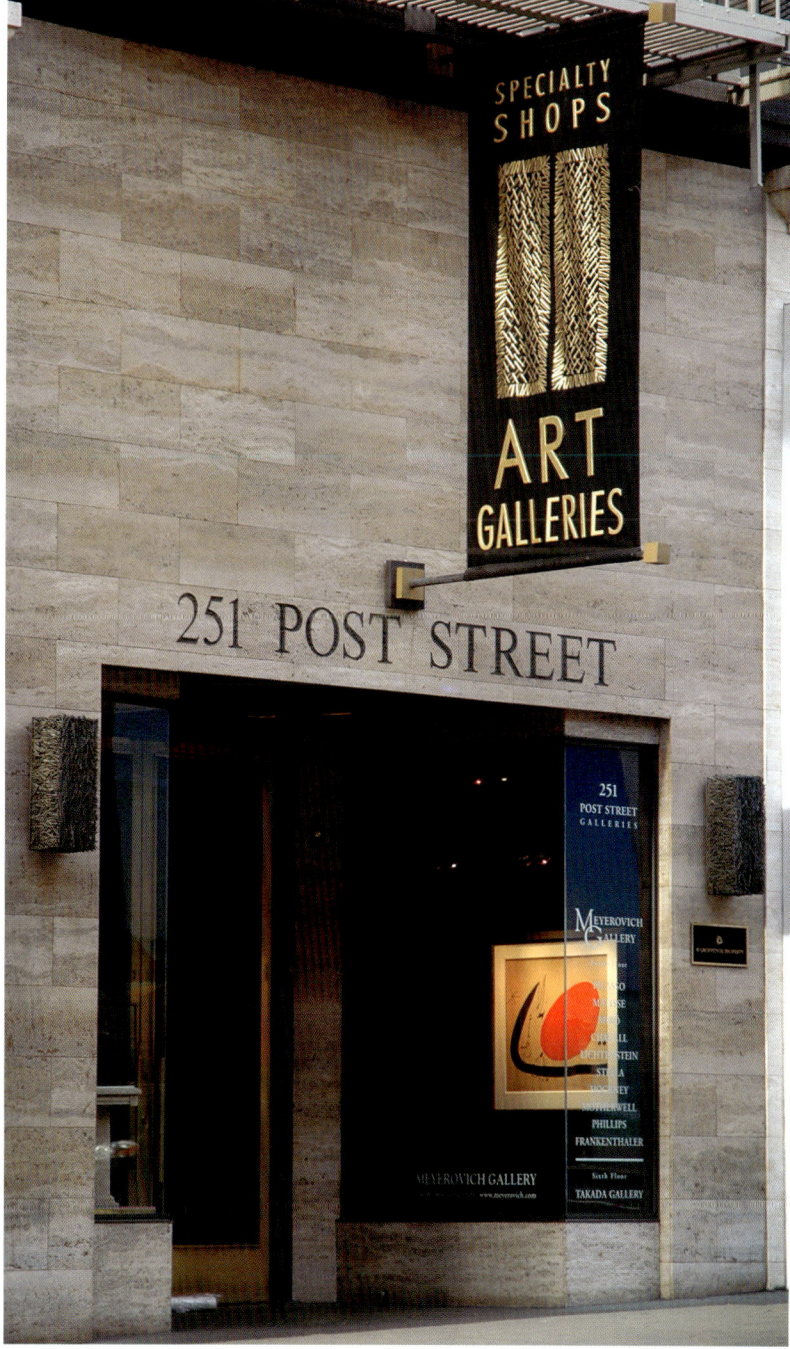

Tourist And Souvenir

29

30

31

32

Tourist And Souvenir

33. San Francisco
34. Atlantic City
35. San Francisco
36. Los Angeles

33

34

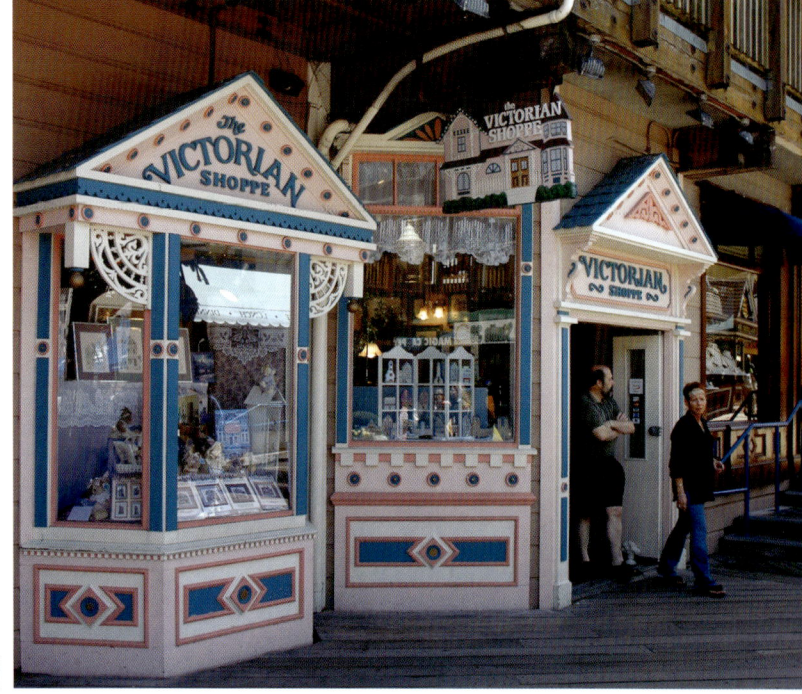

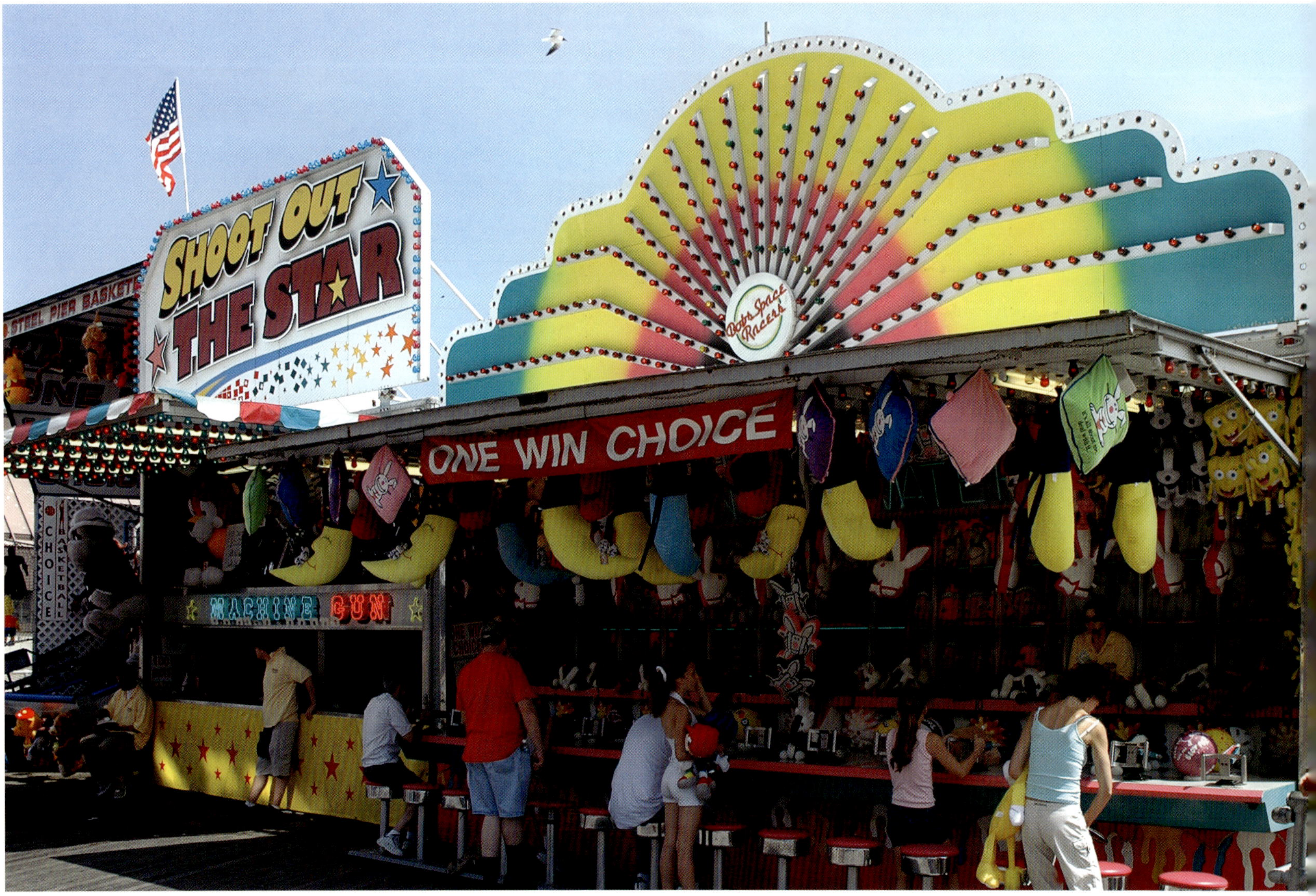

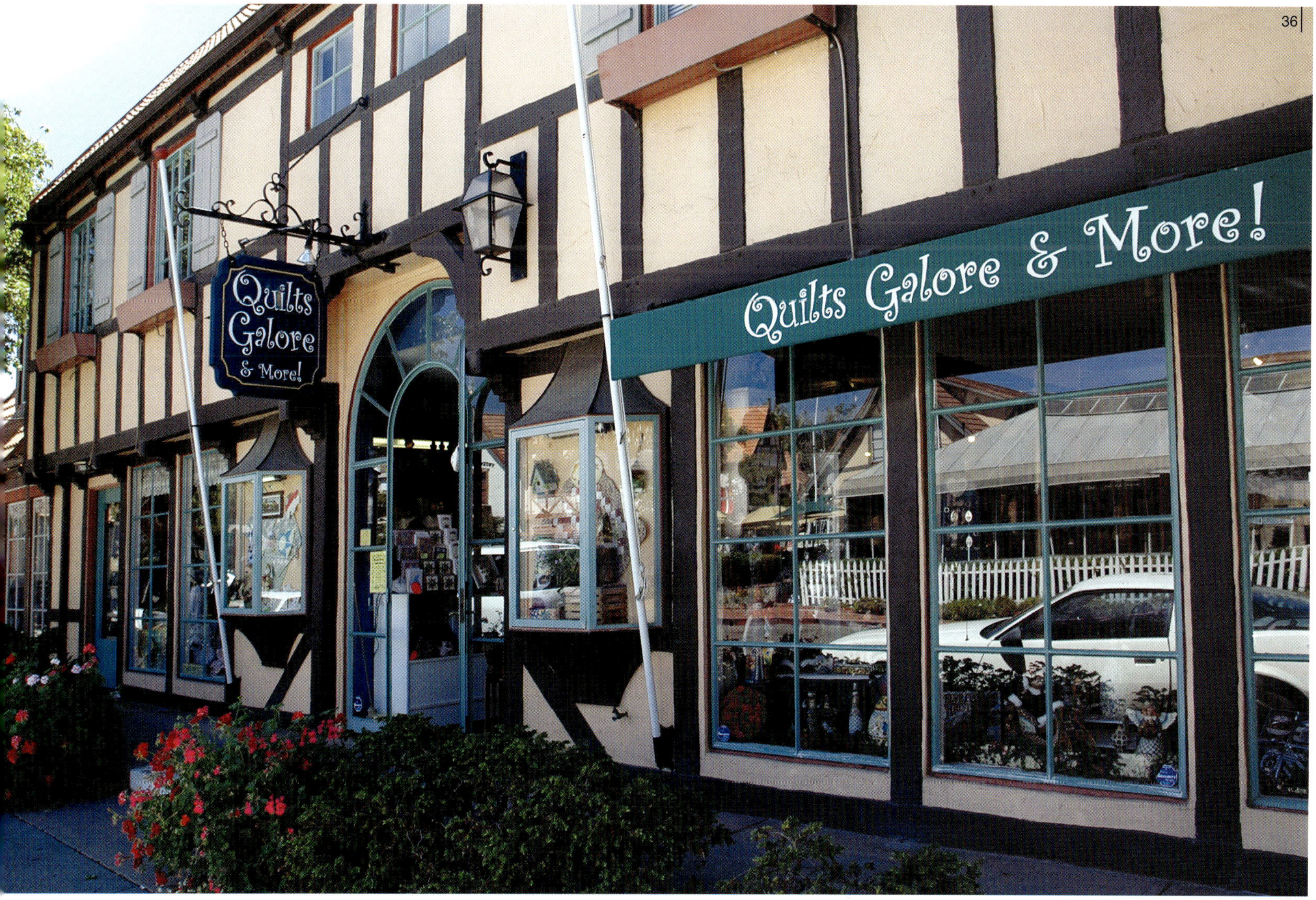

37

BABUSHKA

38

FINE ARTS • COLLECTIBLES • RUGS
STATUES • TABLE LAMPS • ACCESSORIES
1335

39

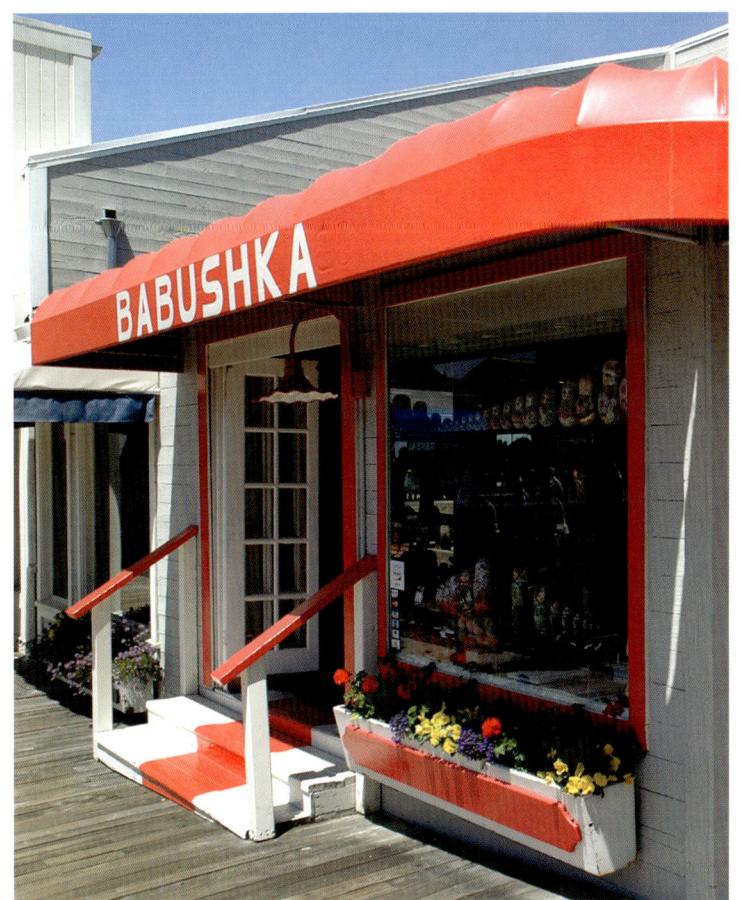

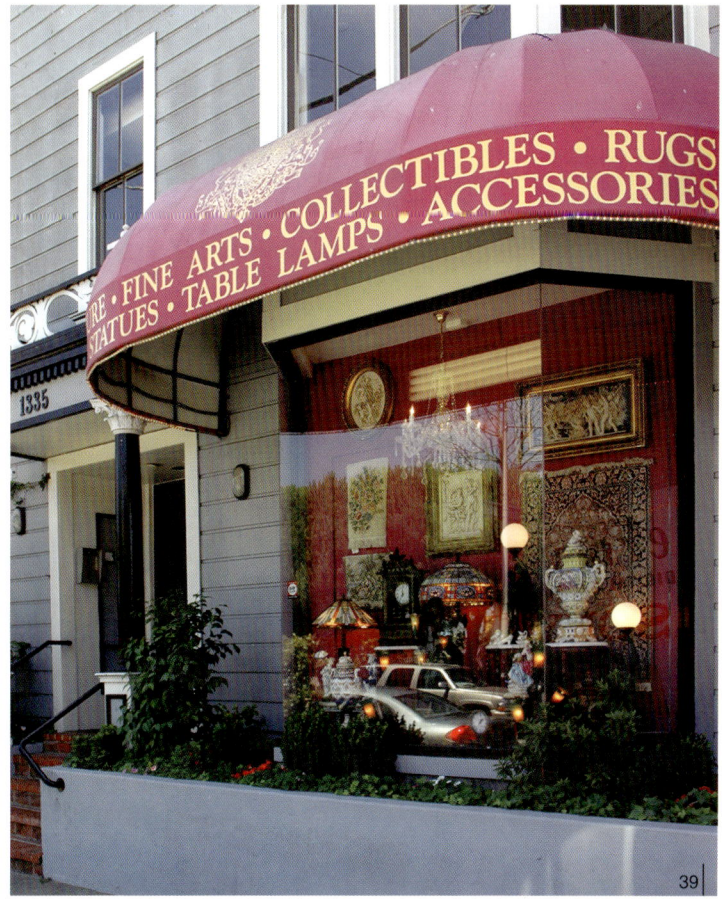

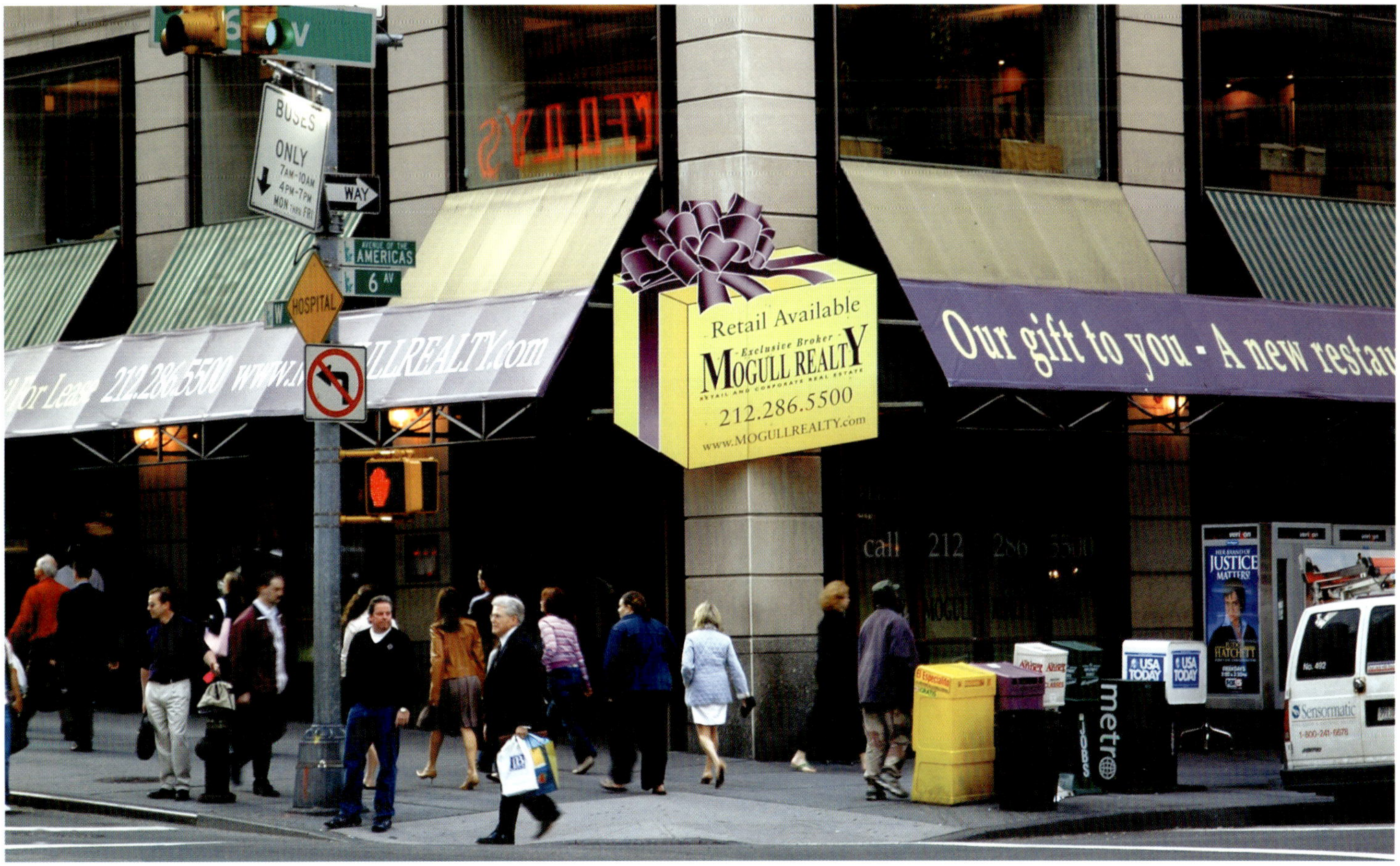
BUSES ONLY 7AM-10AM 4PM-7PM MON THRU FRI
WAY
AVENUE OF THE AMERICAS
6 AV
HOSPITAL
212.286.5500 www.MOGULLREALTY.com
Retail Available
Exclusive Broker
MOGULL REALTY
212.286.5500
www.MOGULLREALTY.com
Our gift to you - A new restau
call 212 286 5500
USA TODAY
metro
Sensormatic

40

Tourist And Souvenir

41

42

43

Deborah Carman
GALLERY

44

LLOYD'S FINE ART & JEWELRY

45

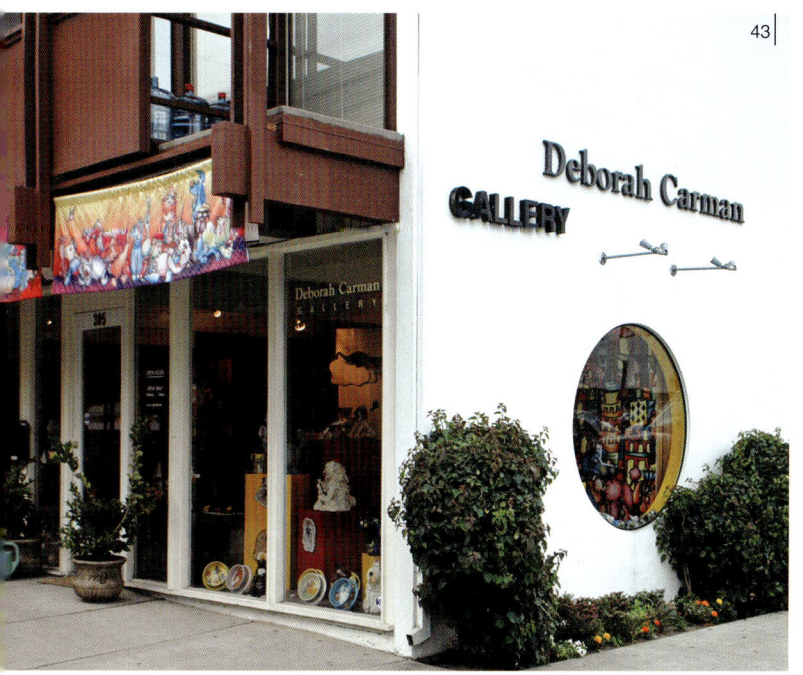

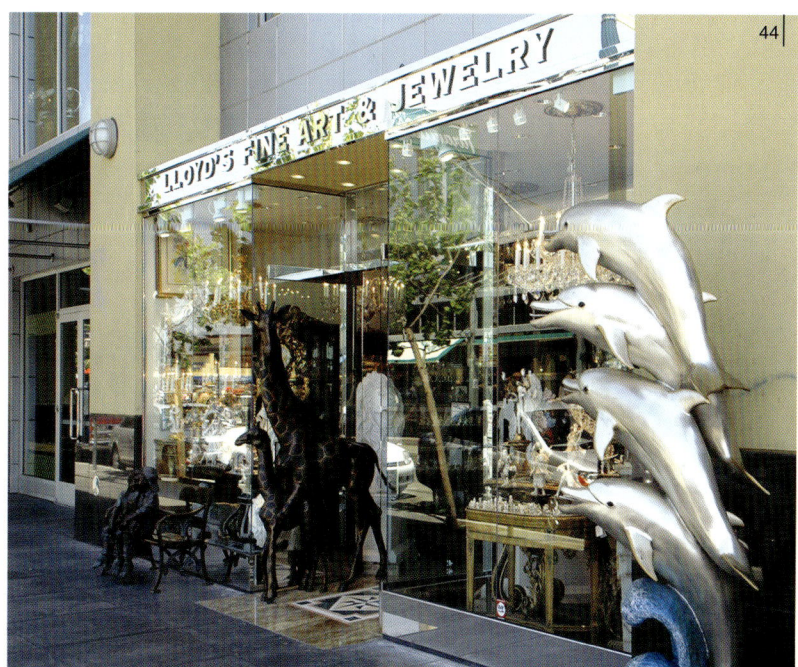

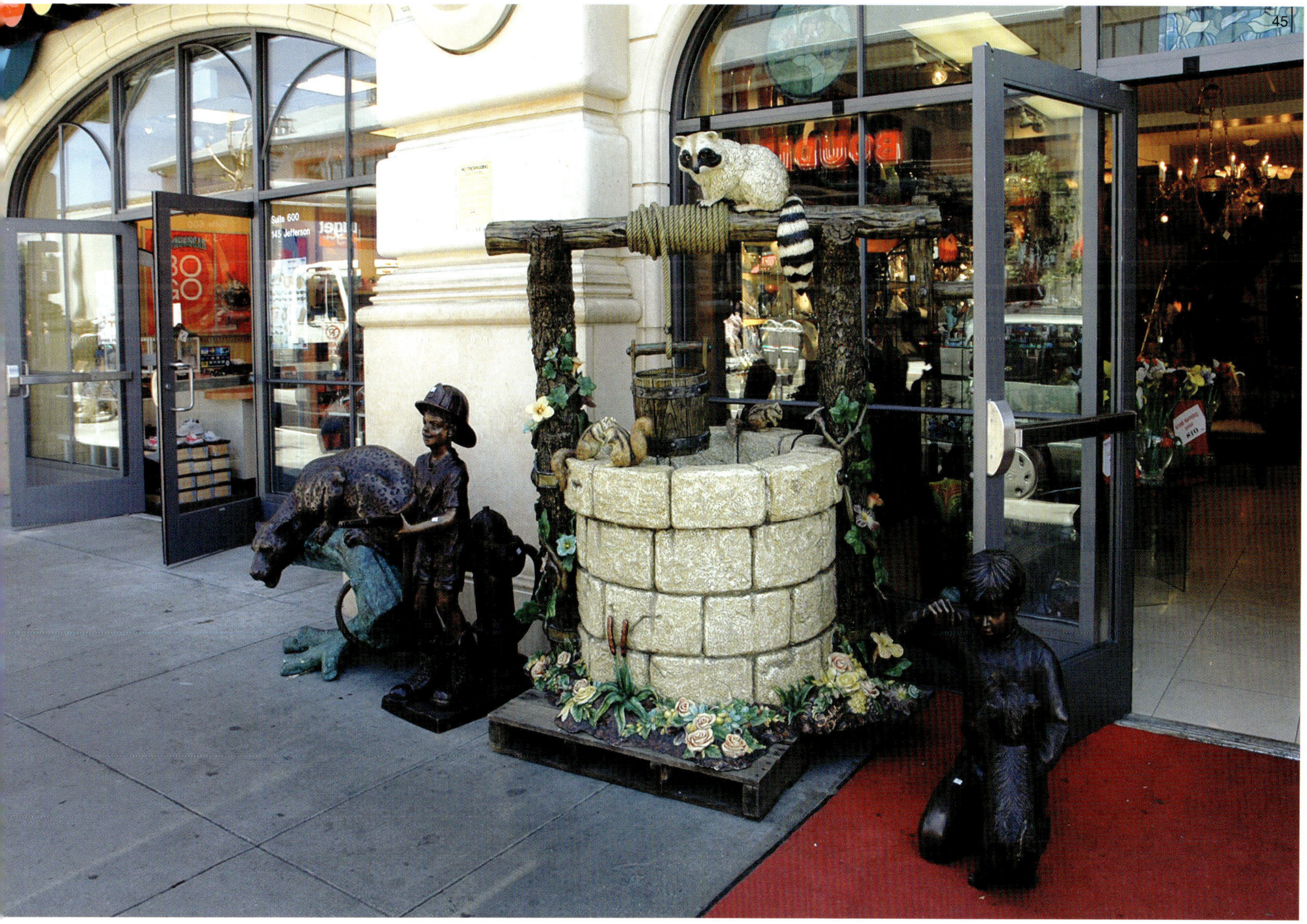
Suite 600
145 Jefferson

46
FLORIST
MISSION
LAS FLORES AVE.

47
ROCKPORT
GIFTS & SOUVENIRS
GIFT SHOP
SOUVENIRS

48
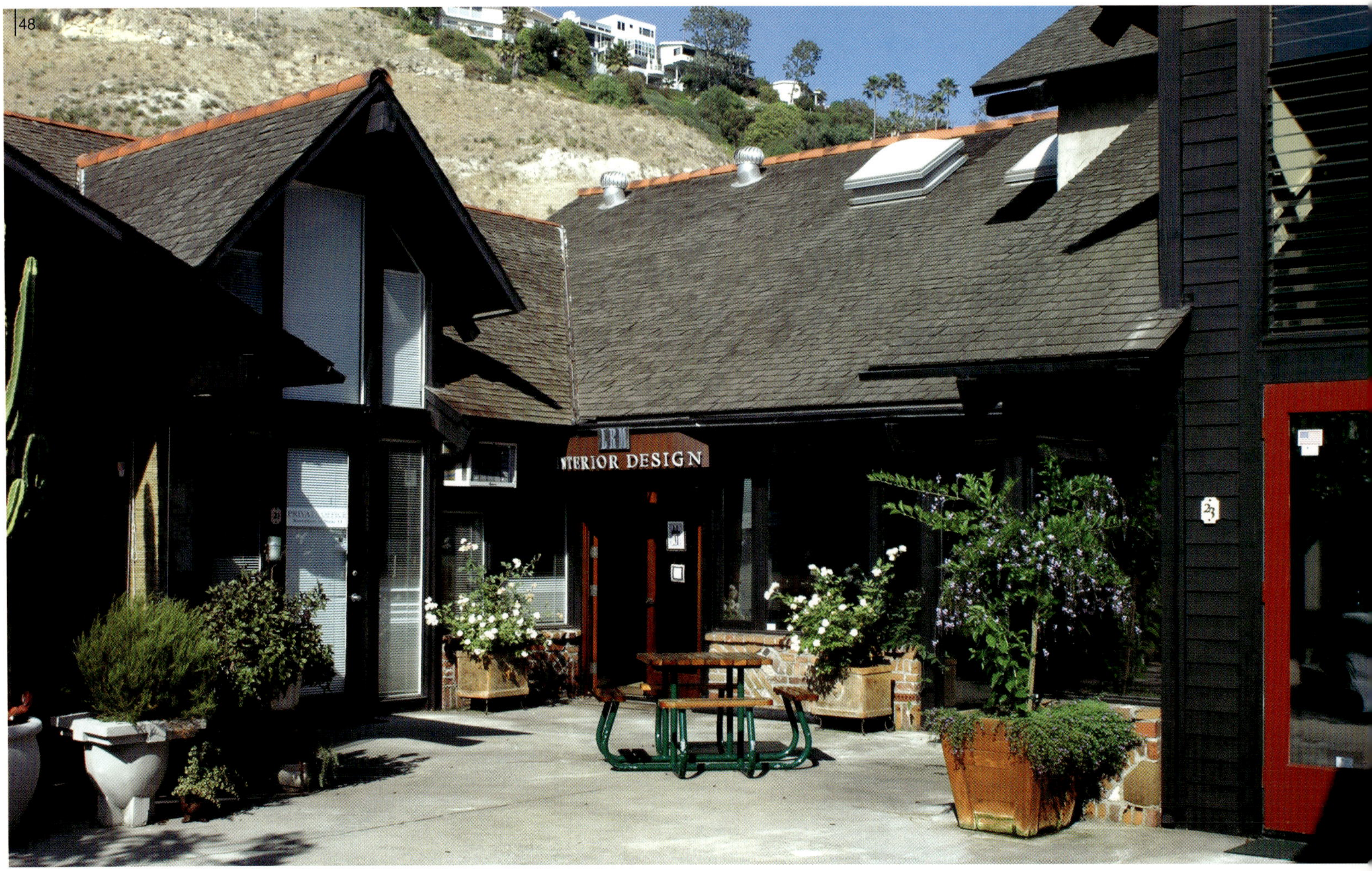
ERM

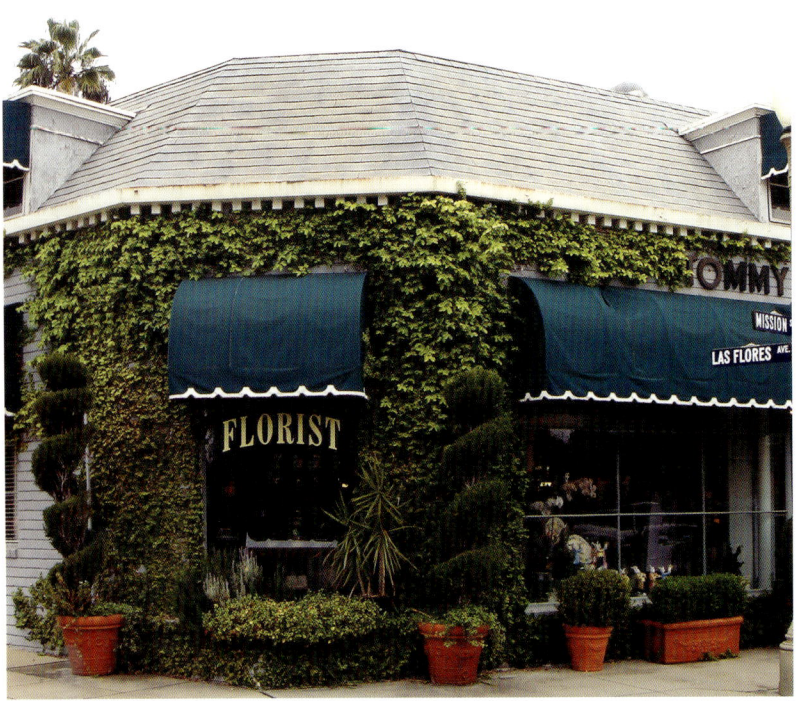

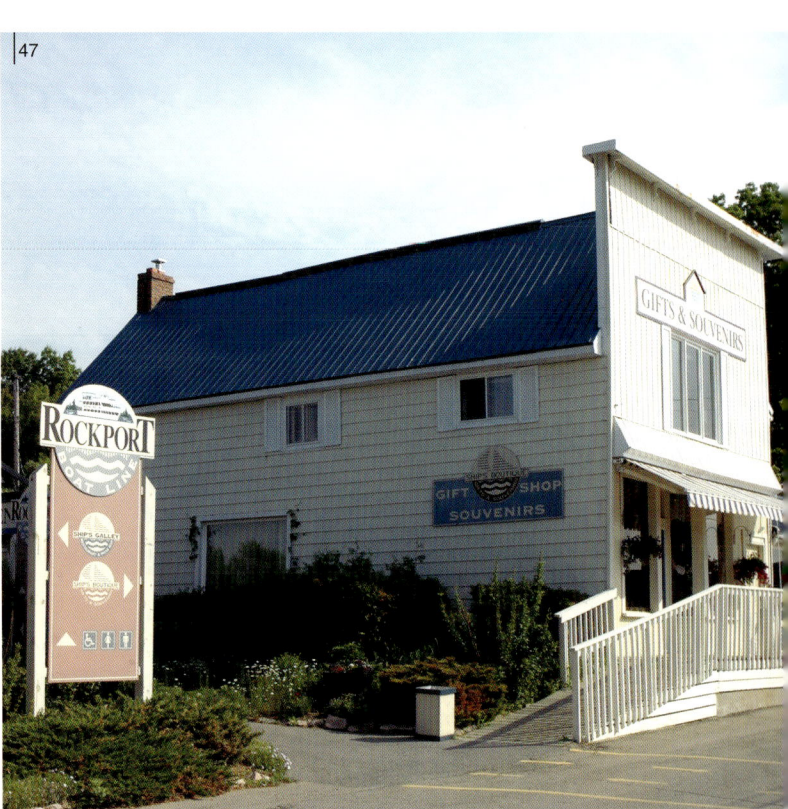

49

50

51

52. Los Angeles
53. Los Angeles
54. Los Angeles

55

60

61

Entertainment

Ocio

os locales de ocio americanos emplean el color, a iluminación y el diseño para convertirse en espacios atractivos y agradables y hacer que la gente se resista a abandonarlos. Una fachada amativa puede llegar a estimular el entusiasmo consumista del público y convertirse en un escenario pintoresco de la ciudad. Lo ideal sería que el propio edificio se convirtiese en un punto de referencia urbano, pero la mayoría de ellos no lo consiguen. Una decoración especialmente diseñada y bien escogida puede captar la atención del cliente a primera vista. Cuando el espacio abierto frente al local no es lo suficientemente amplio, no resulta sencillo divisar la parte superior del edificio. En consecuencia, la decoración de los primeros 15 metros es de vital importancia, y no debe ser atractiva solamente durante el día, también debe serlo por la noche, ya que es durante la noche cuando la afluencia de clientes es mayor. Color y forma centran la atención del cliente durante el día, pero al anochecer una bonita iluminación pasará a representar el papel principal. La fachada del parque de atracciones Gold and Silver Island de Las Vegas está en una isla. En el mar (realmente e trata de dos piscinas) y frente a la isla se encuentran dos barcos, uno de ellos es un buque mercante; el otro un barco pirata. Cada noche a las ocho en punto se reproduce una batalla naval. En la calle nos encontramos con el rótulo de una tienda de esqueletos y junto a ésta un surtidor. Es una vista magnífica. El edificio principal del centro de recreación del Sahara no llama la atención, pero nos ofrece una espléndida y multicolor edificación árabe abovedada, empleada únicamente como paso para vehículos y que costó alrededor de 60 millones de dólares.

Intrattenimento

I locali d'intrattenimento americani utilizzano il colore, l'illuminazione e il design per presentarsi come ambienti invitanti e piacevoli, e fare in modo che la gente difficilmente abbia voglia di andarsene. Una facciata vistosa può riuscire a stimolare l'entusiasmo del consumatore e può convertirsi in uno sfondo pittoresco della città. L'ideale sarebbe che l'edificio stesso si convertisse in un punto di riferimento urbano, ma non sempre questo è possibile. Una decorazione disegnata appositamente e scelta con cura può catturare l'attenzione del cliente a prima vista. Quando lo spazio aperto di fronte al locale non è sufficientemente ampio, non è semplice scorgere la parte superiore dell'edificio. Di conseguenza, la decorazione dei primi 15 metri è di vitale importanza, e non deve attirare solo durante il giorno, ma anche e soprattutto di notte, quando è maggiore l'affluenza dei clienti. Colore e forma catturano l'attenzione del cliente di giorno, ma all'imbrunire il ruolo principale sarà giocato da una buona illuminazione. Il fronte del parco d'attrazioni Gold and Silver Island di Las Vegas è collocato su un'isola. In riva al mare (in realtà si tratta di due piscine) di fronte all'isola si trovano due imbarcazioni, delle quali una è una nave mercantile, e l'altra una nave pirata. Ogni notte, alle otto in punto, viene riprodotta una battaglia navale. Lungo la strada ci si imbatte nell'insegna di un negozio di scheletri, con accanto una fontana. È una vista spettacolare. L'edificio principale del centro di divertimenti Sahara non attira particolarmente l'attenzione, ma presenta uno splendido e variopinto edificio arabo a volte - che viene utilizzato unicamente come passaggio per i veicoli - costato approssimativamente 60 milioni di dollari.

Divertissement

Les établissements de loisirs américains utilisent la couleur, l'illumination et le design pour rendre les espaces attractifs et agréables et faire en sorte que les gens se refusent à quitter les lieux. Une devanture qui attire le regard peut réussir à stimuler l'enthousiasme de consommation du publique et devenir un scénario pittoresque dans la ville. L'idéal serait que le bâtiment lui-même se transforme en un point de référence urbain, mais la majeure partie n'atteignent pas ce niveau. Une décoration spécialement dessinée et bien choisie peut attirer l'attention du client dès le premier coup d'œil. Quand l'espace ouvert en face de l'établissement n'est pas assez important, il n'est pas facile de visualiser la partie supérieure du bâtiment. Par conséquent, la décoration des premiers 15 mètres est d'une importance vitale, et ne doit pas retenir l'attention seulement de jour, puisque c'est la nuit que l'affluence des clients est la plus abondante. La forme et la couleur captent l'attention du client de jour, mais la nuit, c'est une belle illumination qui tiendra le rôle principal. La devanture du parc d'attractions Gold and Silver Island de Las Vegas est sur une île. Dans la mer (il s'agit en réalité de deux piscines) et en face de l'île se trouvent deux bateaux, l'un d'eux est un navire marchand, l'autre un bateau pirate. Chaque nuit à huit heures pile se reproduit la même bataille navale. Dans la rue on rencontre l'enseigne d'une boutique de squelettes et à côté d'elle se trouve un avion à réaction. C'est une vue magnifique. Le bâtiment principal du centre de récréation du Sahara n'attire pas le regard, mais nous offre un édifice arabe avec des voûtes, splendide et multicolore, utilisé uniquement comme un passage pour véhicules, et qui vaut près de 60 millions de dollars.

Entertainment

Entertainment centers in America use colour, light and design to make them more attractive and enjoyable, and make people reluctant to leave. An outstanding shop front can even arouse people's enthusiasm in consuming and becomes a scenic spot of the city. Ideally the building should have the potential to become a city landmark, however, most entertainment centres cannot achieve that. Specially designed and well-chosen decoration can catch the customers' attention at first sight. When the open area in front of the shop is not spacious enough, it is not easy for people to see the upper part of the building. The decoration on the first 15 meters of the building is of vital importance, which should not only be pleasing during the day, but also during the night, because night is the peak time for customers. Colour and pattern are what people pay attention to during the day, but at night attractive lighting will play the key role. The shop front of Gold and Silver Island Amusement Park at Las Vegas is an island. On the sea (actually they are two pools) in front of the island are two ships, one is a business ship; the other is a pirate ship. Every night at eight o'clock, there is a sea-battle performance. There is even a billboard of a skeleton shop on the street; next to it is a spout. It is a magnificent sight. The main building of the Sahara recreation center is inconspicuous, but has a multicoloured and magnificent Arabic domed building, used only as a vehicle passage that cost around 60 million dollars.

Entertainment

02

HOUSING AMERICA & THE MUSÉE MÈCANIQUE
FREE ADMISSION!
PIER 45 · SHED A

03

ITALIAN
Restaurant

04

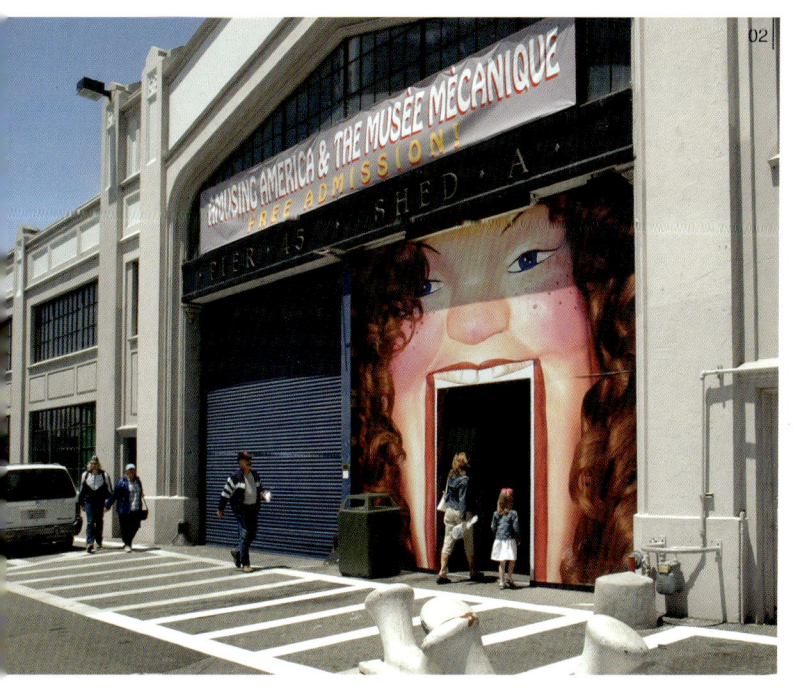

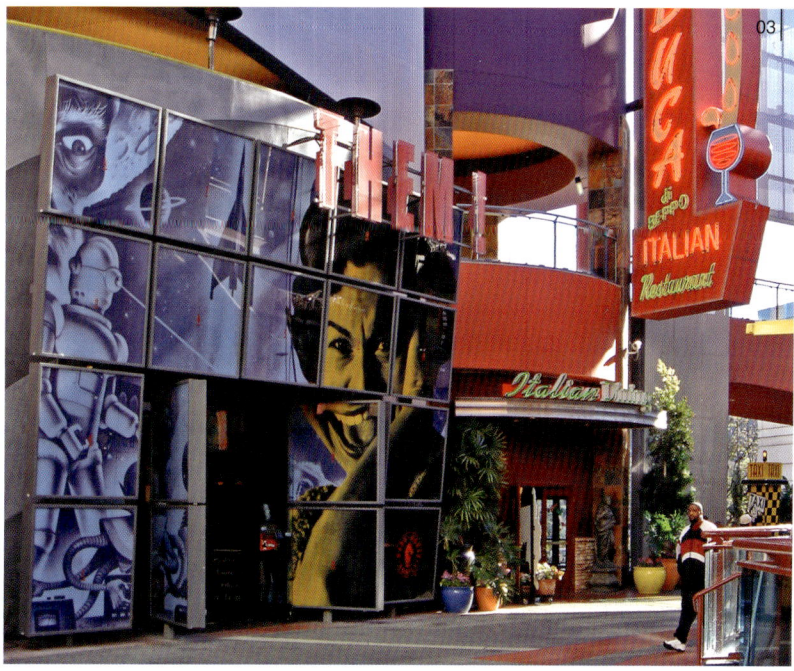

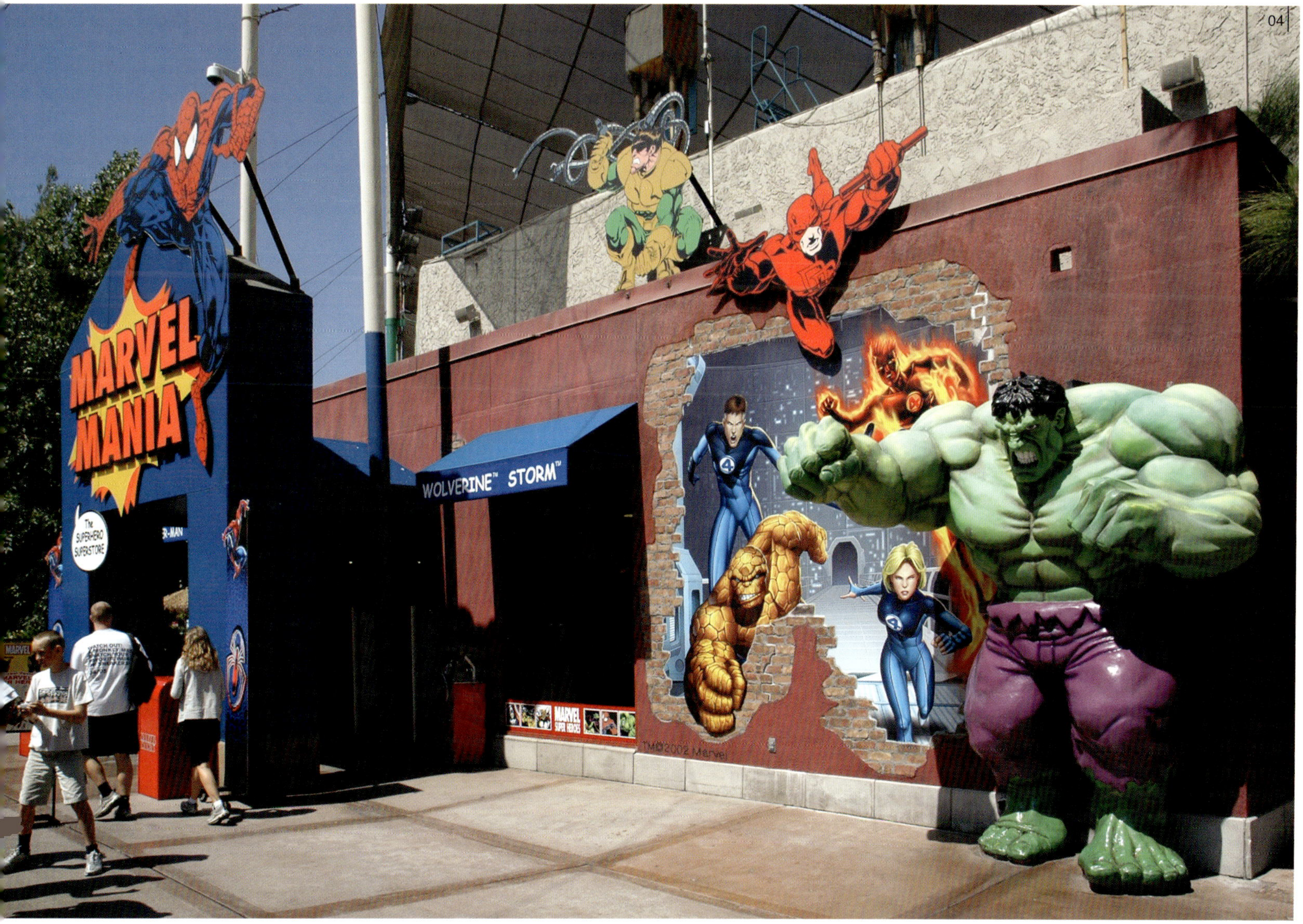
MARVEL MANIA
THE SUPERHERO SUPERSTORE
WOLVERINE™ STORM™
MARVEL SUPER HEROES
TM&©2002 Marvel

Entertainment

Entertainment

09

THE CANNERY
The Green Room
Comedy Club
TUES WED SHOWCASE
DAN ST PAUL
MAY 26 THRU 29
DOWNSTAIRS
Tre Fratelli
ristorante

10

PLAYGROUND
GO GO GIRLS
GIRLS!
Entrance

11

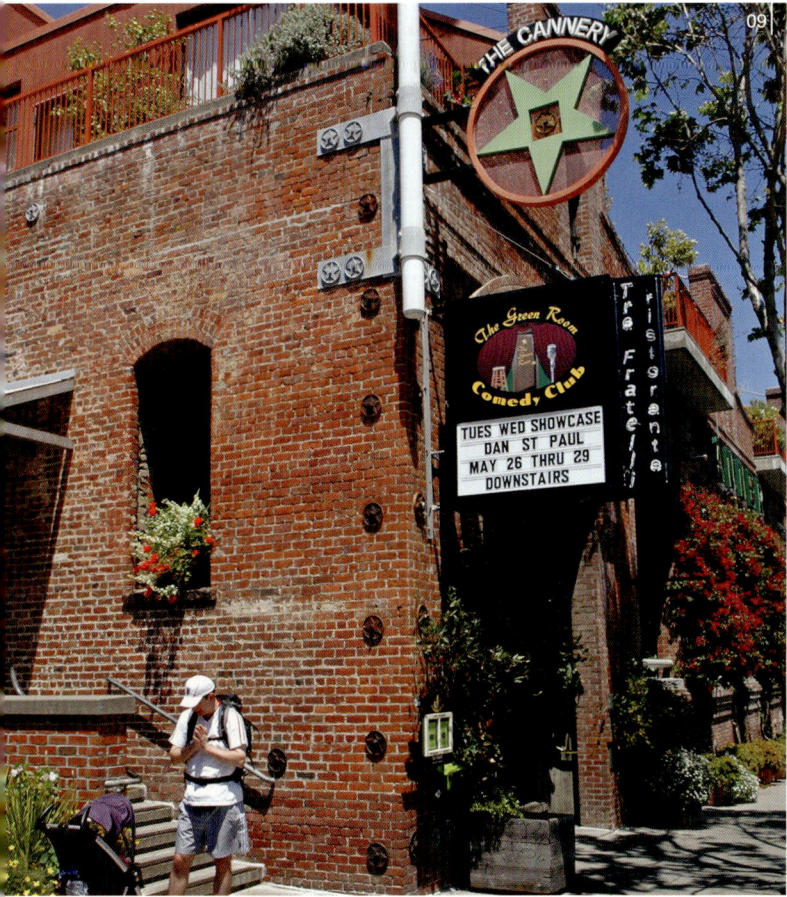

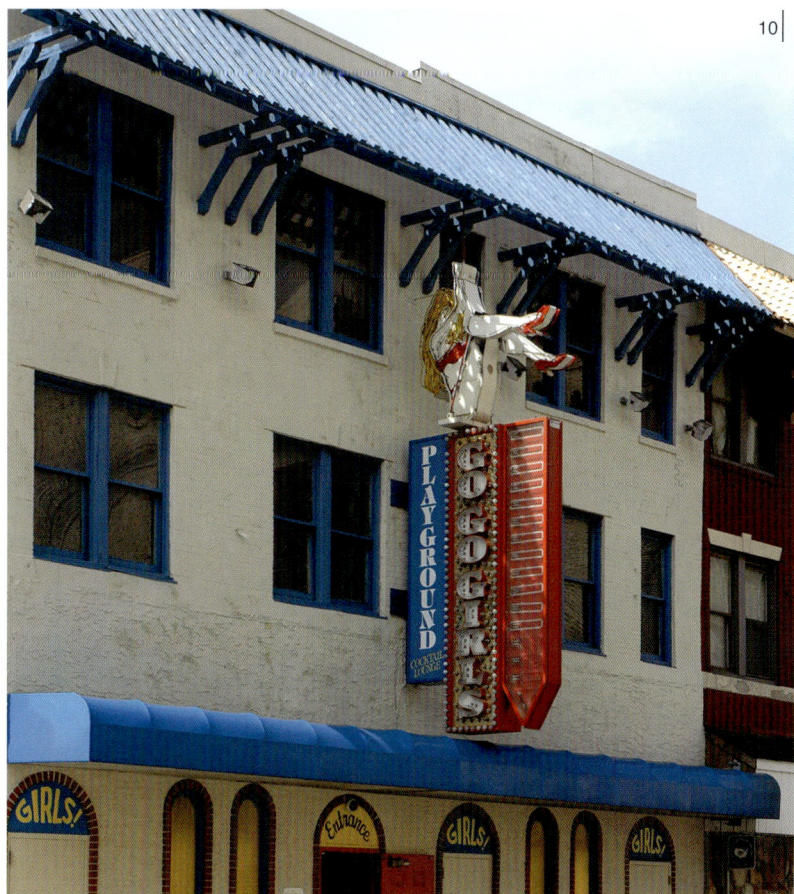

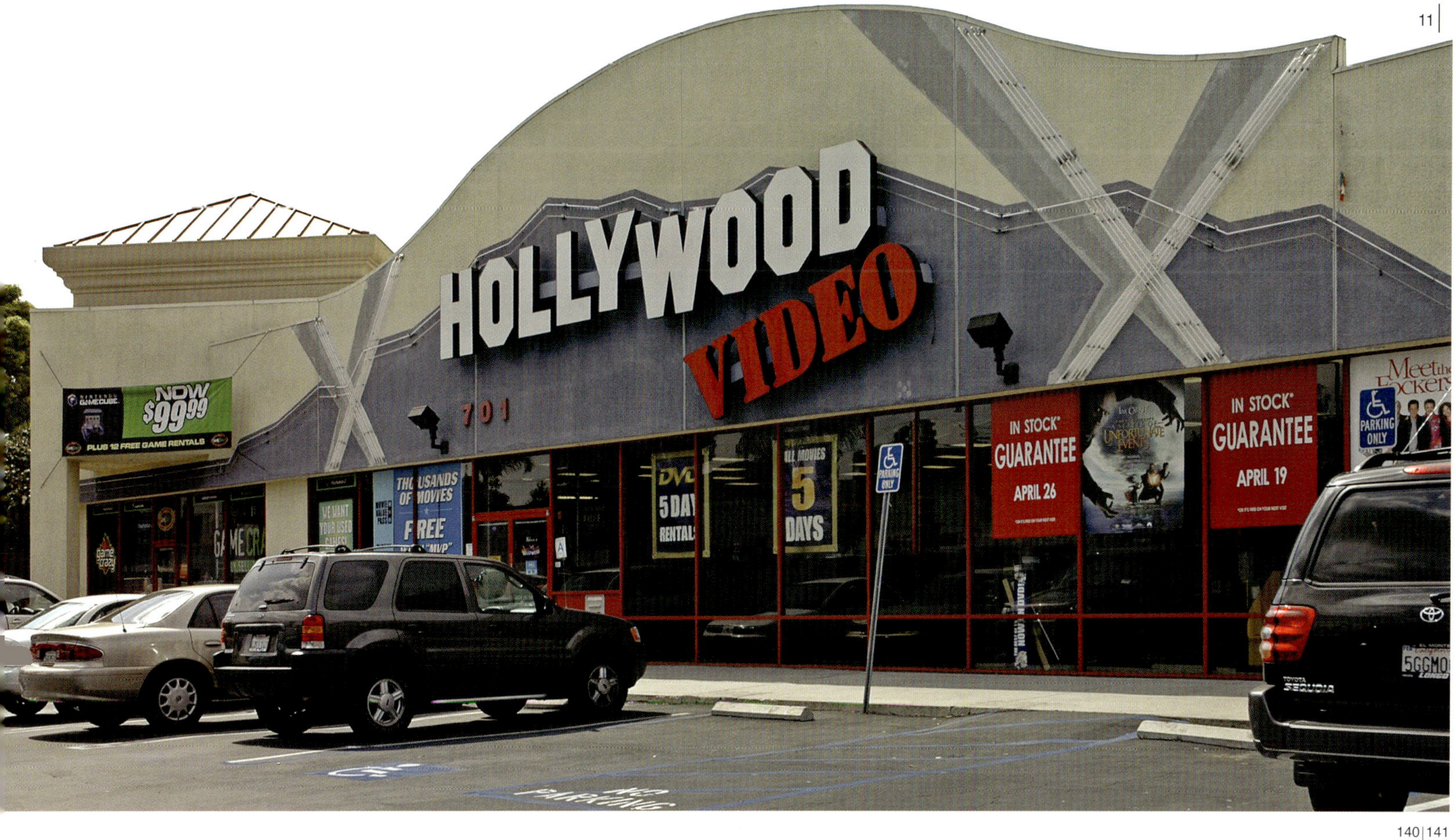
HOLLYWOOD
VIDEO
701
IN STOCK
GUARANTEE
APRIL 26
IN STOCK
GUARANTEE
APRIL 19
5 DAYS
PARKING ONLY

Entertainment

12

13

Entertainment

16. Atlantic City
17. Atlantic City
18. New York
19. San Francisco

16

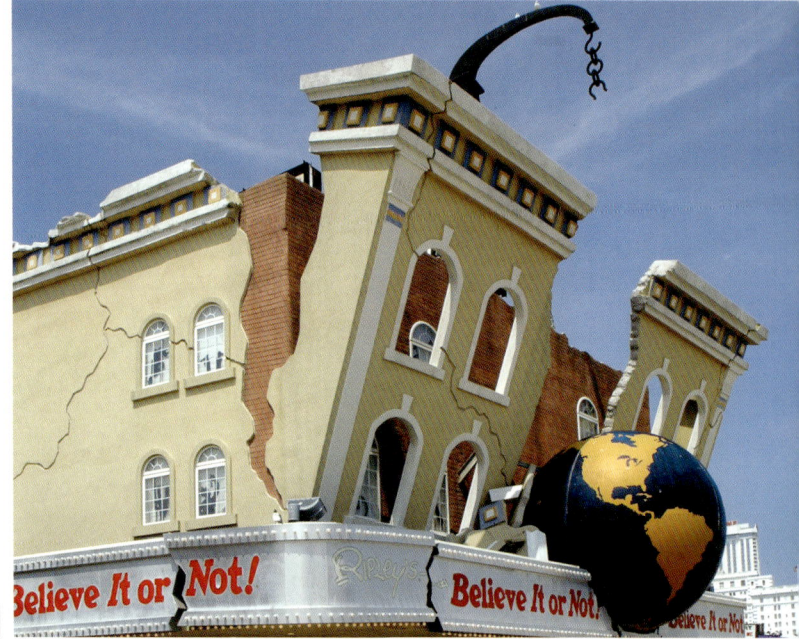

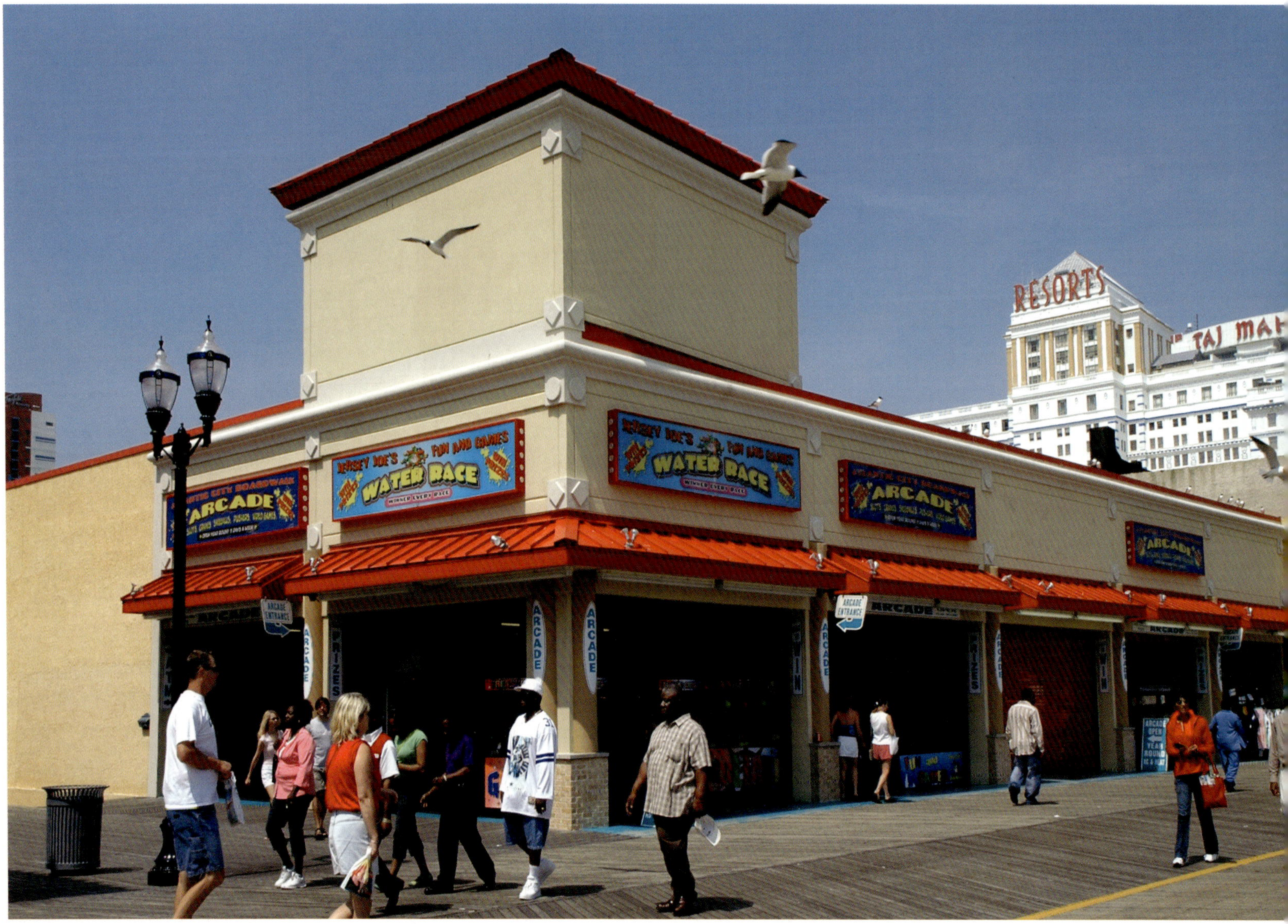

17

18
JEKYLL
JEKYLL & HYDE
JEKYLL
THE JEKYLL & HYDE CLUB
NYC
SYLLA DELIVERY
646-269-2014

19
EB GAMES
333
CASH FOR GAMES

Entertainment

20

21

Entertainment

23

24

WARNER
Theatre

25

TOMB
TREASURES
DARE TO ENTER

26

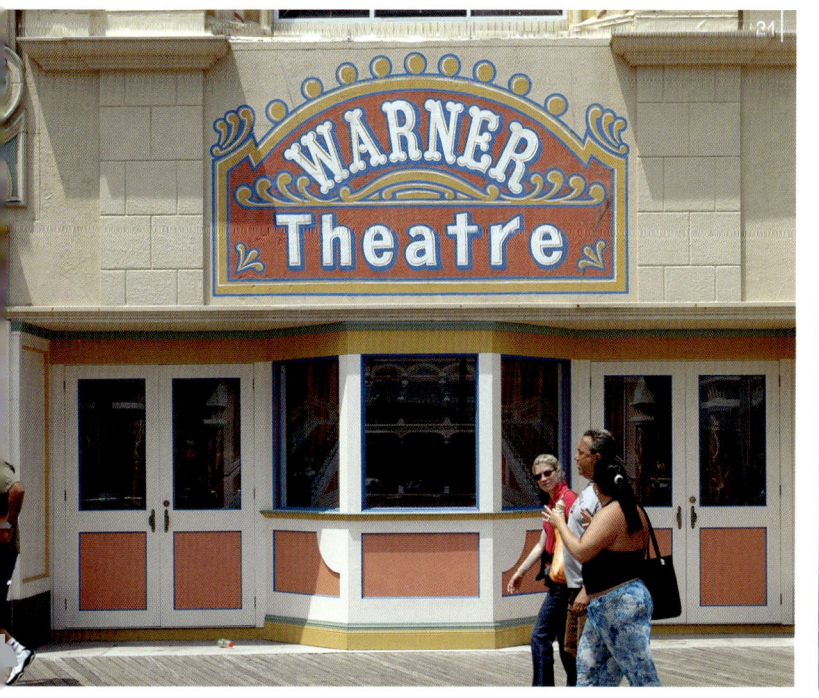

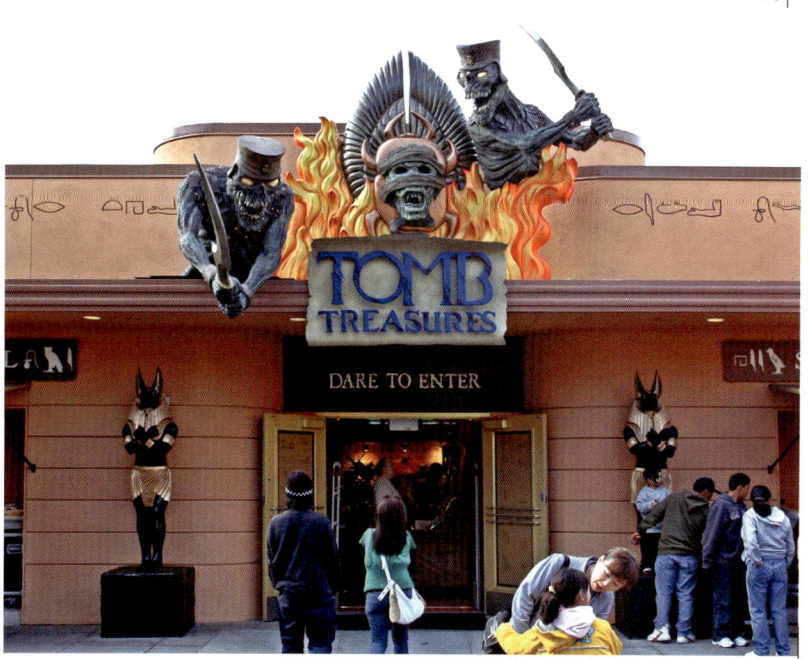

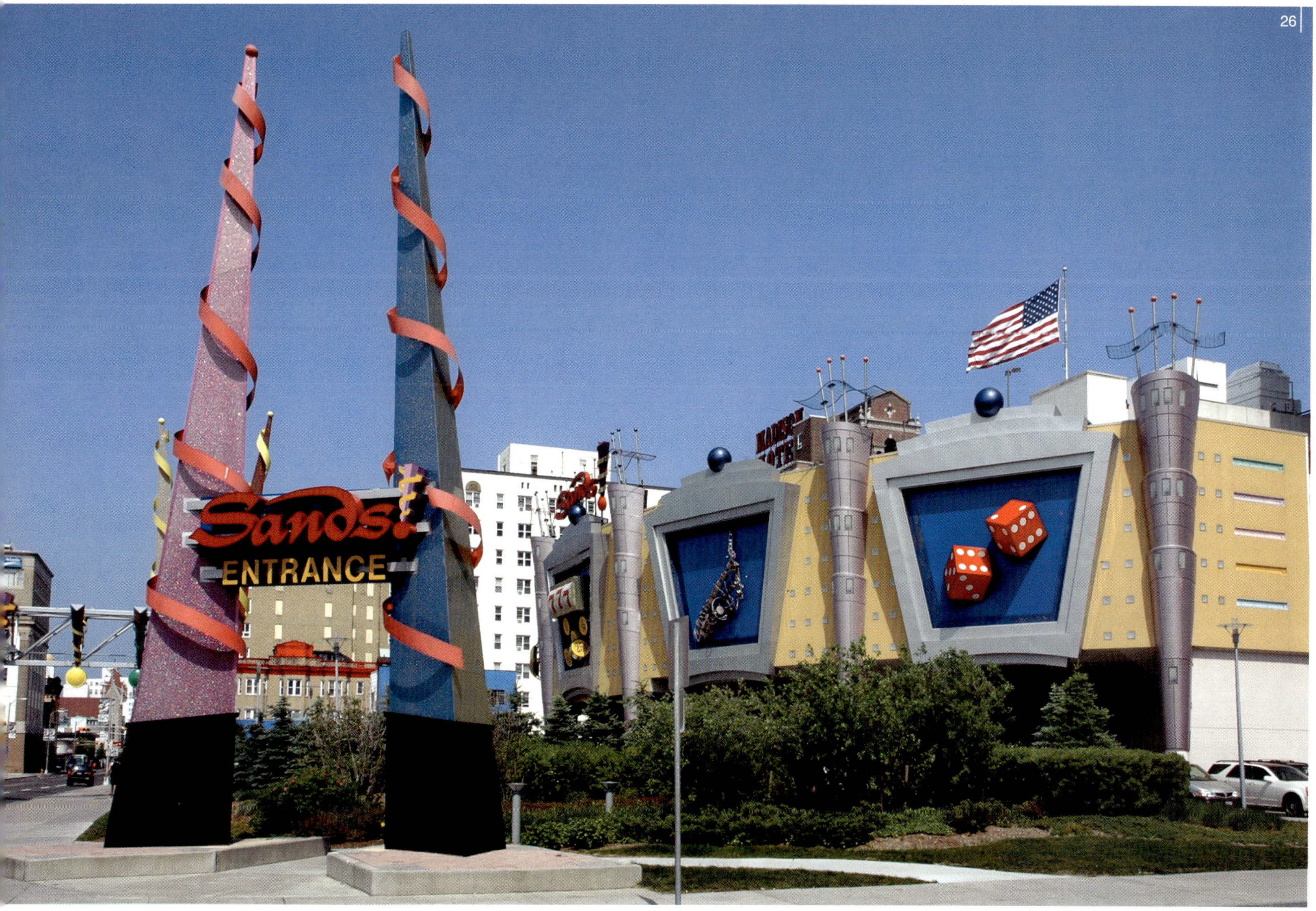
Sands!
ENTRANCE

Entertainment

Entertainment

30

31

32

ECTION OF SONGS ABOUT WAR, PEACE, LOVE AND GREED FEATURING "IMAGINE"
'S GOING ON","FREEDOM OF CHOICE" AND "PEACE LOVE AND UNDERSTANDING"
features PASSIVE as heard on
KROQ
eMOTIVe
aperfectcircle
YOU ARE SAFE
BLANKET OF SECURITY
shhhhh!
SLEEP TIGHT
DON'T WORRY!
DOESN'T KNOW ANYTHING
aperfectcircle.com
7769/7771
HILTON & HYLAND
FOR LEASE

33

CAROLINES
NO PARKING
comedy

Entertainment

34. Las Vegas
35. Niagara City
36. Atlantic City
37. Las Vegas

34

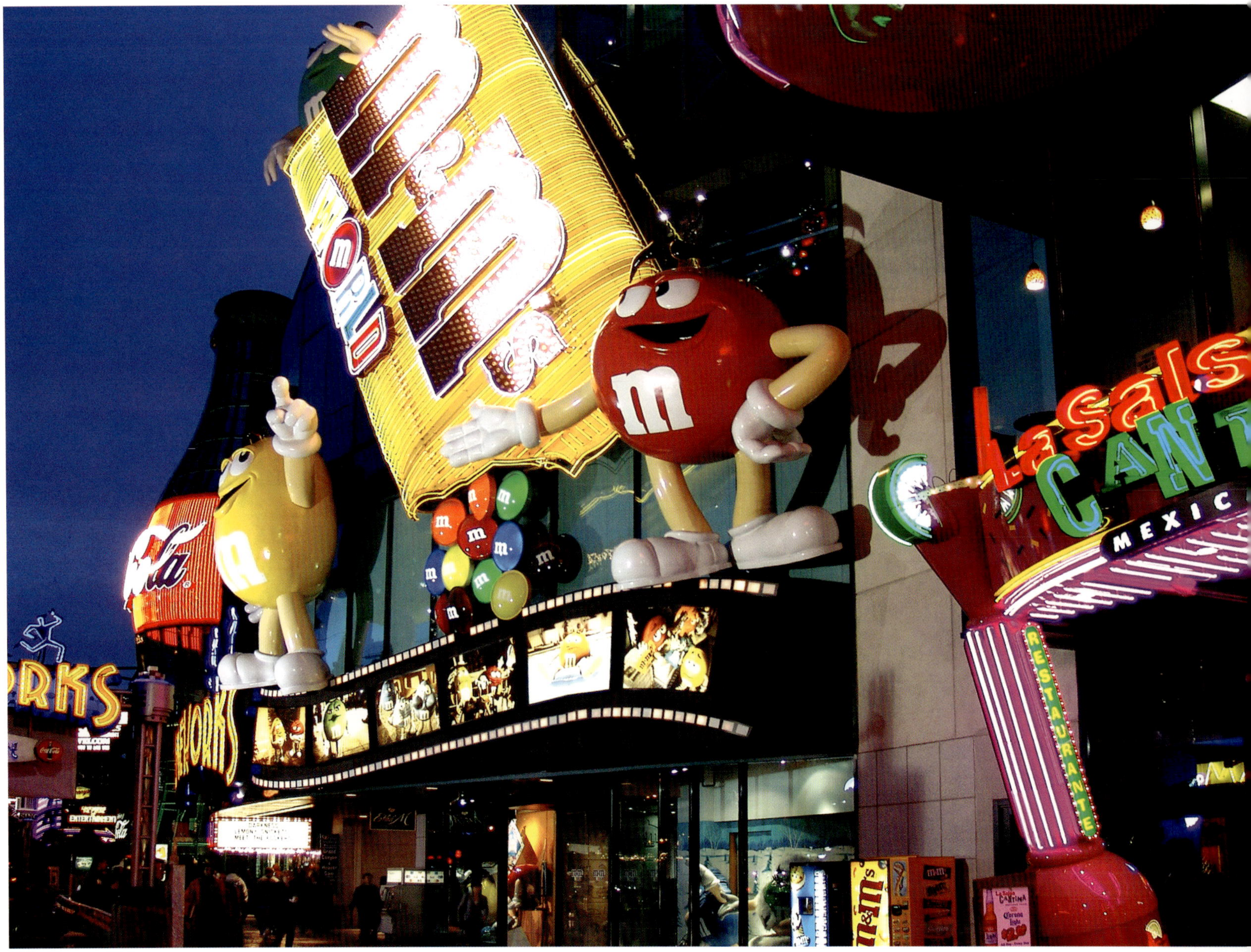

Entertainment

38

39

40

THE
POOL
THE CUE BALL
Budweiser

41

CASINO
THE SECOND CITY
JAY'S PIZZA
CHINESE FOOD

Entertainment

42

GAMEWORKS
EAT · DRINK · PARTY + PLAY
GAMEWORKS

43

Opening Soon
Laugh
FACTORY
THE PIKE
Owned and operated by Developers Diversified Realty
PENNY
ADE

44

Entertainment

45

Mann 10 Theatres

MUST LOVE DOGS		PG-13	THX
THE GREAT RAID		R	THX
WEDDING CRASHERS		R	THX
VALIANT		G	THX
DUKES OF HAZZARD		PG-13	

THE ISLAND PG-13 THX

OF THE PENGUINS G THX

SKY HIGH PG

PG-13

Mann's BUFFET & GRILL

TONY R
A PLACE F

Fry's ELECTRONICS

Fashion Shops

Tiendas de moda

Il aspecto general de una tienda de moda nos nuestra el nivel de la misma, así como sus aracterísticas propias. En general, podemos stablecer dos estilos diferenciados: moderno y radicional.

Il estilo moderno aplicado a una tienda de moda ace que ésta desprenda una intensa sensación de ontemporaneidad. Muchos de estos stablecimientos adoptan dicho estilo con el fin de stimular el sentimiento de modernidad de los onsumidores. Si la tienda está localizada en el área omercial, creará una atmósfera armoniosa con el esto de establecimientos y grandes almacenes de u entorno. En nuestros días, estos locales conviven n perfecta armonía con el rápido desarrollo de uestra sociedad y son el vehículo de expresión ideal ara la actualidad de la moda.

n el caso de las tiendas de moda, el escaparate ega un papel vital en la captación de la tención de los clientes y en el estímulo de su terés por adquirir ropa. El escaparate servirá ara mostrar la iniciativa y personalidad, siempre iferente, de cada empresario. Tomemos a Gucci omo ejemplo. La decoración del escaparate se ambia cada mes, y la temática de la misma se ecide directamente en la central de la marca n Italia. En consecuencia, todos sus escaparates resentarán el mismo aspecto en todo el mundo. os escaparates de Gucci remarcan con ensualidad las características de sus creaciones, uc siempre marcan tendencia, aplicando puntos e iluminación directa sobre las mismas.

Negozi di moda

L'aspetto generale di un negozio di moda ne presenta tanto il livello qualitativo quanto le caratteristiche essenziali. In generale, si possono individuare due differenti stili: moderno e tradizionale. Lo stile moderno, applicato a un negozio di moda, fa sì che questo sprigioni un forte senso di contemporaneità. Molti locali adottano questo stile con lo scopo di suscitare nei consumatori una sensazione di modernità. Se il negozio è situato in un'area commerciale, creerà un'atmosfera in armonia con i negozi e i grandi magazzini dei dintorni. Al giorno d'oggi, questi locali convivono in perfetta armonia con il rapido sviluppo della nostra società e sono il veicolo d'espressione ideale per quanto concernerne la moda del momento.

Nel caso dei negozi di moda, la vetrina gioca un ruolo vitale nel catturare l'attenzione dei clienti e nell'invitarli a fare acquisti. Serve per dichiarare l'intraprendenza e la personalità, sempre differente, di ciascun imprenditore. Prendiamo come esempio Gucci. La decorazione della vetrina cambia ogni mese, con un tema ogni volta diverso che viene scelto direttamente dalla sede centrale in Italia. Di conseguenza, tutte le vetrine hanno ogni volta lo stesso aspetto in tutto il mondo. Le vetrine di Gucci evidenziano con sensualità le caratteristiche delle sue creazioni, sempre di tendenza, grazie all'applicazione di fonti di illuminazione diretta.

Taggeries

L'aspect général d'une boutique de mode nous montre le niveau de celle-ci, ainsi que ses caractéristiques. En général, nous pouvons établir deux styles différents : moderne et traditionnel. Le style moderne appliqué à un magasin de mode permet à celui-ci de dégager une sensation intense de contemporanéité. Beaucoup de ces établissements adoptent ce style avec l'objectif de stimuler le sentiment de modernité des consommateurs. Si la boutique est située dans la zone commerciale, elle créera une atmosphère harmonieuse avec le reste des établissements et grands magasins qui l'entourent. Aujourd'hui, ces locaux vivent en parfaite harmonie avec le développement véloce de notre société et sont un support d'expression idéal pour l'actualité de la mode. Dans le cas des boutiques de mode, la vitrine joue un rôle vital au moment de capter l'attention des clients et de stimuler son intérêt pour l'acquisition des vêtements. La vitrine servira à montrer l'initiative et la personnalité, toujours différente, de chaque entreprise. Prenons par exemple Gucci. La décoration de la vitrine change mensuellement, et la thématique de celle-ci se décide directement dans la centrale de la marque en Italie. Par conséquent, toutes ses vitrines présenteront le même aspect dans le monde entier. Les vitrines de Gucci révèlent avec sensualité les caractéristiques de ses créations qui marquent toujours les tendances, en attribuant des points d'illumination à celles-ci.

Fashion shops

The overall feeling of a clothing shop will represent the grade of the shop as well as its features. Generally, there are two styles: modern and traditional.
A modern style clothing shop gives off a strong feeling of the contemporary. Most shops take a modern style, which encourages the consumers with a sense of the times. If the shop is in the business quarter, it will form a harmonious atmosphere with the modern department stores around it. In modern society, such kind of shop is in perfect harmony with the rapid development of society and expresses the fashion of the clothes. For clothing shops, the shop window plays a role in capturing customers' attention and arousing their interest in buying clothes. As different businessmen have different ideas about brands, the shop window will have its own initiative words. Take Gucci as an example. The window dressing is changed every month, and the theme of dressing is directly managed by the headquarter in Italy, with the shop windows having the same look all around the world. Gucci shop windows take sexy appeal to show the feature of its commodity, using spot lights directly on the goods, which are very fashionable.

Fashion Shops

01

02

SELIX
SELIX
SELIX
FORMAL WEAR
PERRY ELLIS
DKNY

03

Fawn
Memories
Tropical Gifts
Resort Wear

04

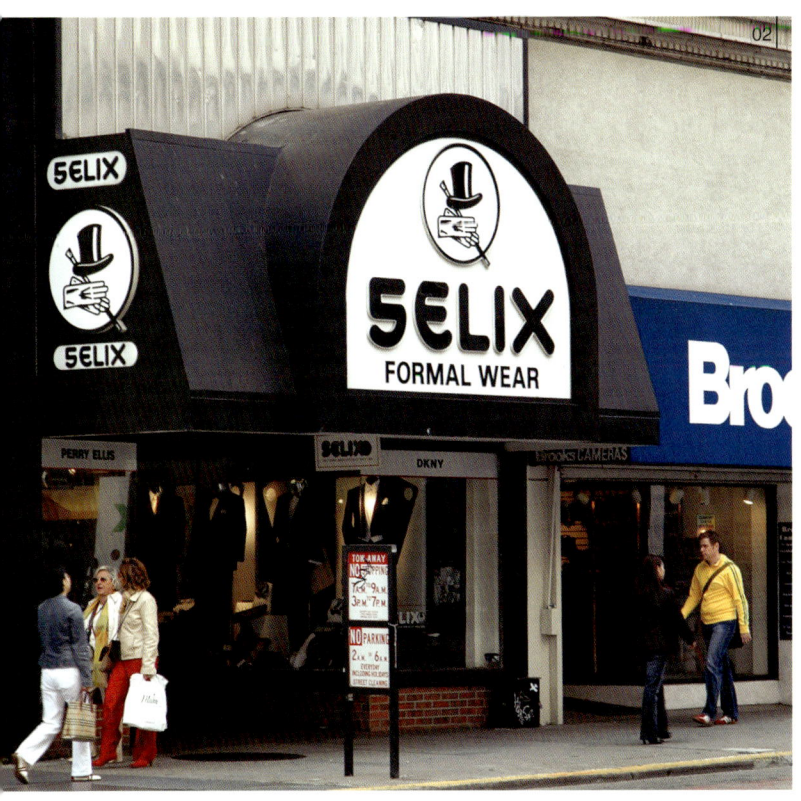

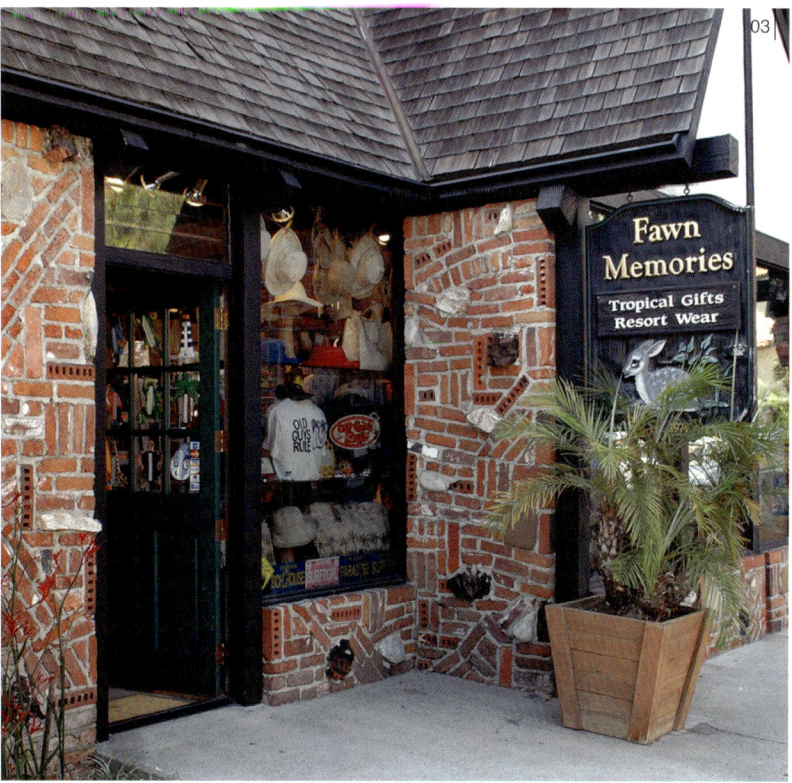

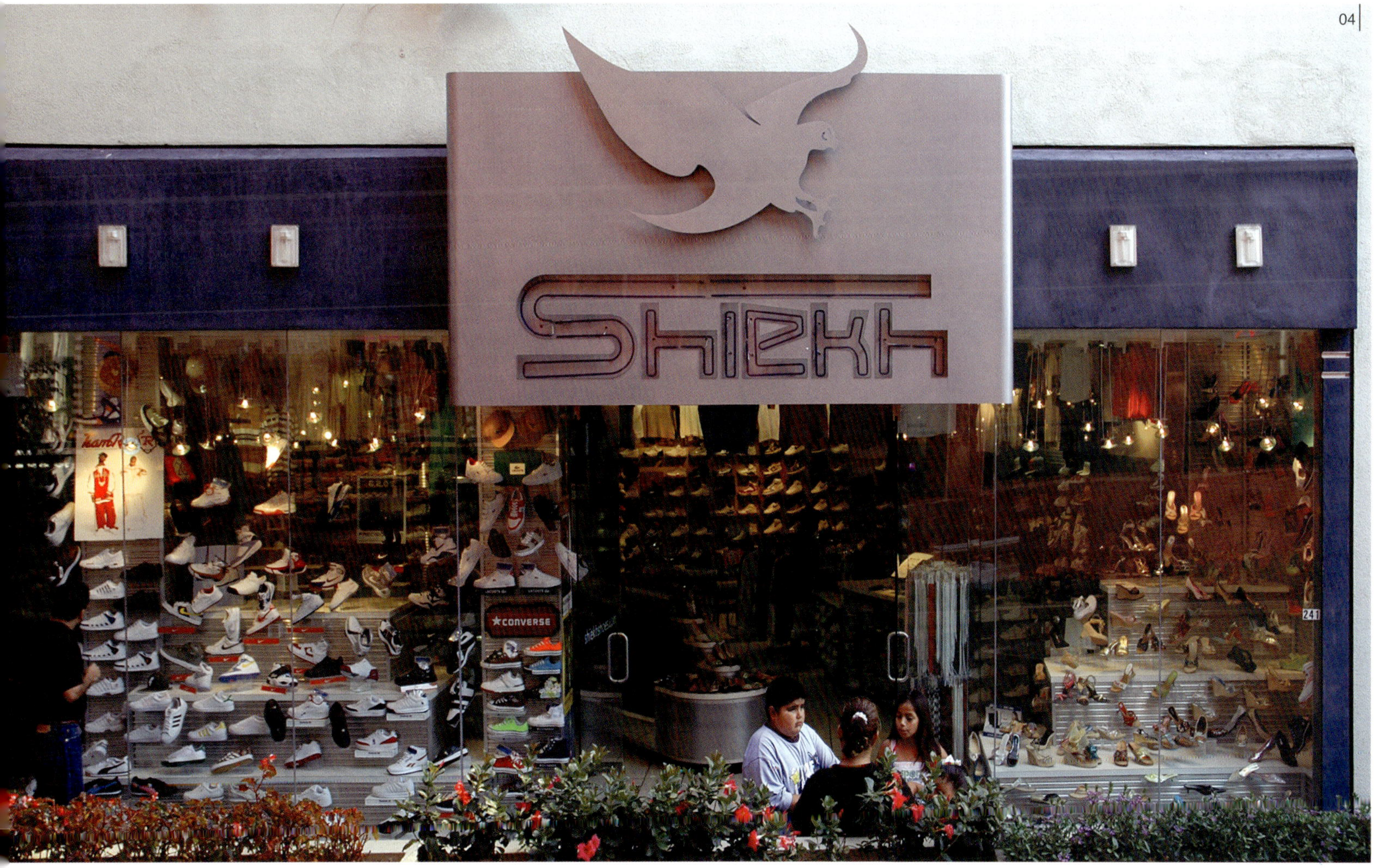
Shekh
CONVERSE

Fashion Shops

05

06

09. Las Vegas
10. Las Vegas
11. Las Vegas
12. Las Vegas

09

10

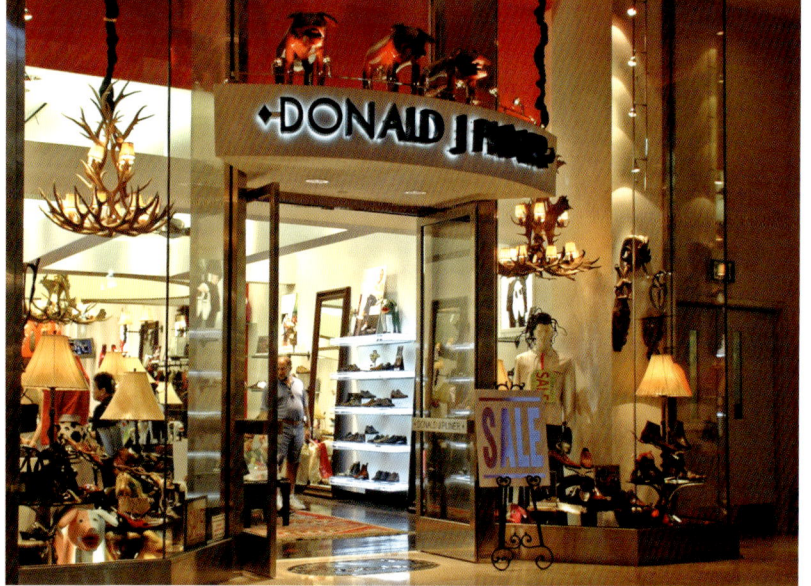

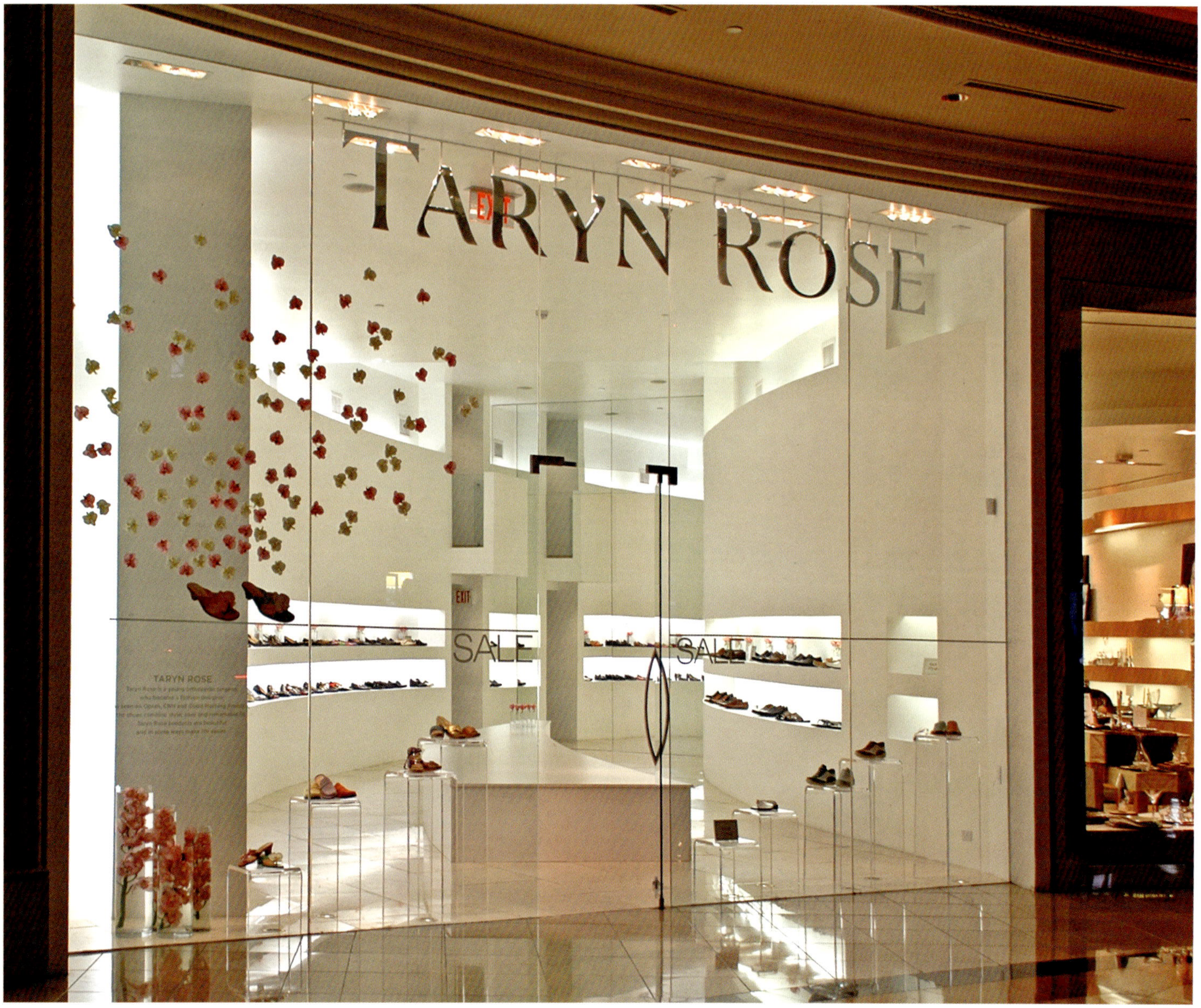

NINE WEST
222
BUY ONE
GET ONE
11

12
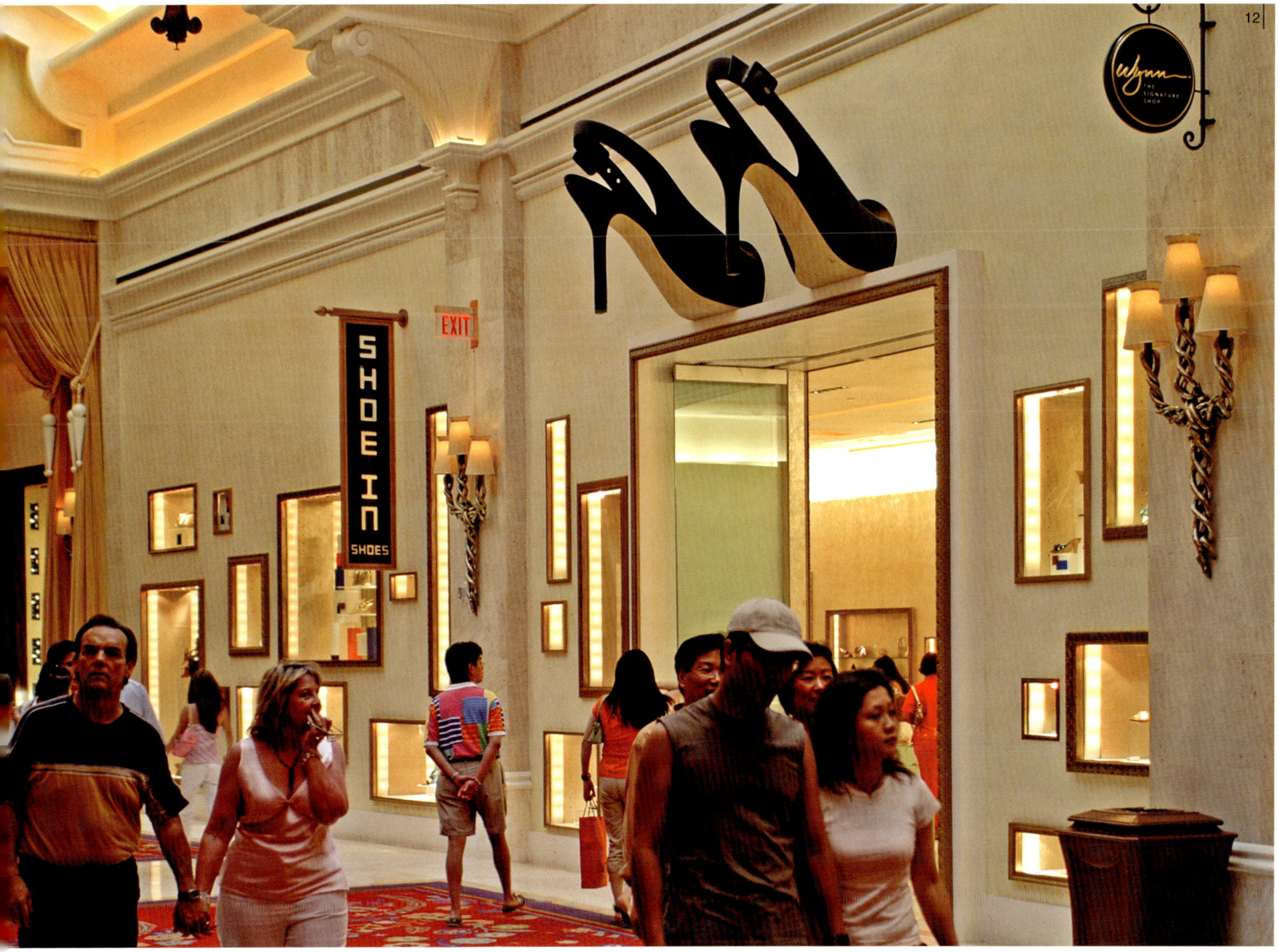
SHOE IN
SHOES
EXIT
Wynn
THE SIGNATURE SHOP

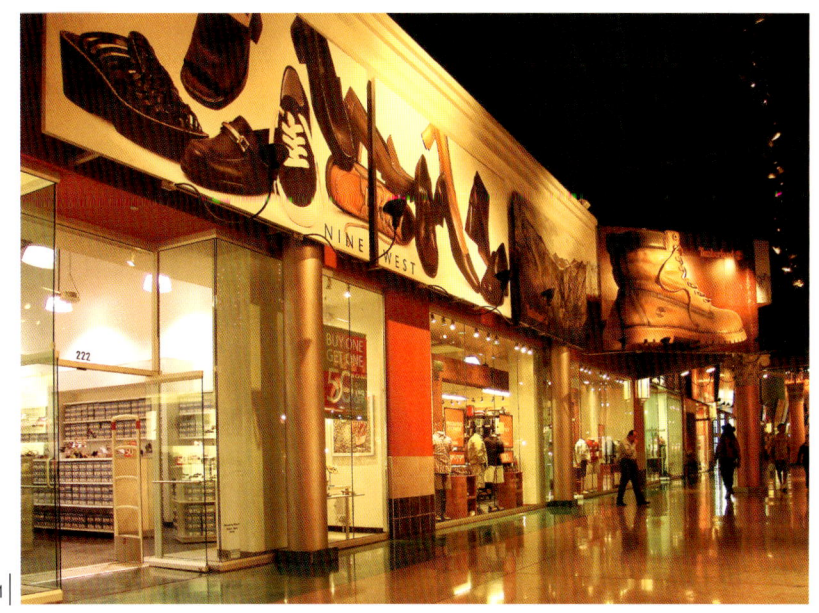

Fashion Shops

Fashion Shops

19

20

21|

22|

23. Los Angeles
24. Los Angeles

Fashion Shops

25

Fashion Shops

29

30

31

Canyon Beachwear
CANYON
BEACHWEAR
32

33

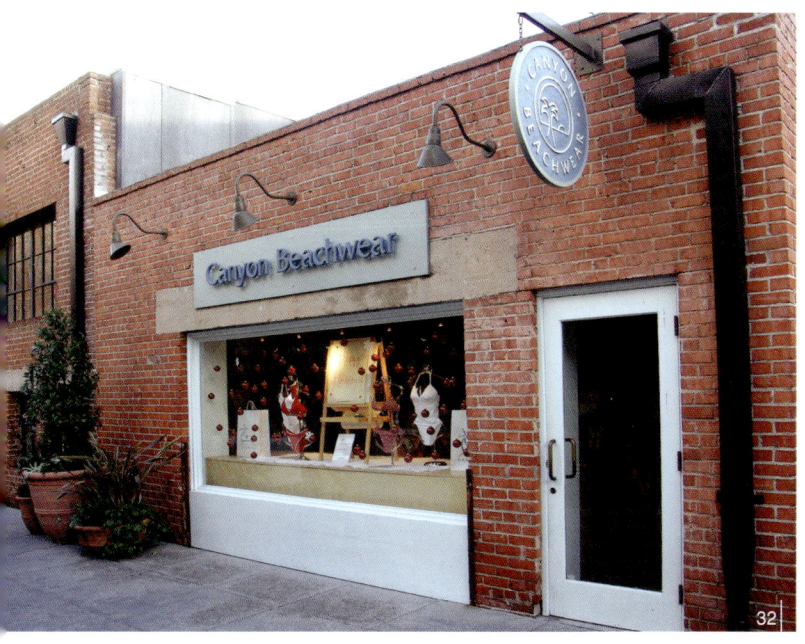

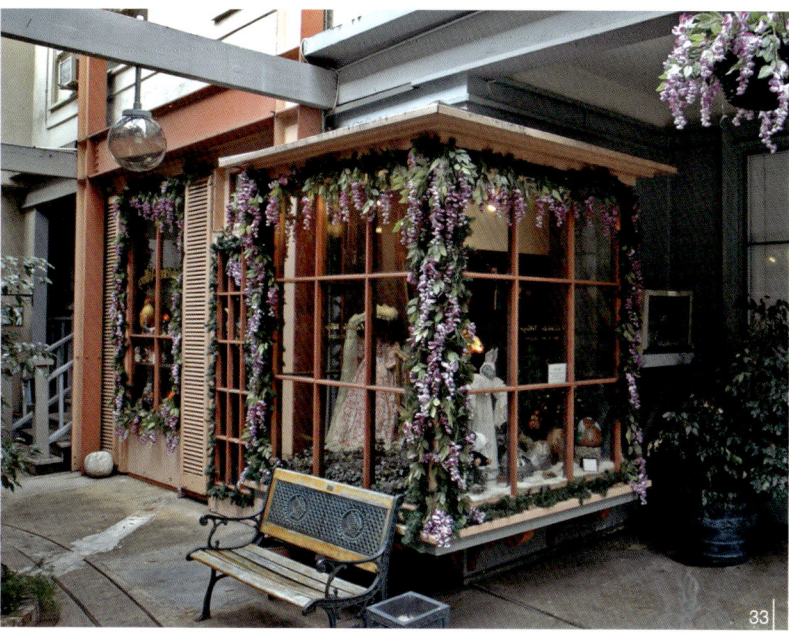

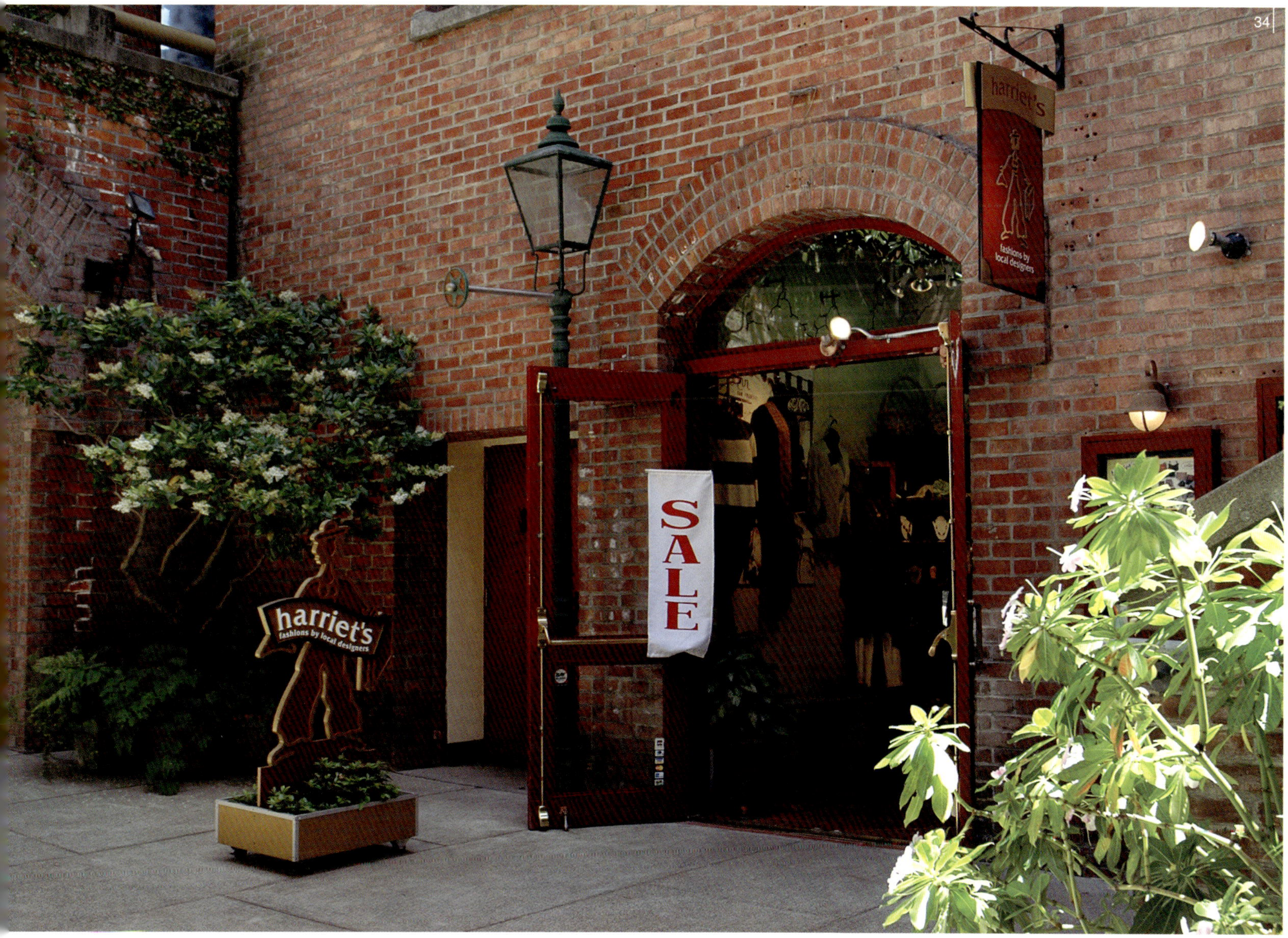
harriet's
fashions by local designers
SALE
harriet's
fashions by local designers
34

35. Los Angeles
36. Los Angeles
37. San Francisco
38. Los Angeles
39. Los Angeles
40. San Francisco

35

36

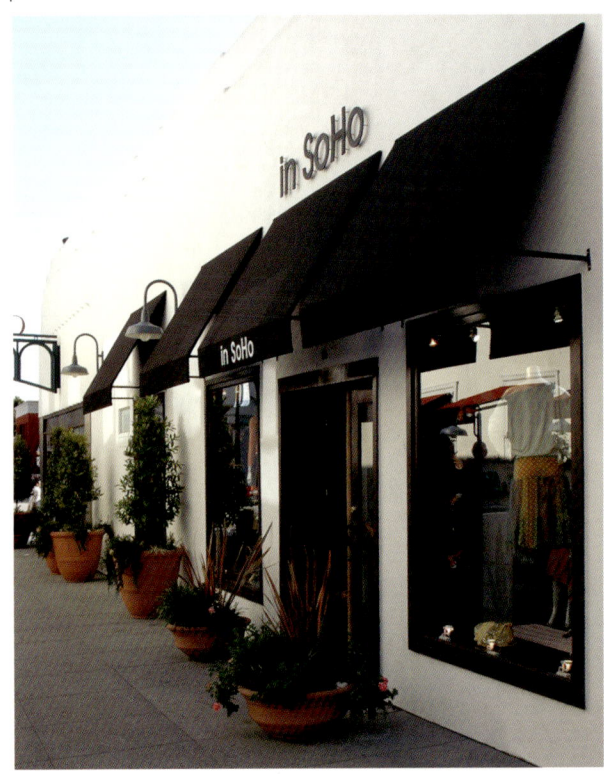

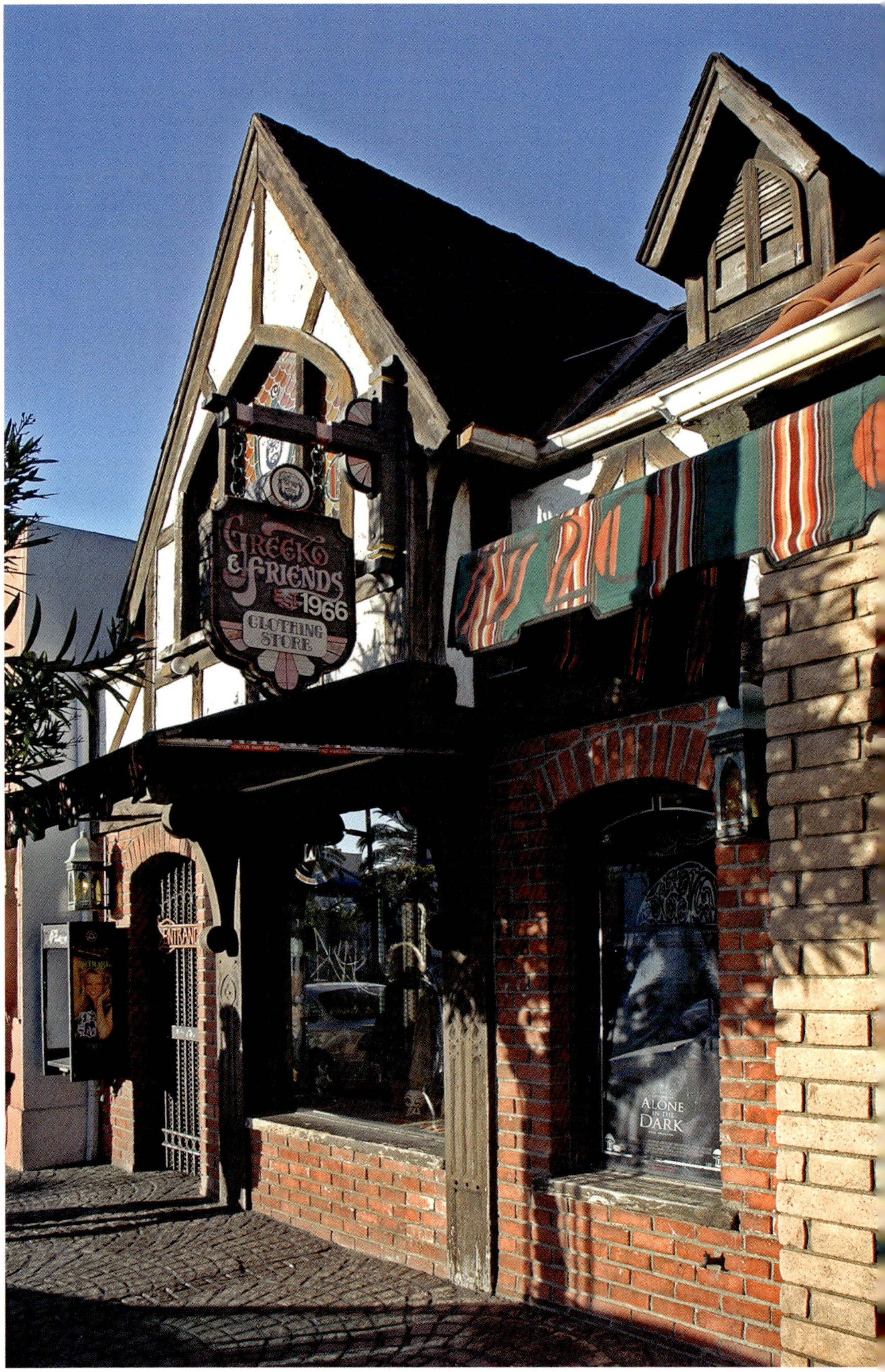

37

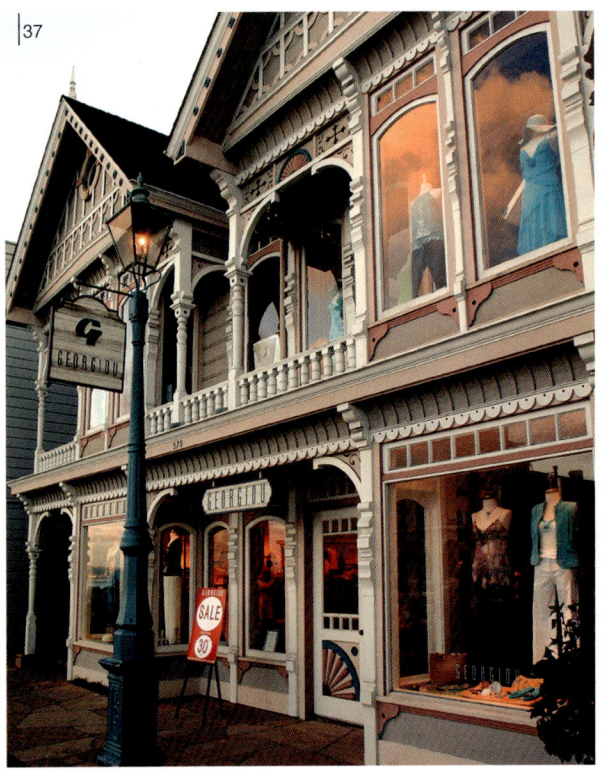

38

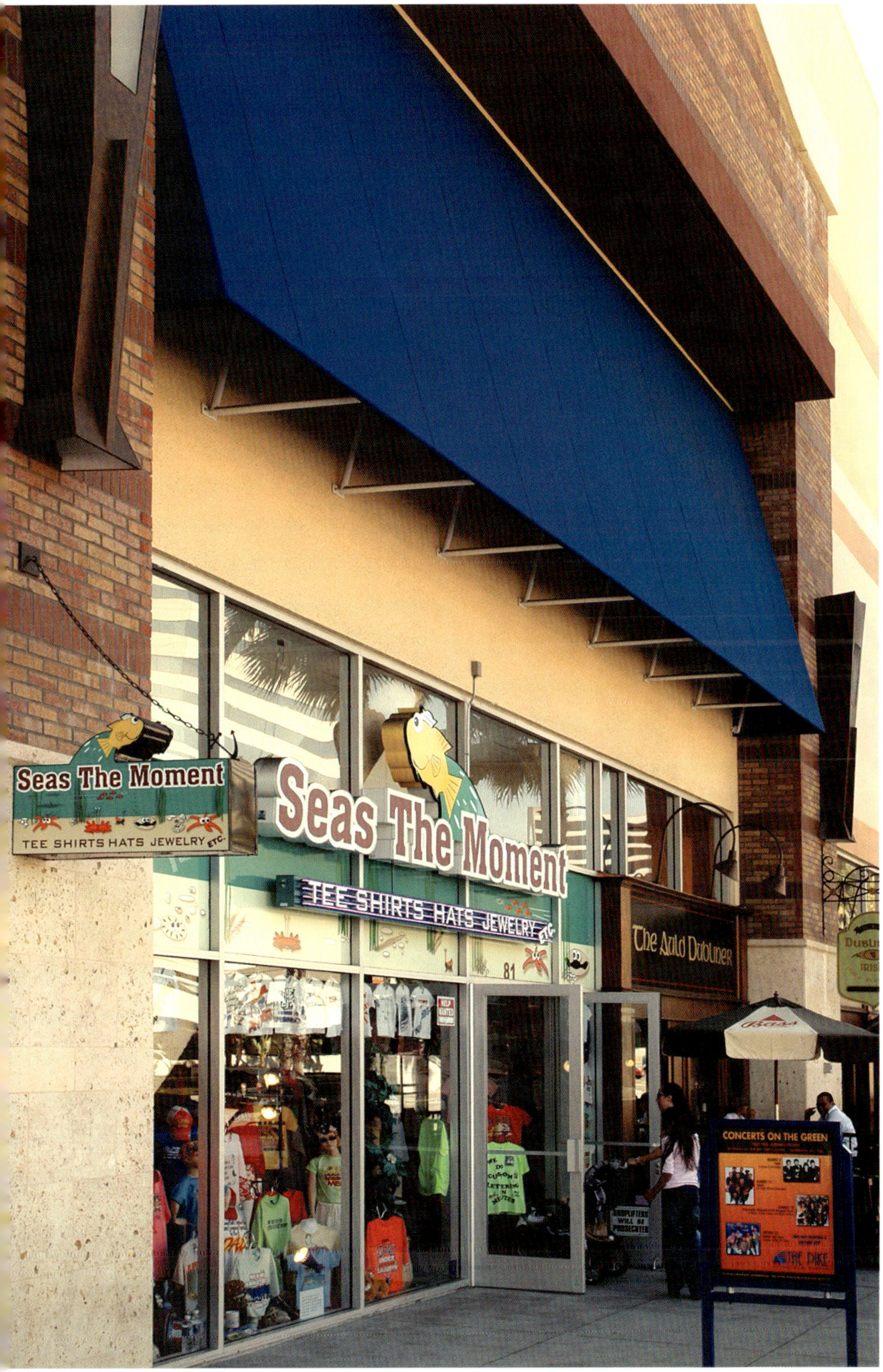
Seas The Moment
TEE SHIRTS HATS JEWELRY ETC.
Seas The Moment
TEE SHIRTS HATS JEWELRY ETC.
The Auld Dubliner
CONCERTS ON THE GREEN

39

OPTIC
QUIKSILVER
BOARDRIDERS CLUB

40

THE
Beach
House

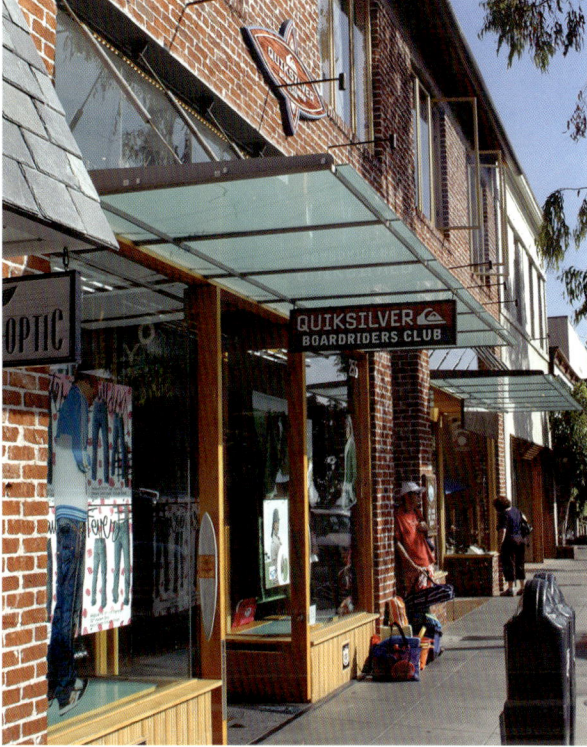

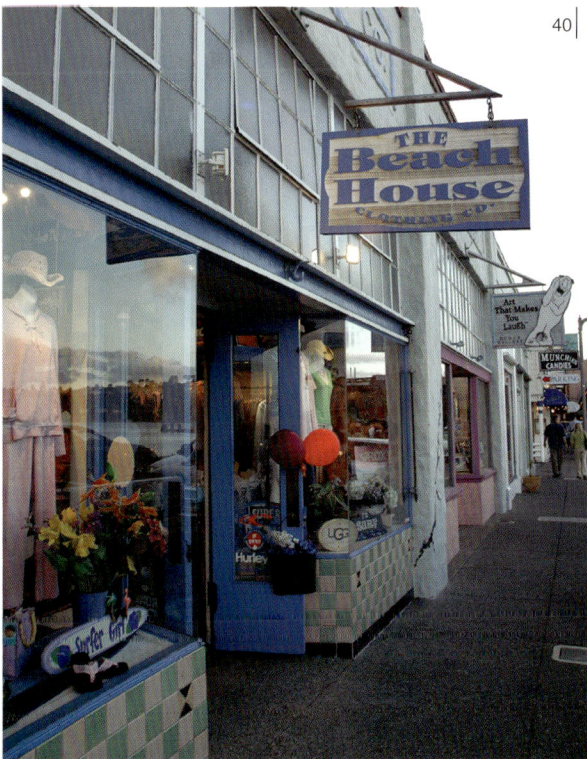

Fashion Shops

41. San Francisco
42. New York
43. New York
44. Los Angeles

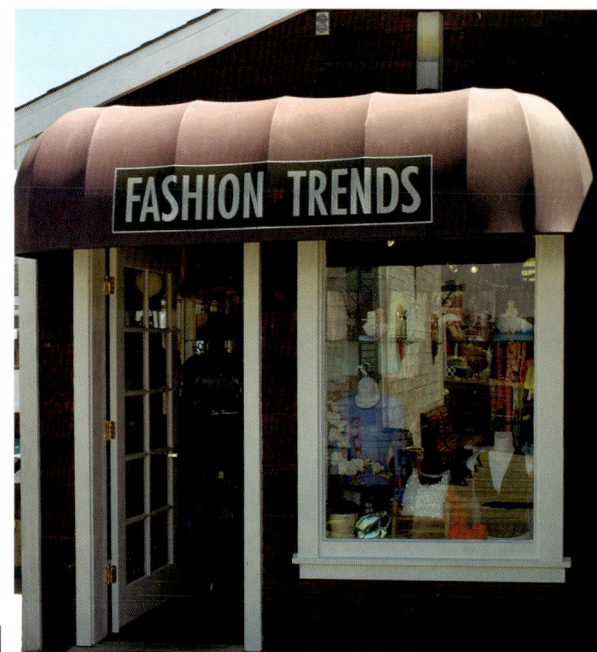

41

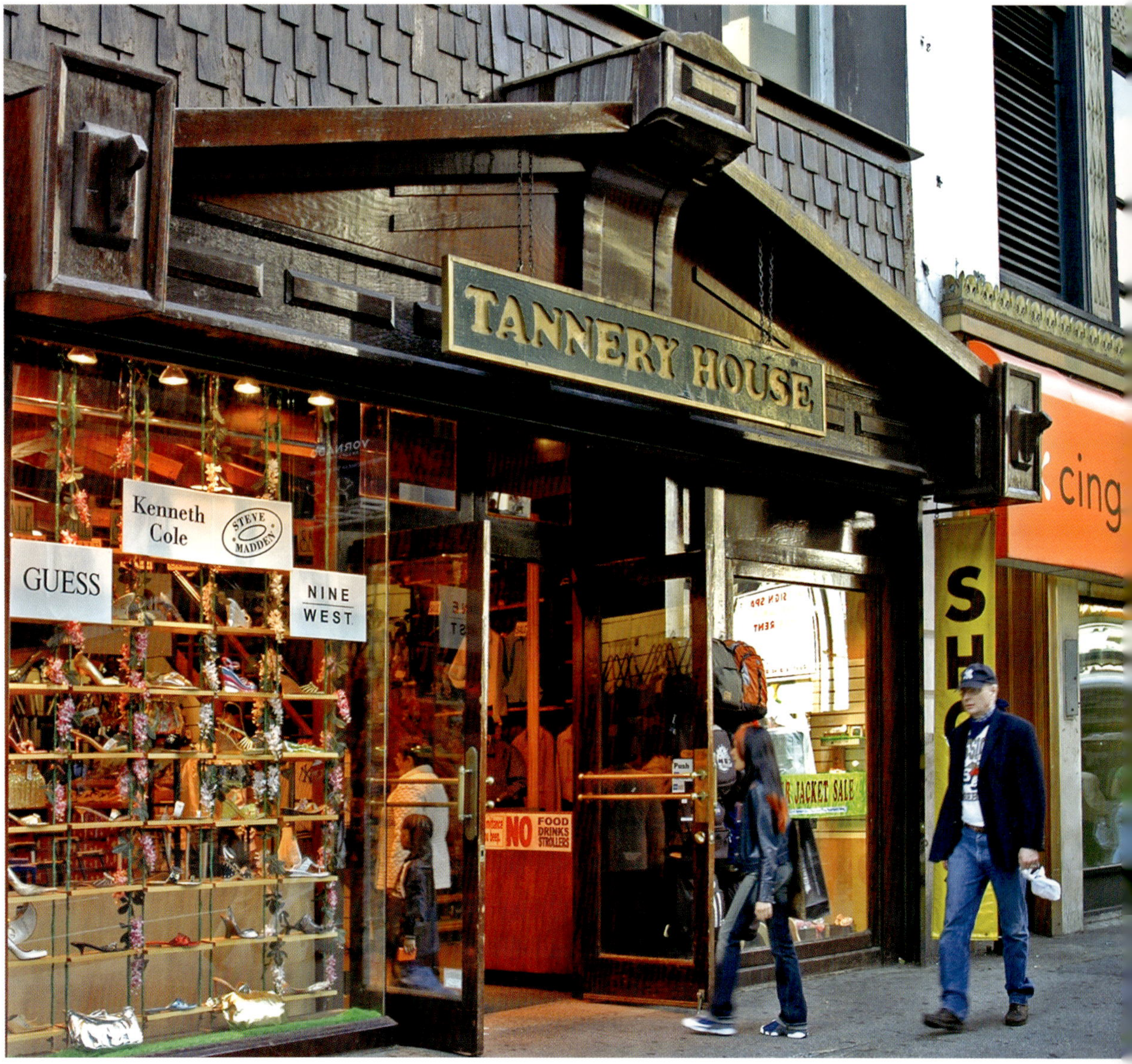

42

43
EXPRESS
EXPRESS
EXPRESS
EXPRESS
ONE WAY
EXPRESS

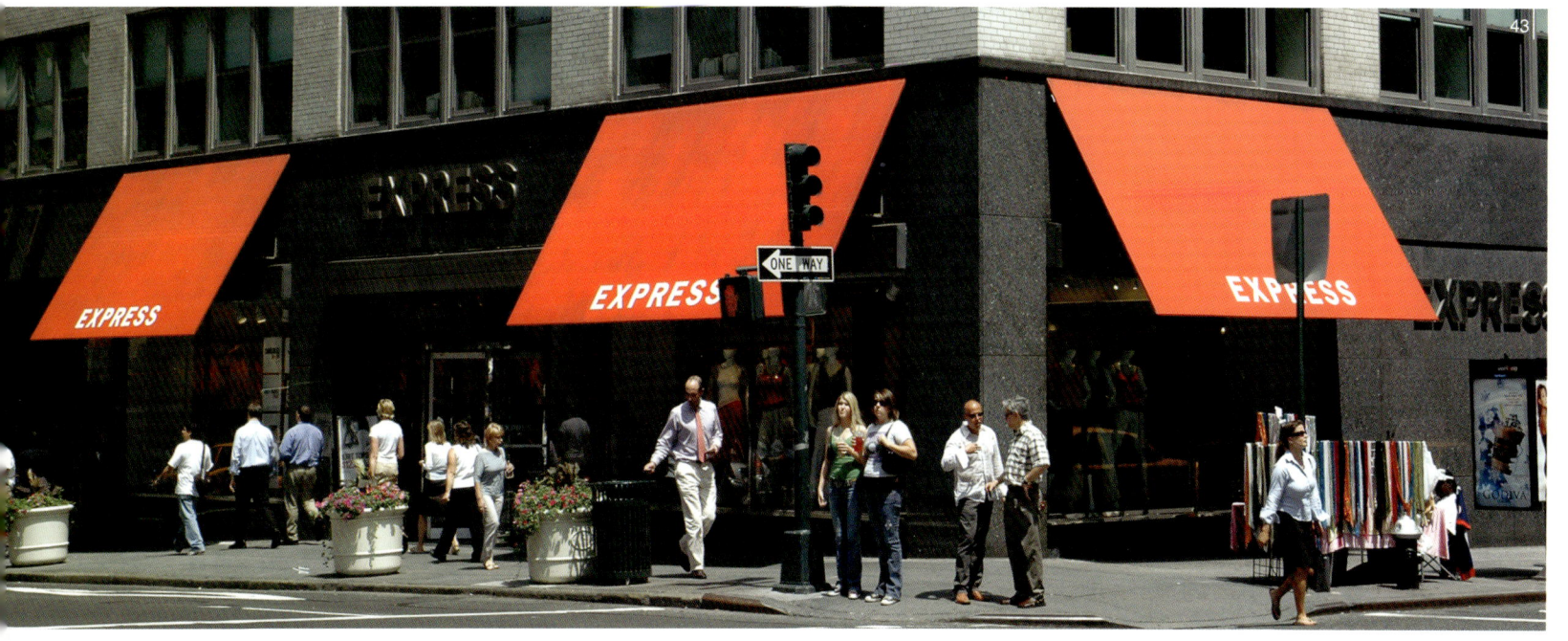

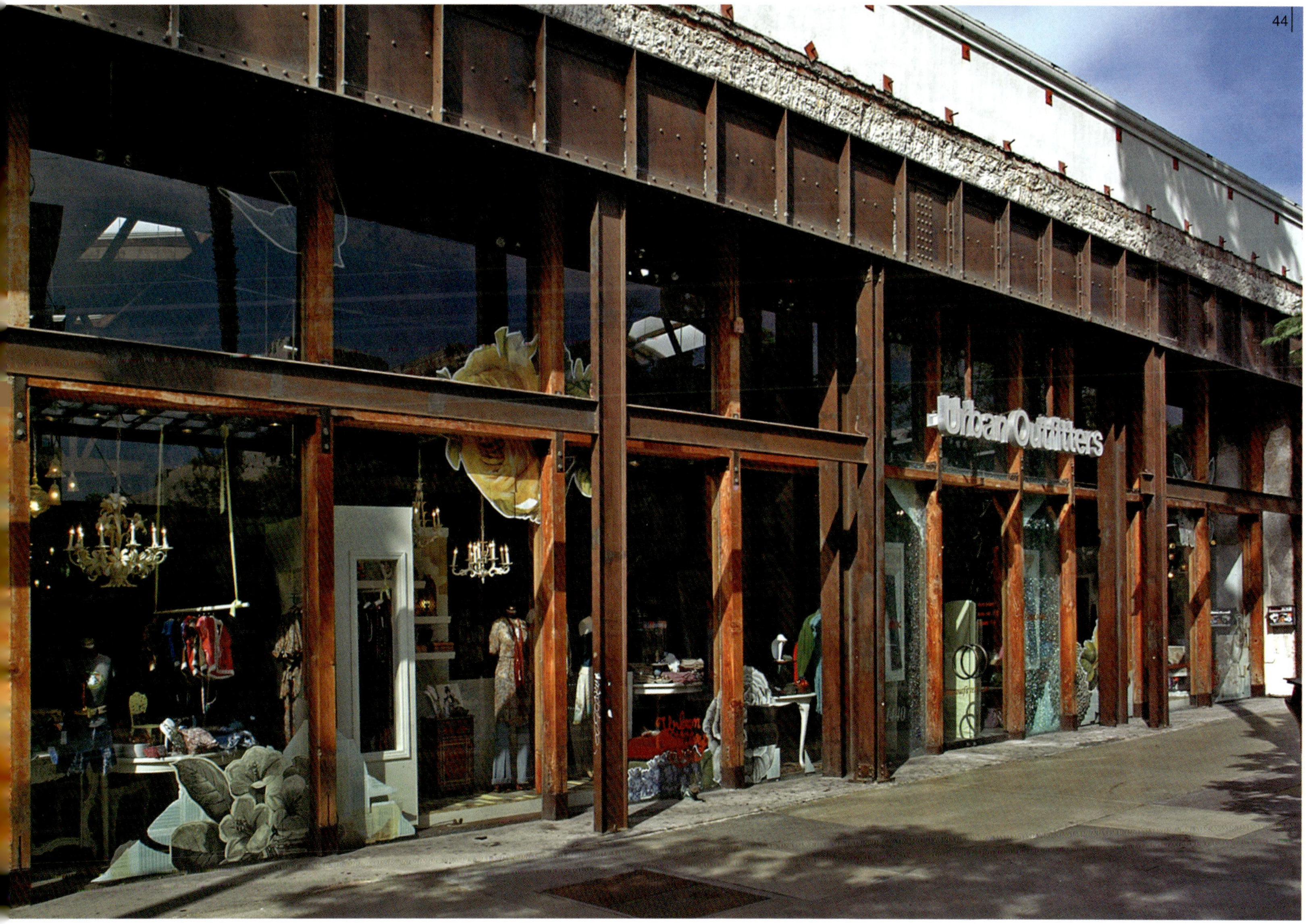
44
Urban Outfitters

Fashion Shops

45

46

50

Shuz of San Francisco
Fashion Comfort Shoes for
Men, Women and Children
Shuz
236
Finn Comfort
STONEFLY
and more...
(formerly ecco Plus)

51

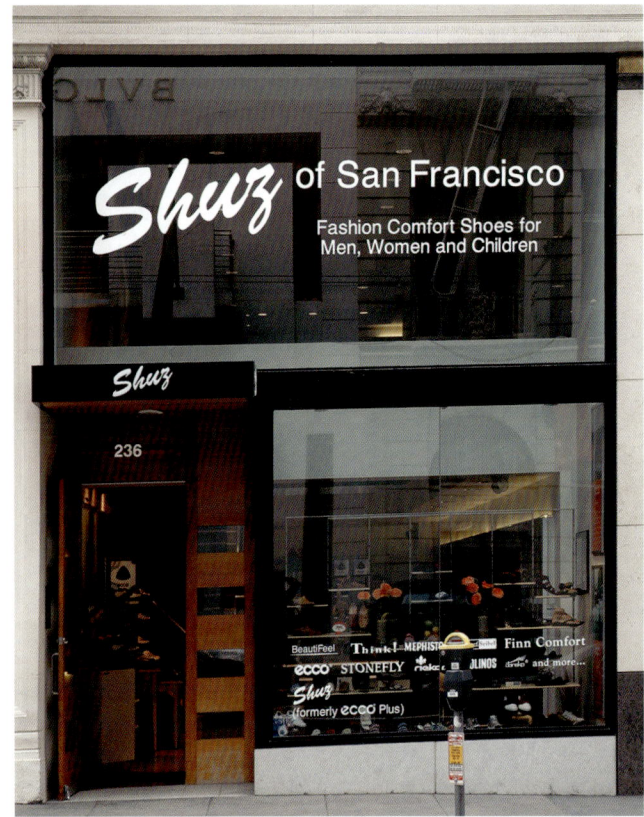

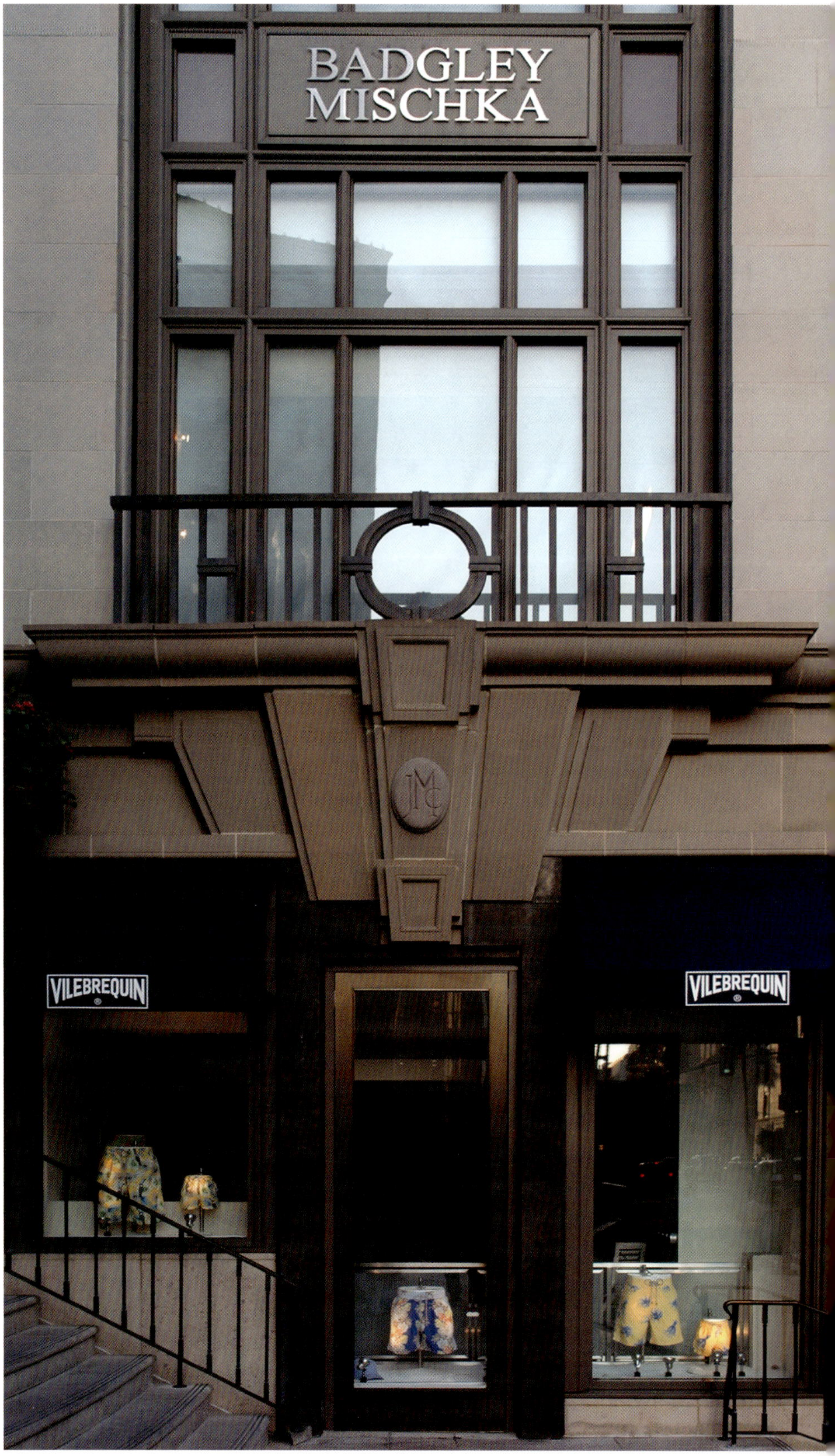
BADGLEY
MISCHKA
VILEBREQUIN
VILEBREQUIN

52

UNITED COLORS OF BENETTON.
UNITED COLORS OF BENETTON.

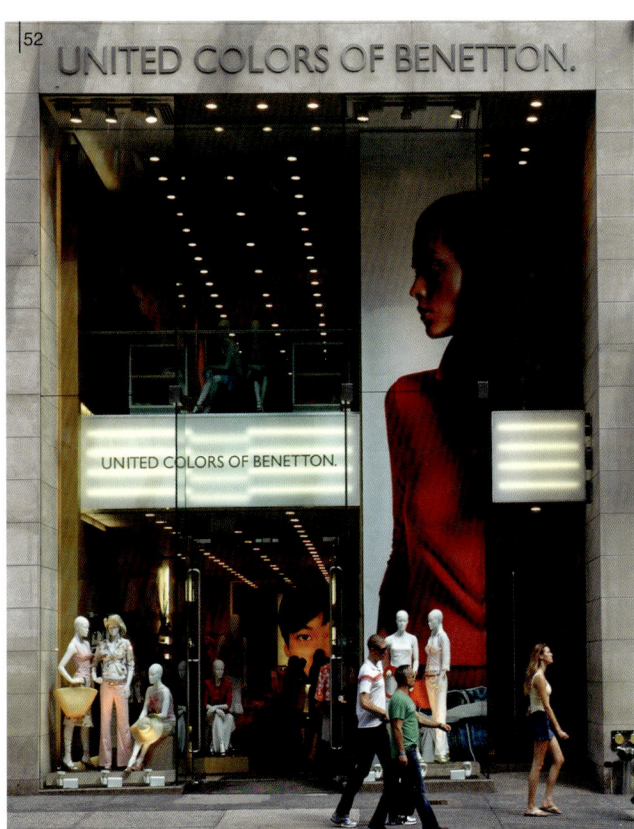

Home Goods, Living and Foods

Artículos del hogar y alimentación

La entrada de los establecimientos de artículos de consumo doméstico americanos, suele ser simple, bonita y atractiva. En primer lugar nos encontramos con un rótulo elegante y de grandes dimensiones que sirve para llamar la atención del consumidor. Inmediatamente después, el nombre de la tienda en dicho rótulo nos indica el estilo y características de la misma. Siempre que ello sea posible, las tiendas de tamaño reducido optarán por el uso de dos escaparates, uno a cada lado de la entrada, para presentar los productos recomendados de la semana o del mes, con el fin de que el cliente eche un vistazo y entre a comprar.

Con respecto a la apariencia de la fachada, la transparencia es una de sus características principales. Es decir, la parte que da a la calle está completamente abierta. A la hora de comprar artículos de uso diario, los clientes no ponen una atención especial en el escaparate, sino que quieren ver directamente los artículos y sus precios, de modo que no es estrictamente necesario disponerlo específicamente para muestra, sino que resulta más conveniente crear accesos fáciles al establecimiento, para que el cliente entre y salga cómodamente. Los mostradores deben ser bajos con el fin de que los clientes puedan ver los artículos desde la calle. Nos encontramos con extraordinarias decoraciones en muchos grandes almacenes, cuyo principio básico es estimular la compra y satisfacer las necesidades del mercado. Con el desarrollo de la tecnología de la imagen, las fotografías han pasado a reemplazar a las ilustraciones, aunque aún queda espacio para dibujos artesanales. Su ventaja reside en la creatividad, con imágenes surrealistas y exageradas que resaltan sus características y estimulan la imaginación de los clientes.

Articoli per la casa e alimentari

Nei negozi americani di articoli di consumo domestico l'entrata è di solito semplice, piacevole ed invitante. In primo luogo ci si imbatte in un'insegna elegante e dalle grandi dimensioni che serve per ri chiamare l'attenzione del consumatore. Subito dopo, il nome del negozio sull'insegna ne indica lo stile e le caratteristiche. Sempre che sia possibile, i negozi più piccoli optano per l'uso di due vetrine, ciascuna per ogni lato dell'ingresso, per esporre i prodotti raccomandati della settimana o del mese, in modo che il cliente possa dare un'occhiata e quindi entri a comprare. Per quanto riguarda l'aspetto della facciata, la trasparenza è una delle caratteristiche principali, e il fronte su strada strada è completamente aperto. Quando si tratta di comprare articoli di uso quotidiano, i clienti non prestano particolare attenzione all'allestimento della vetrina, poiché preferiscono vedere direttamente gli articoli con i relativi prezzi; quindi non è necessario disporli rigorosamente in mostra, anzi risulta più conveniente creare accessi facili al negozio, affinché il cliente possa entrare e uscire comodamente. Gli espositori devono essere bassi in modo che gli articoli siano ben visibili dalla strada. In molti grandi magazzini ci si imbatte in straordinarie decorazioni, il cui scopo principale è stimolare alll'acquisto e soddisfare le esigenze del mercato. Con lo sviluppo della tecnologia dell'immagine, le fotografie hanno sostituito le illustrazioni, anche se vengono tuttora utilizzati anche i disegni artigianali. Il loro vantaggio risiede nella creatività, con immagini surrealiste ed esagerate che esaltano le caratteristiche del negozio e stimolano l'immaginazione dei clienti.

Articles pour la maison

L'entrée des établissements d'articles de consommation domestique américains est en général simple, jolie et attractive. Dans un premier lieu, nous apercevons une enseigne élégante et de grandes dimensions servant à attirer l'attention du consommateur. Immédiatement après, le nom du magasin inscrit sur l'enseigne même nous indique son style et ses caractéristiques. Chaque fois qu'il leur est possible, les boutiques de petite taille optent pour l'usage de deux vitrines, une de chaque côté de l'entrée, présentant les produits recommandés de la semaine ou du mois, pour que le client jette un coup d'œil et entre acheter. Pour ce qui est de l'apparence de la devanture, la transparence est une de ses caractéristiques principales. C'est-à-dire que la façade qui donne sur la rue est complètement ouverte. Au moment d'acheter des articles à usage quotidien, les clients n'attachent pas spécialement d'importance à la vitrine, mais souhaitent voir directement les produits et leurs prix. Il n'est donc pas nécessaire de les disposer de manière spéciale pour les montrer, mais il est préférable de créer des accès faciles à l'établissement, pour que le client entre et sorte avec commodité. Les présentoirs doivent êtres bas afin que les clients puissent voir les articles depuis la rue. Nous trouvons dans beaucoup de grands magasins des décorations extraordinaires, dont l'objectif est de stimuler l'achat et satisfaire les nécessités du marché. Avec le développement de la technologie de l'image, les photographies remplacent les illustrations, bien qu'il reste encore certains espaces pour des dessins artisanaux. Ses avantages sont de l'ordre de la créativité, avec des images surréalistes et exagérées qui soulignent ses caractéristiques et stimulent l'imagination des clients.

Home Goods, Living and Foods

The entrance of American stores that sell articles of daily-use is usually simple, beautiful and attractive. First, a big and graceful signboard is used to attract the customers' attention. Second, the store name on the signboard should represent the orientation and features of the store. If possible, a small-sized store may use two shop windows on both sides of the door to introduce the current monthly or weekly recommended goods for the customers to take a look at and buy.

As for the appearance of the shop front, openness is one of its features, meaning that the side facing the street is open completely. In buying articles of daily use, customers pay no attention to the shop window, but want to see the commodities and prices directly, so there is no need to set up a window display, but rather there should be a few entrances for the customers to come in and out of easily. The counter should be lower in order that the customers can see the commodities from the street.

There are some beautiful illustrations in department stores, the principle of which is to promote sales and meet the needs of a market economy. With the development of technology and photography, photographs have taken the place of illustration, but hand-drawn illustration still has its place. Its advantage lies in creative, surreal and exaggerated images which can enhance its features and free people's imagination.

Home Goods, Living and Foods

01

Home Goods, Living and Foods

|05

06

07

Home Goods, Living and Foods

08

09

Home Goods, Living and Foods

13

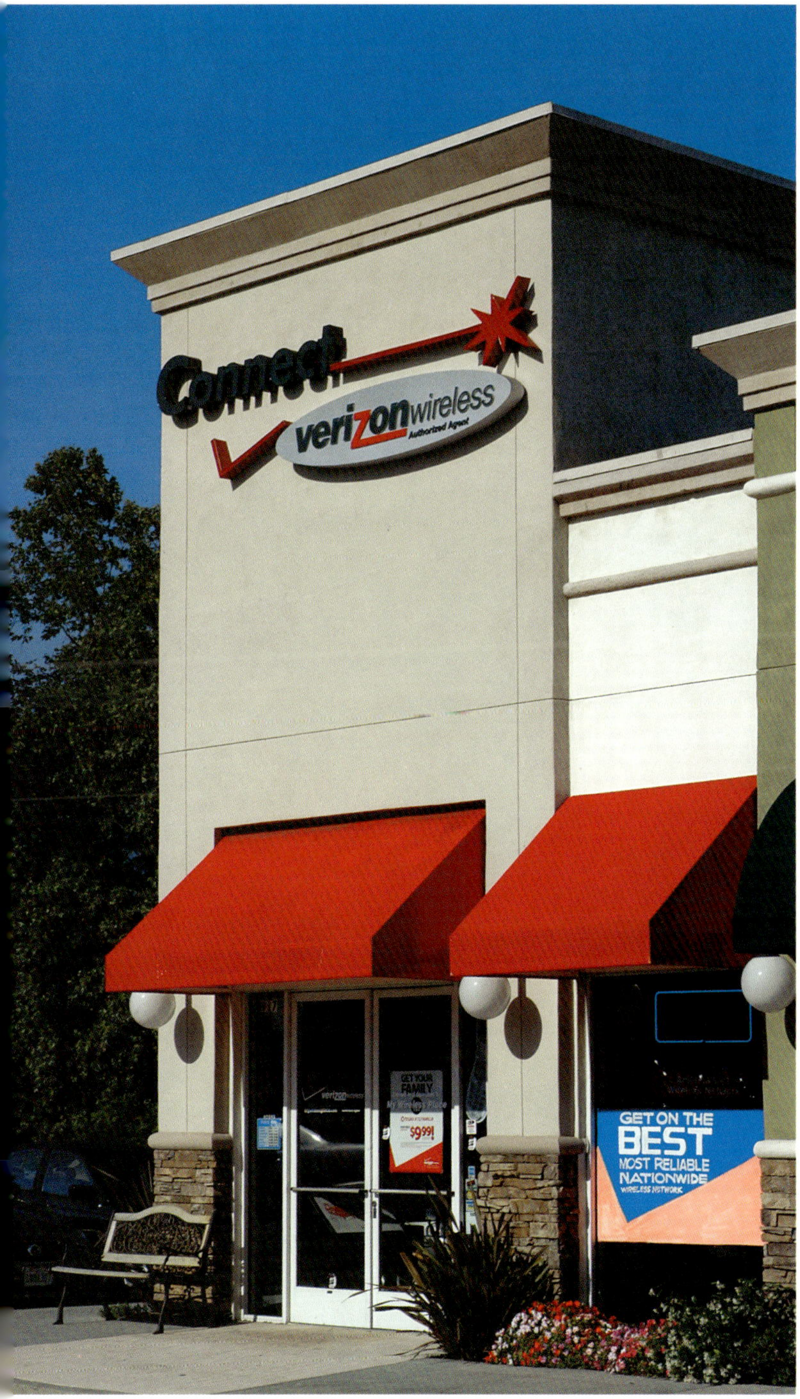
Connect
verizonwireless
Authorized Agent
GET ON THE
BEST
MOST RELIABLE
NATIONWIDE
WIRELESS NETWORK

14

Mercado Chocolaté
COCOA
LOCO

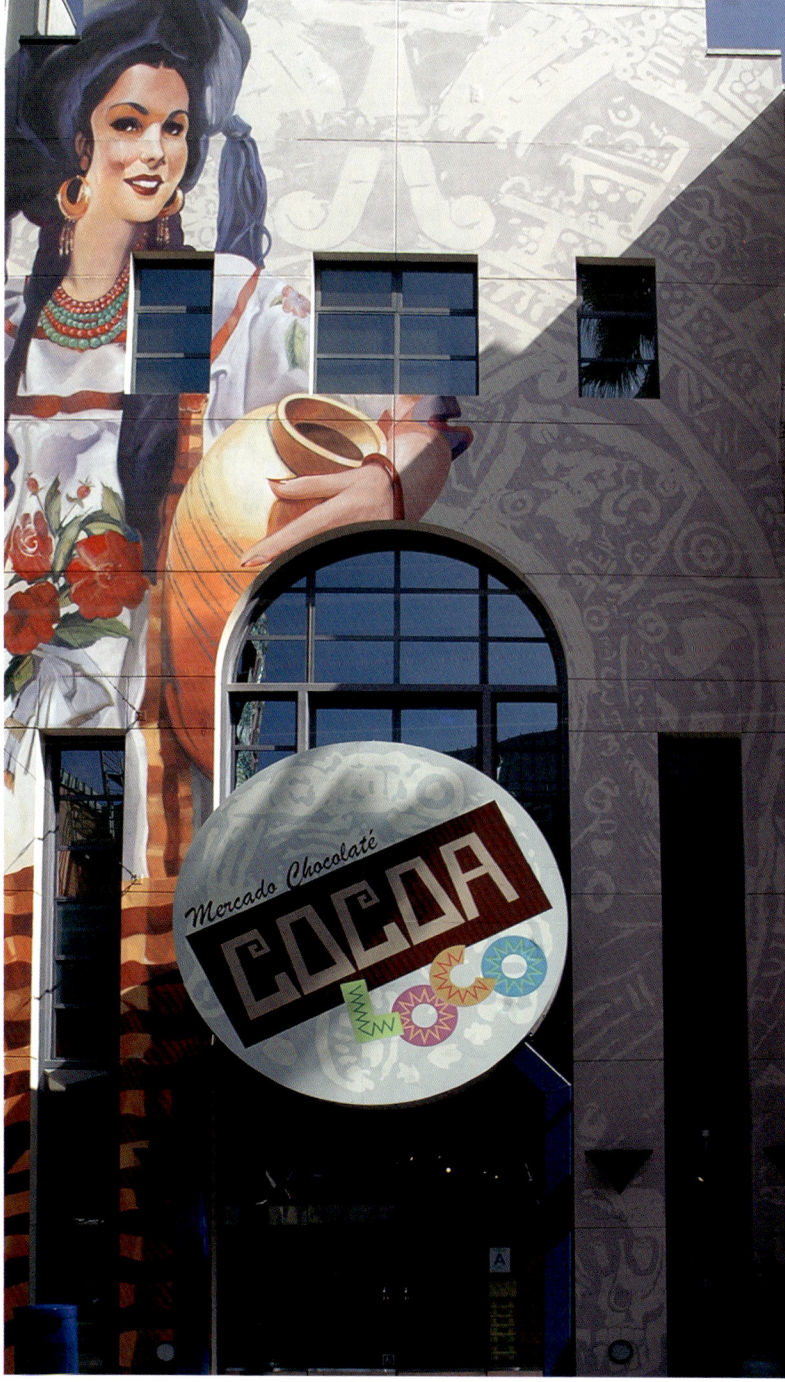

Home Goods, Living and Foods

CHOCOLATE STORE
San Francisco
Dark & White Chocolate
Imported Chocolate
FUDGE
GHIRADELLI
TAFFY
TRUFFLES
DELESPAUL - HAVEZ

16

ADULT VIDEO
DISCOUNT XXX VIDEO • DVD • SEX TOYS • MAGAZINES
super savings on magazines & sex toys
discount DVD
XXX video low low prices!
Impala
House Of Ecstasy

17

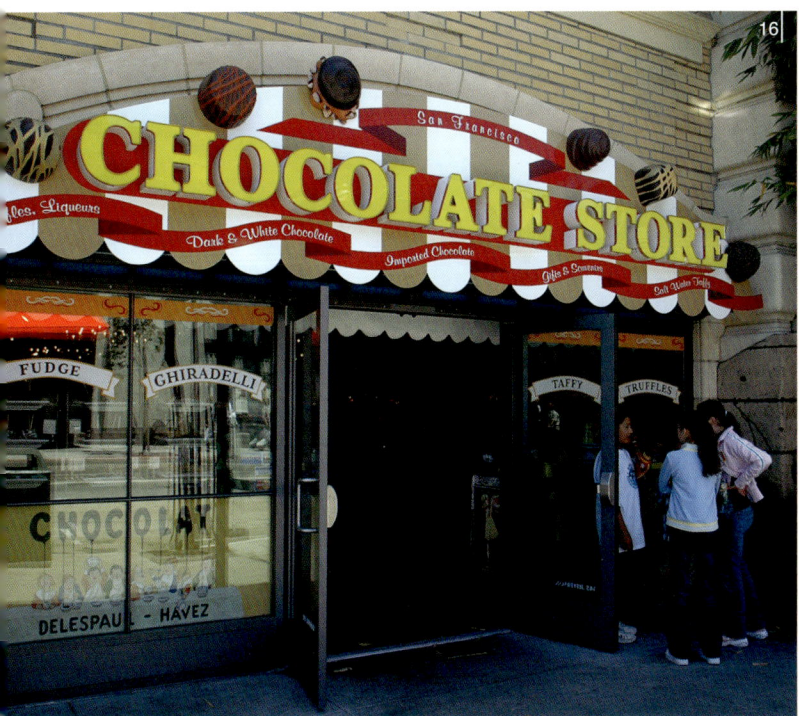

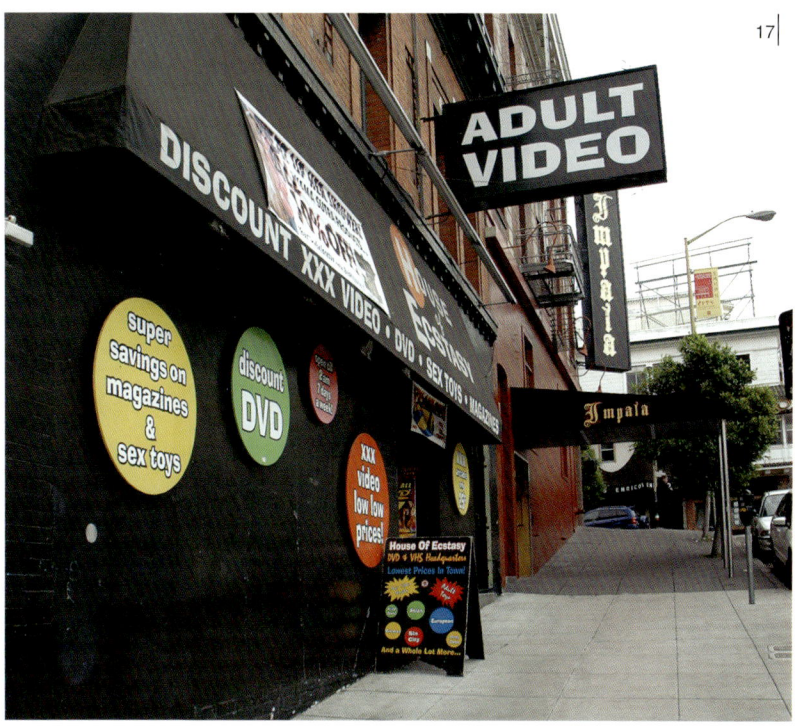

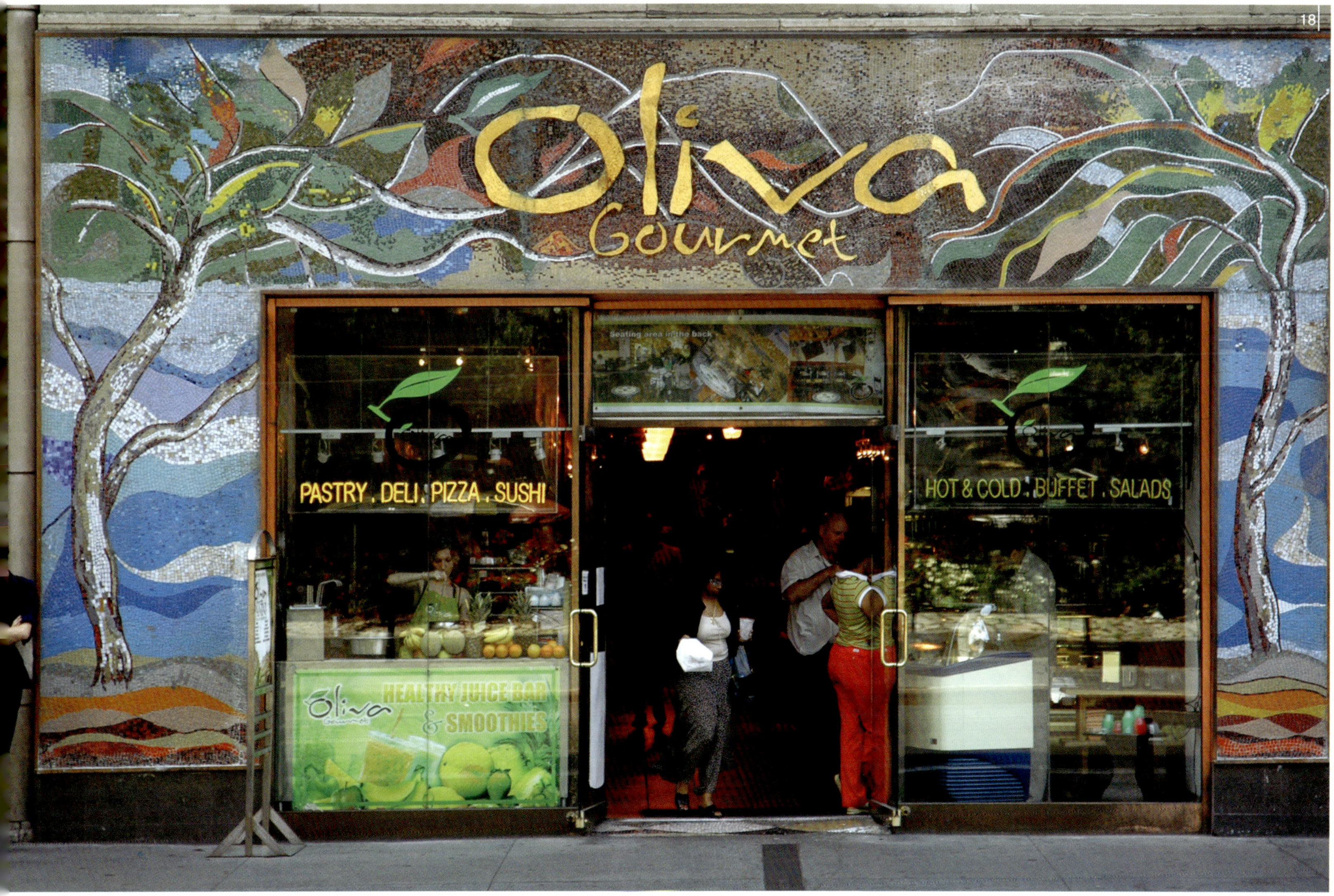
Oliva
Gourmet
PASTRY . DELI . PIZZA . SUSHI
HOT & COLD . BUFFET . SALADS
HEALTHY JUICE BAR & SMOOTHIES

18

Home Goods, Living and Foods

20

19

21
SEPHORA

22
OF THE
PERFECT
PINT
GRAND CANYON
experience
T-SHIRTS SOUVENIRS GIFTS
BEER WINE SODA SNACKS

23
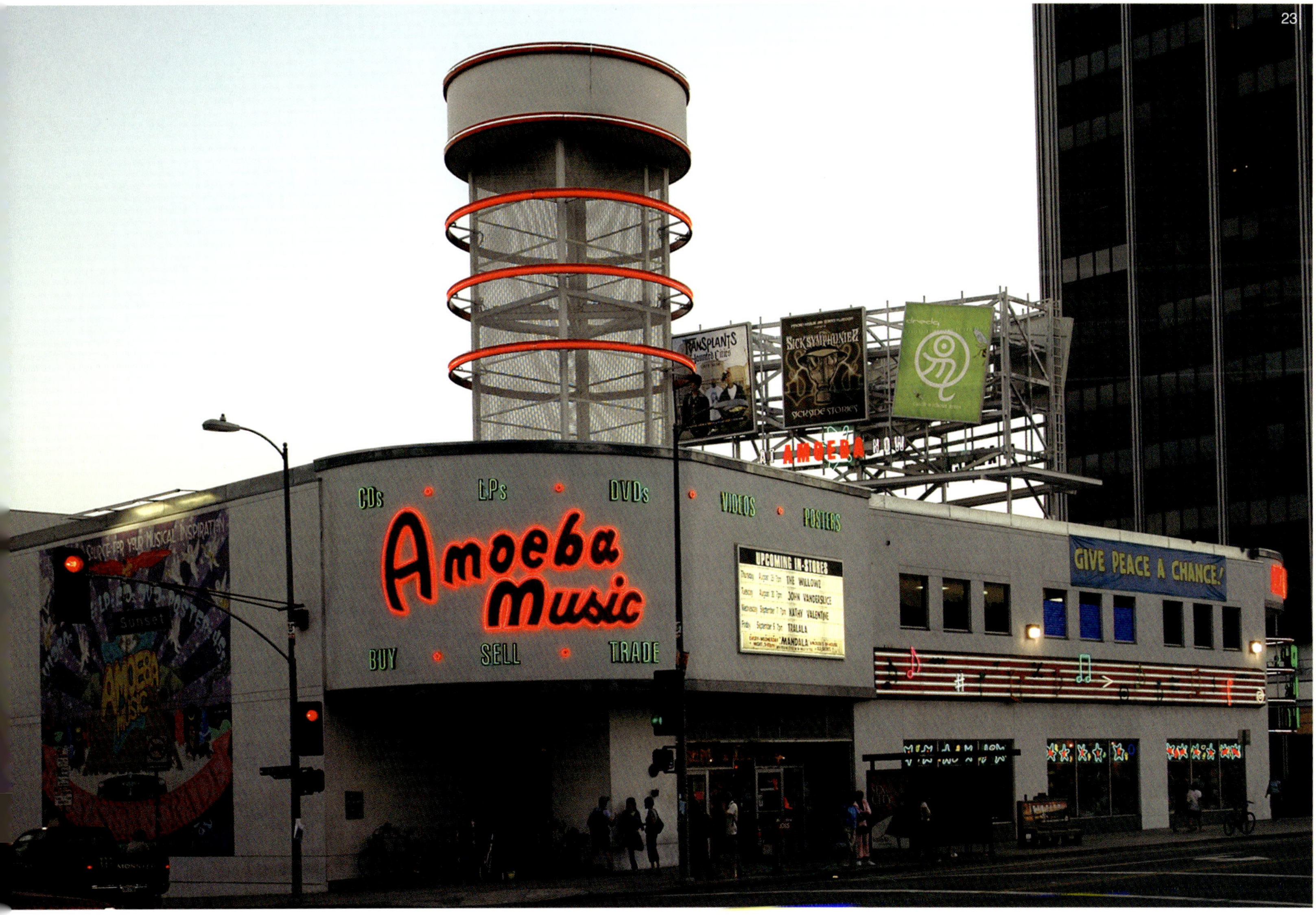
CDs
LPs
DVDs
VIDEOS
POSTERS
Amoeba Music
BUY
SELL
TRADE
UPCOMING IN-STORES
GIVE PEACE A CHANCE!

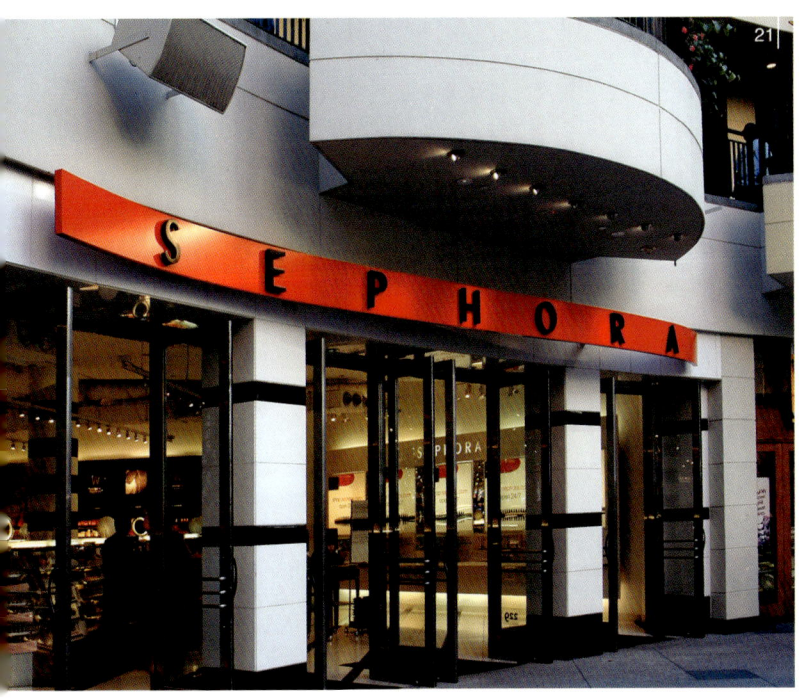

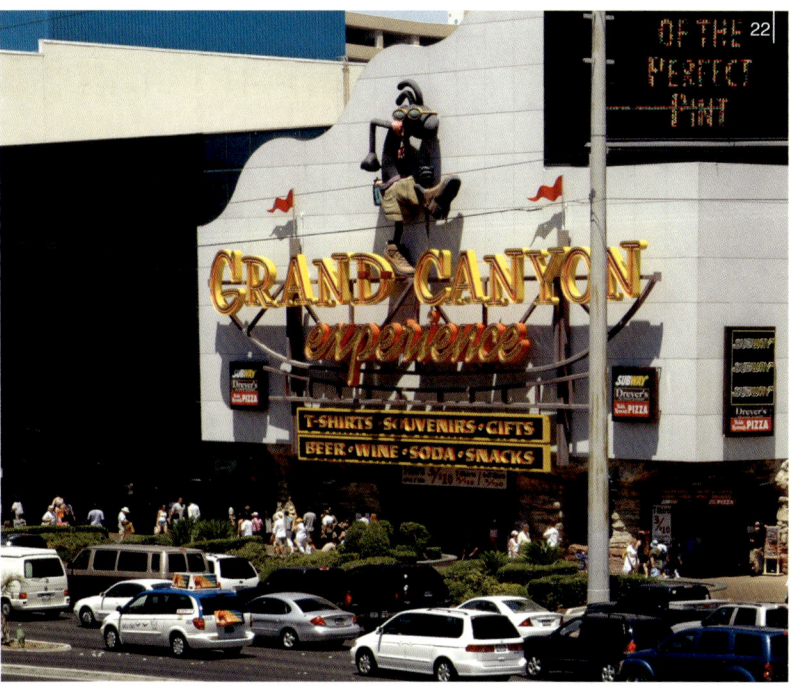

Home Goods, Living and Foods

Home Goods, Living and Foods

28. Atlantic City
29. Atlantic City
30. Los Angeles
31. Los Angeles
32. San Francisco

28

29

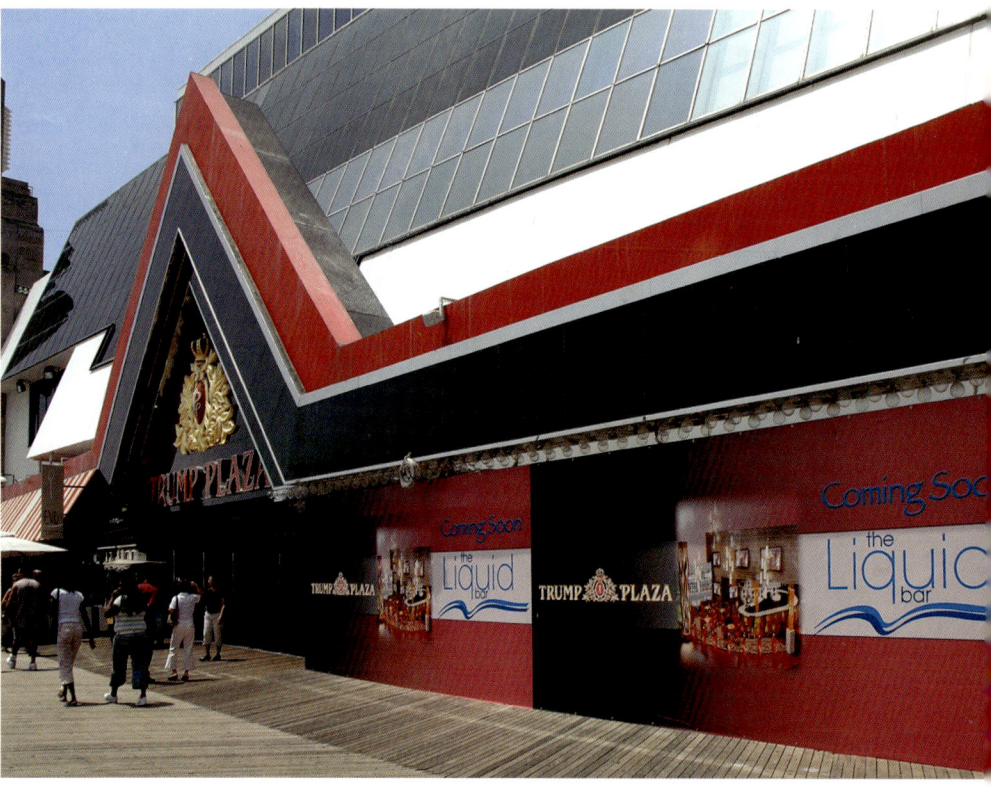

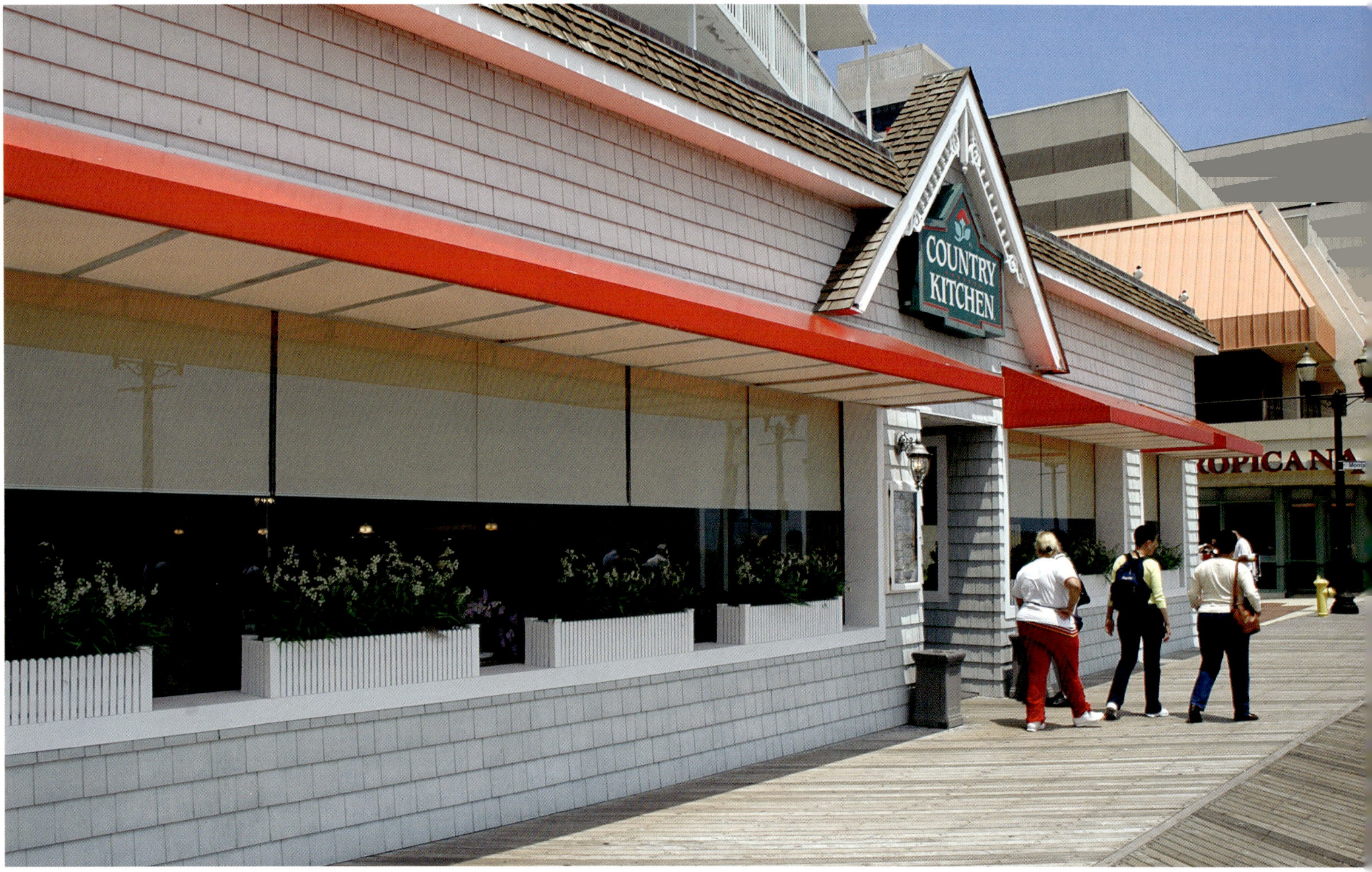

30

SANTA MONICA PL

31

& Today's R&B
BOSE
BOSE
FACTORY STORE

32

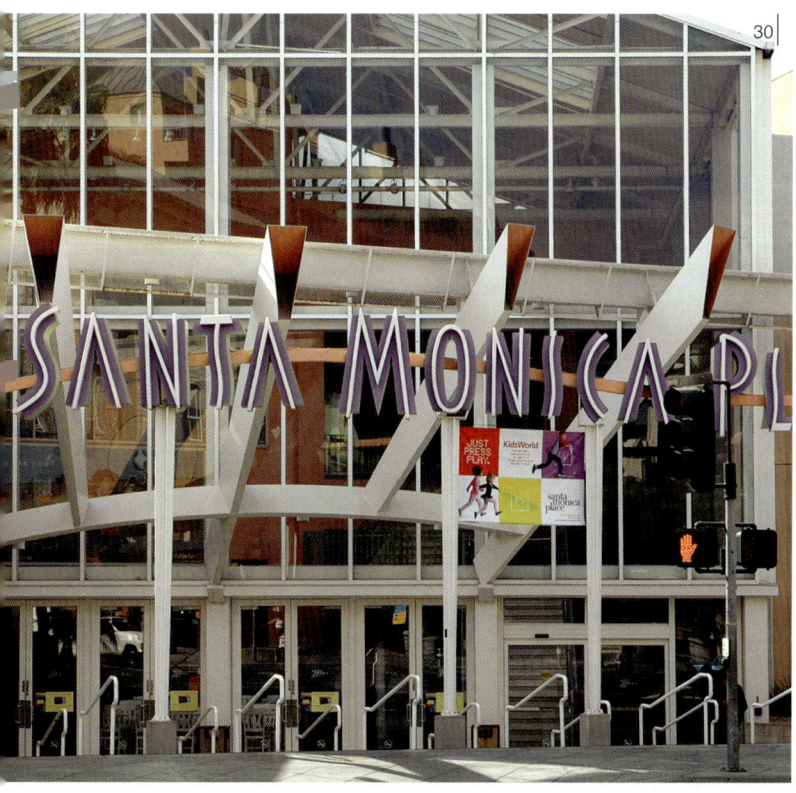

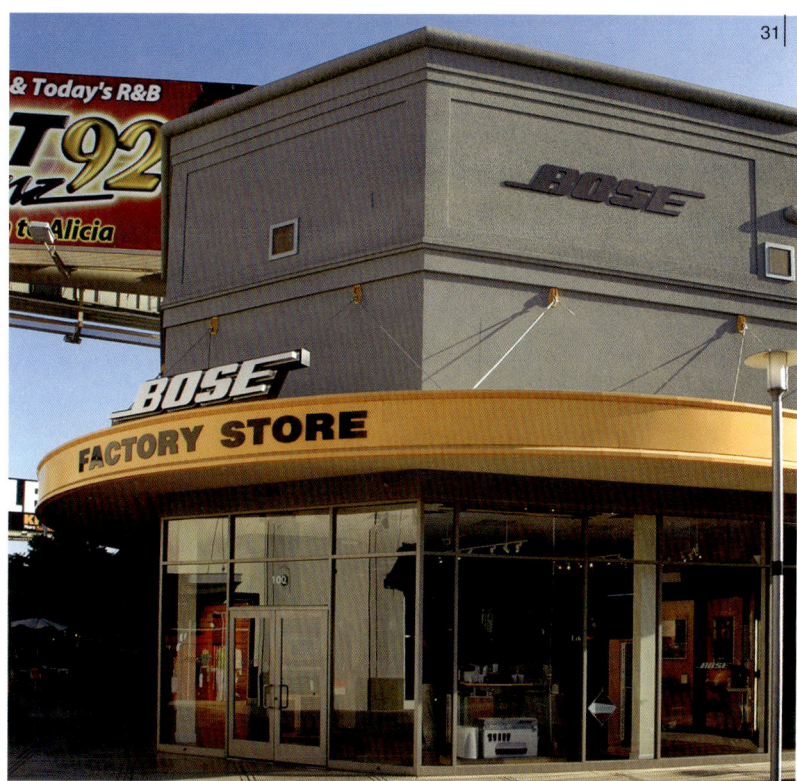

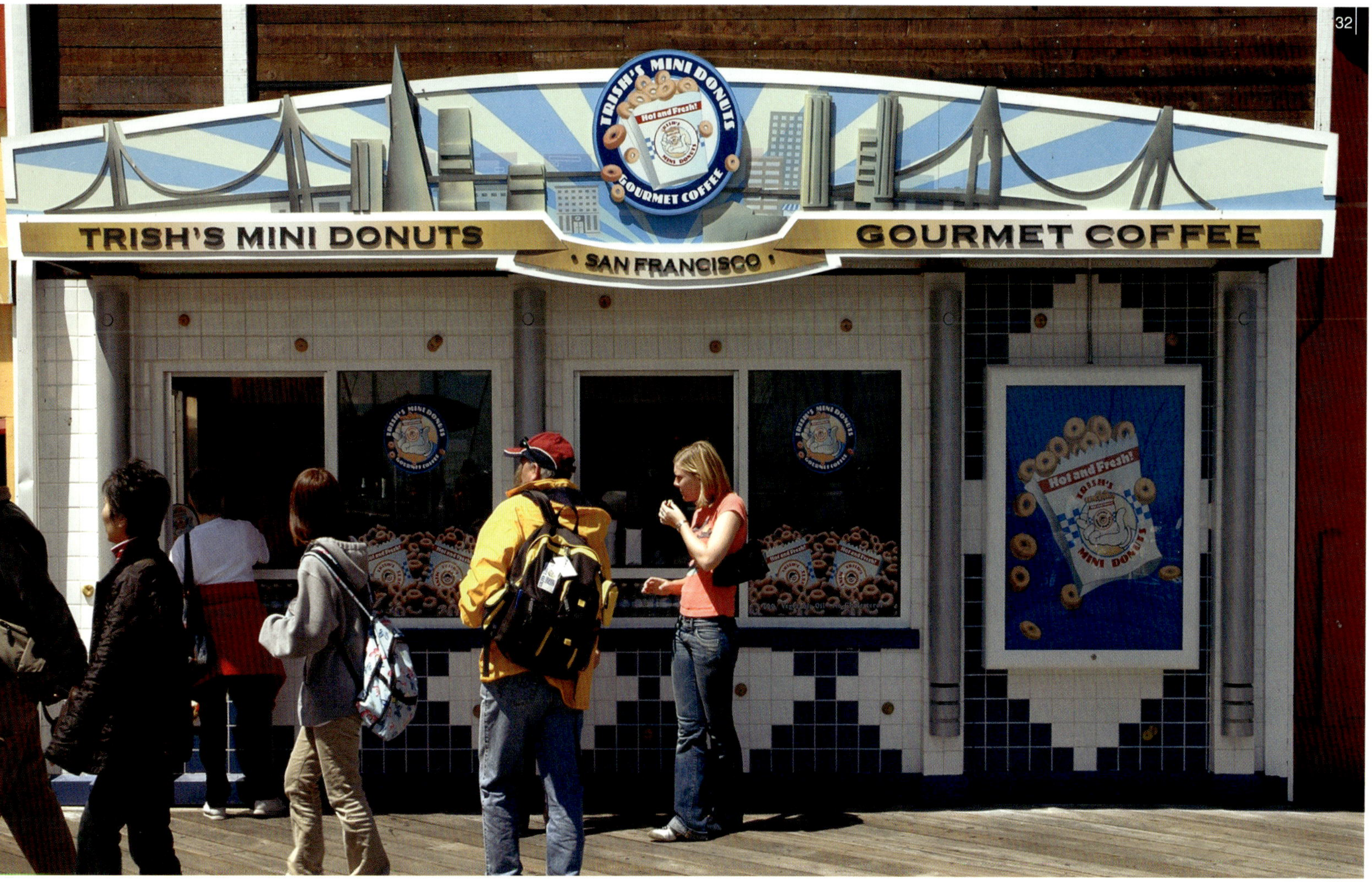
TRISH'S MINI DONUTS
GOURMET COFFEE
TRISH'S MINI DONUTS
GOURMET COFFEE
SAN FRANCISCO
Hot and Fresh!

Home Goods, Living and Foods

33. Los Angeles
34. Las Vegas
35. New York
36. New York

33

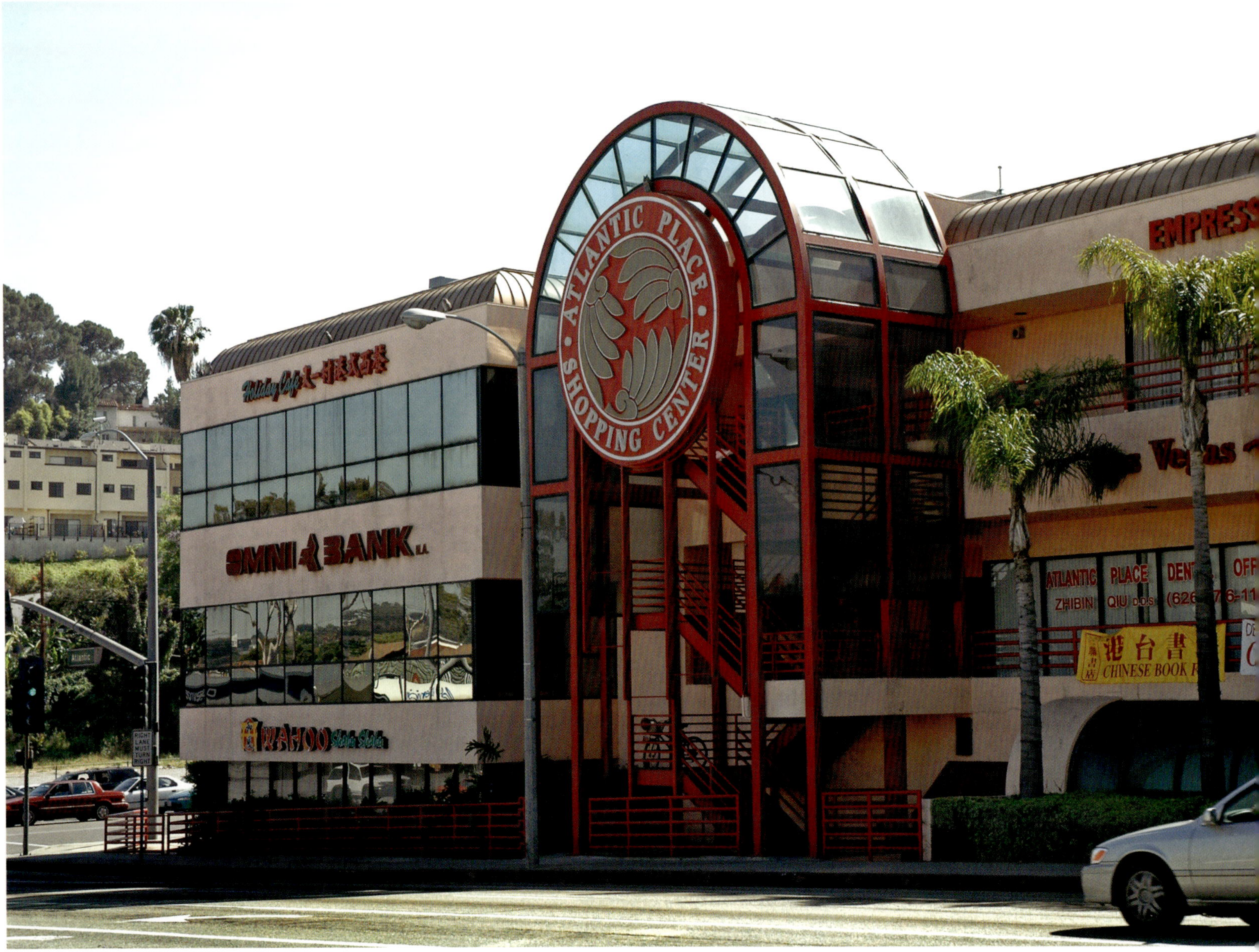

sony style
VAIO

34

GODIVA
Chocolatier
GODIVA
THE NEW CHOCOLIXIR

35

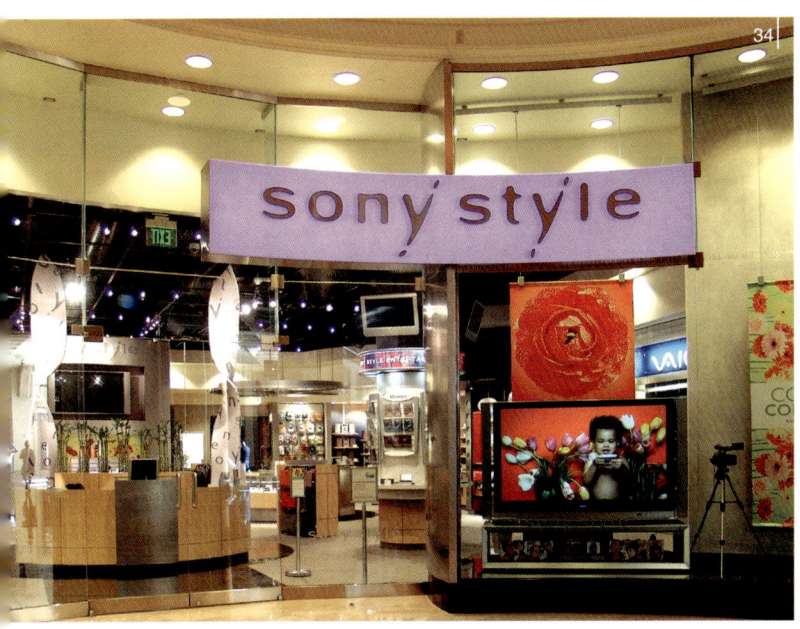

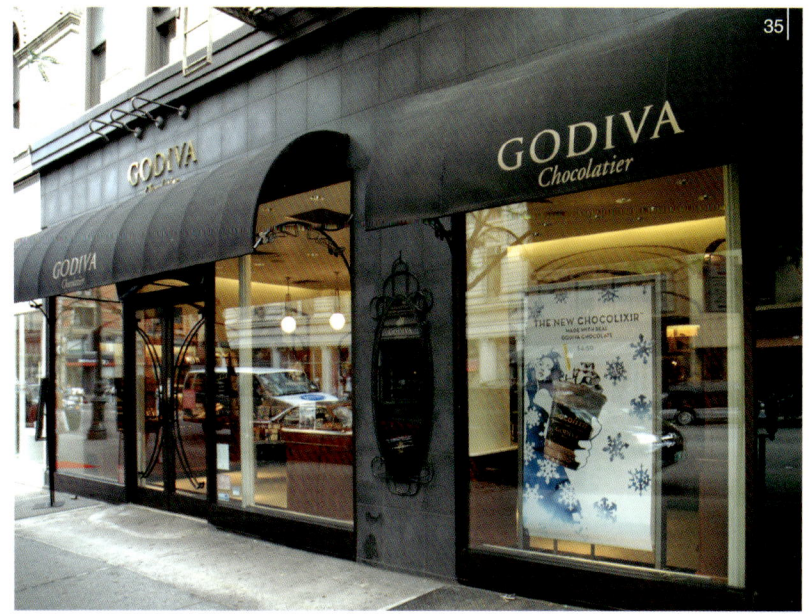

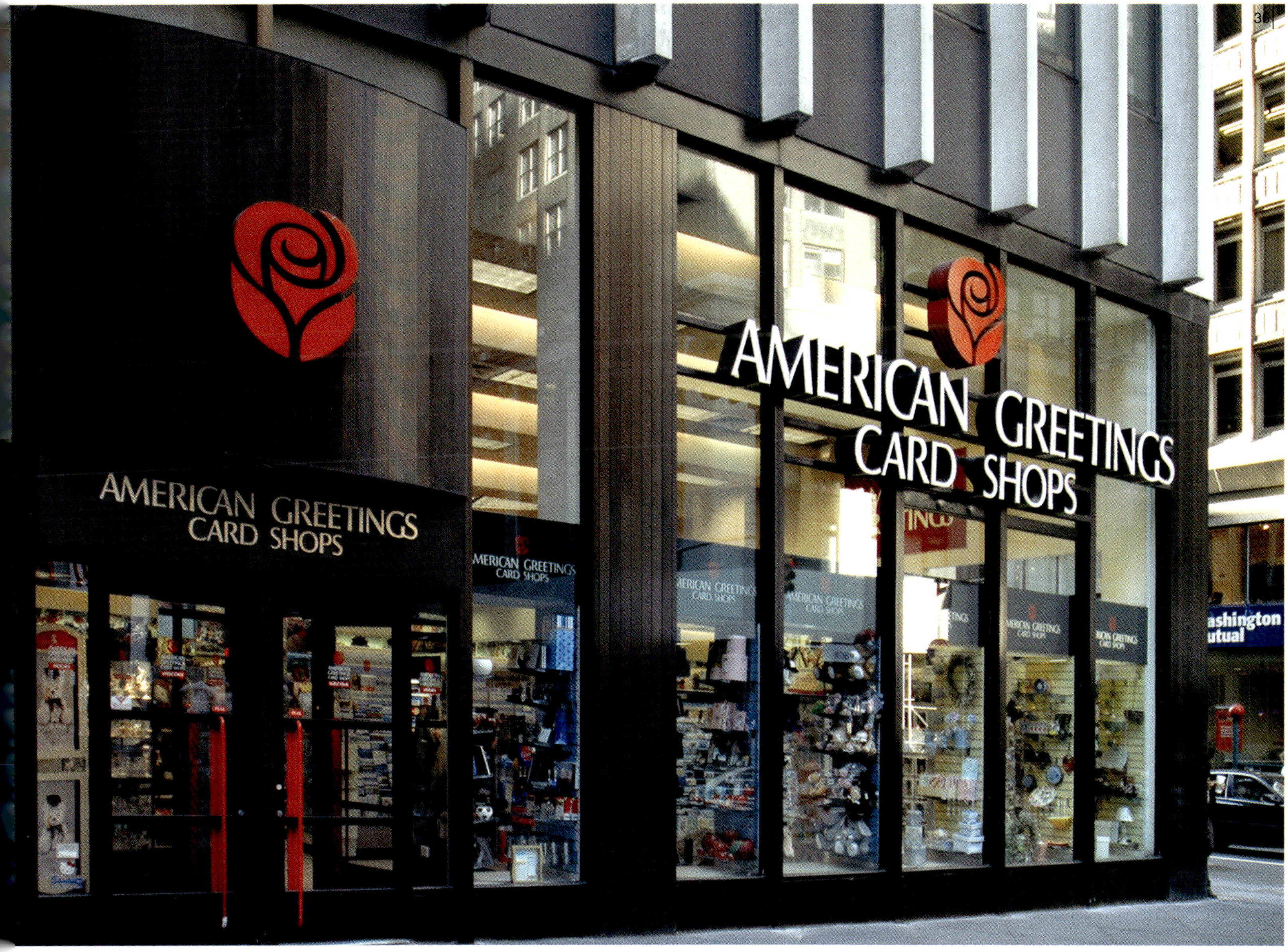
AMERICAN GREETINGS
CARD SHOPS
AMERICAN GREETINGS
CARD SHOPS

36

Kiosks

Quioscos

as avenidas peatonales y calles comerciales de América son lugares propicios para el establecimiento de quioscos o puntos de venta de pequeños artículos de consumo. La diversidad de estilos muestra su funcionalidad y utilidad, que principalmente se centra en el aprovechamiento eficiente de los recursos de un espacio limitado y en la atracción de los transeúntes. Gracias a sus olores llamativos y estilos exagerados, estos peculiares puntos de venta se convierten en elementos nuevos y únicos en el espacio urbano.

Chioschi

In America le strade pedonali e commerciali sono luoghi adatti per il posizionamento di chioschi o punti vendita di piccoli articoli di consumo. La diversità degli stili evidenzia la propria funzionalità e utilità, che principalmente si concentra in un ottimale utilizzo del limitato spazio a disposizione e nella capacità di attirare i passanti. Grazie a colori sgargianti, questi punti vendita particolari si convertono in elementi nuovi e unici nello spazio urbano.

Kiosques

Les avenues piétonnes et les rues commerciales des états-unis sont des lieux propices à l'installation de kiosques ou points de vente de petits articles de consommation. La diversité de styles montre leur fonctionnalité et utilité, centrée principalement sur l'utilisation efficace des ressources qu'offre un espace limité, ainsi que l'attraction des passants. Grâce à des couleurs qui attirent l'attention et des styles exagérés, ces points de vente particuliers se convertissent en éléments nouveaux et uniques de l'espace urbain.

Kiosks

In some places like pedestrian or business streets of cities in America, we can often see stands selling small wares. A range of different styles display their function and practicability, which mainly aims at utilising the resources in limited space, increasing the efficiency and attracting the passers-by. With striking colours these stands are new and unique, and have an exaggerated style.

kiosks

01

02

03
Young Writers' Camp at Cal State LA
July 5-21
Have FUN while LEARNING!
EXPERT teachers!
FRIENDLY, NURTURING environment!
FOR MORE INFORMATION
TURK

04
HERALD SQUARE CAFE
COFFEE IN A NEW YORK MINUTE
Bewitched

kiosks

09

MARYLAND'S PRIDE proudly serves
BEN&JERRY'S
Pride

10

FREE ENGRAVING
FREE ENGRAVING

11

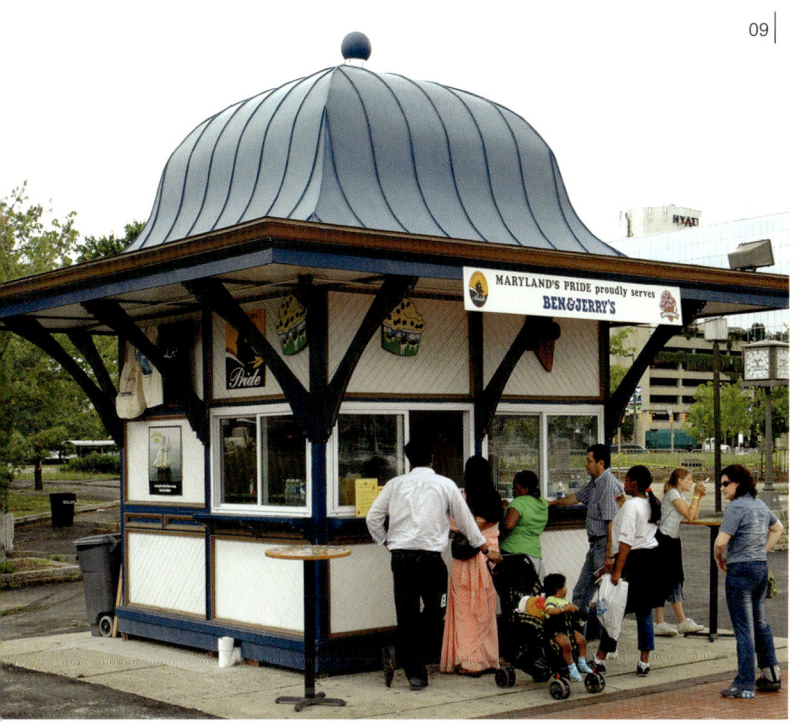

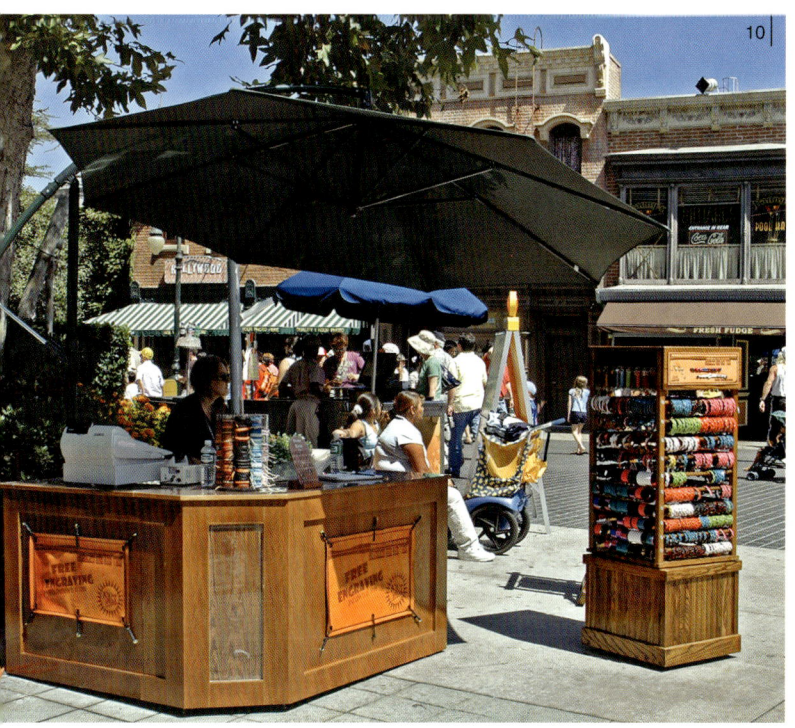

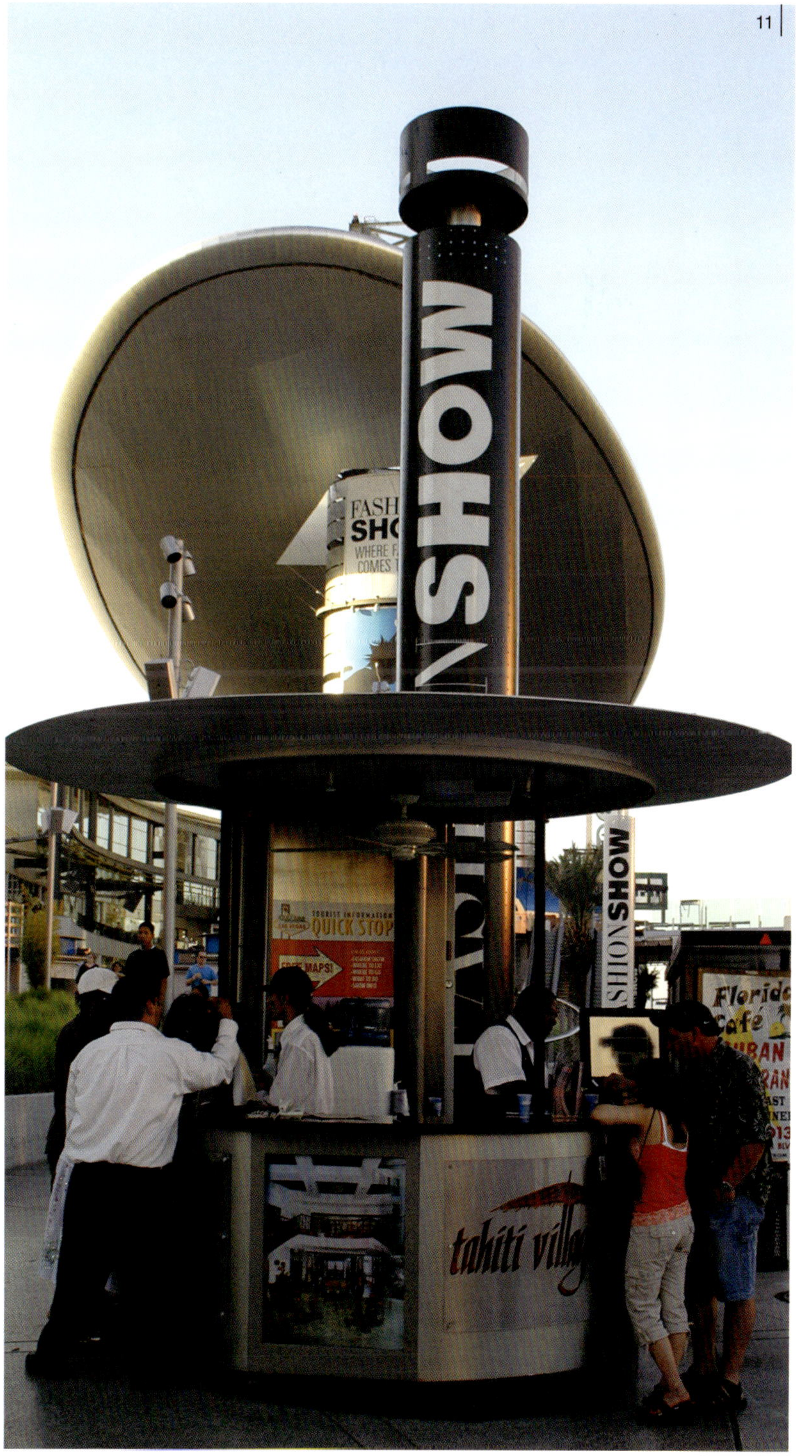
SHOW
QUICK STOP
FREE MAPS!
SHOW

12

INFORMATION
ASK ME ABOUT
VIP

13

PRETZELS·COKE·ICEES
CORN DOGS·PRETZELS·ICEES·POPCORN
POPCORN
OLD TYME TREATS

14

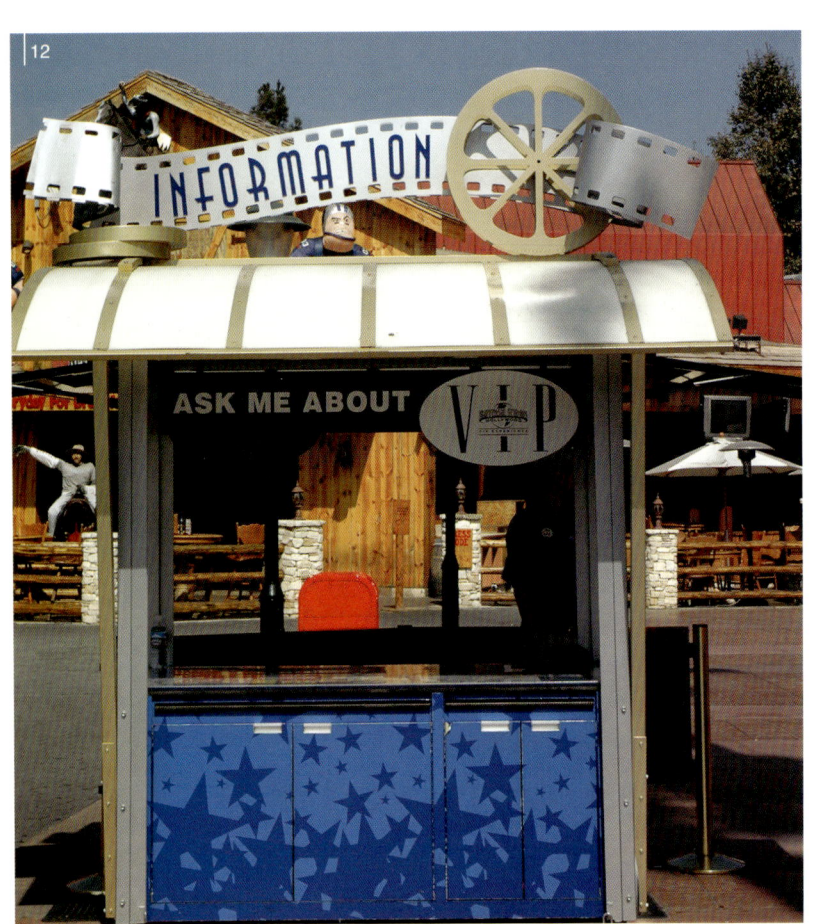

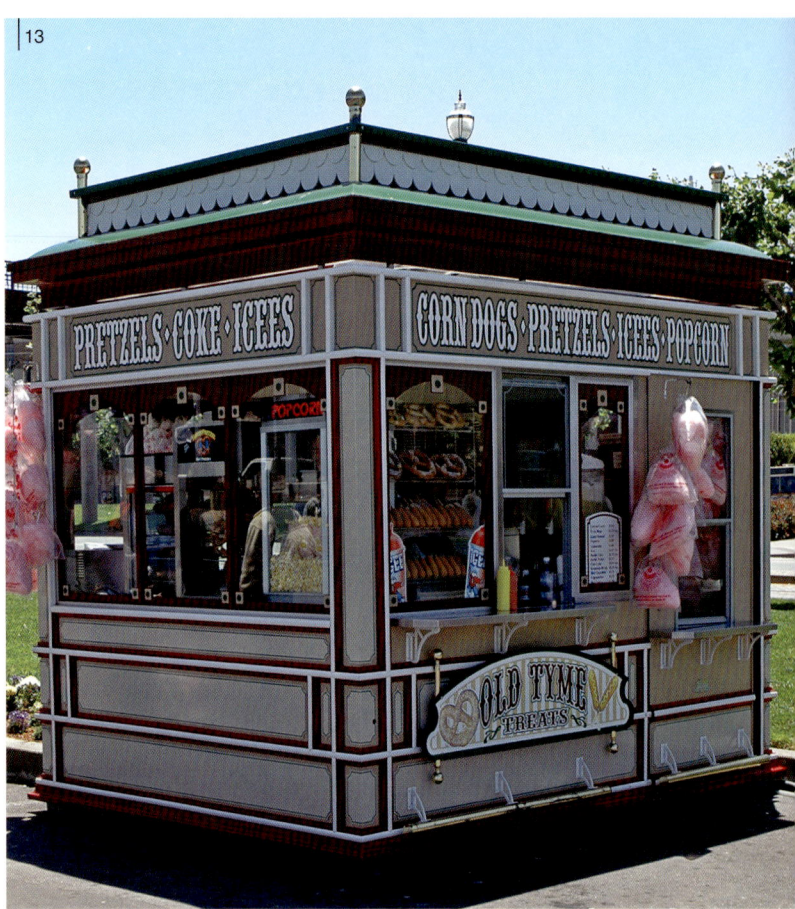

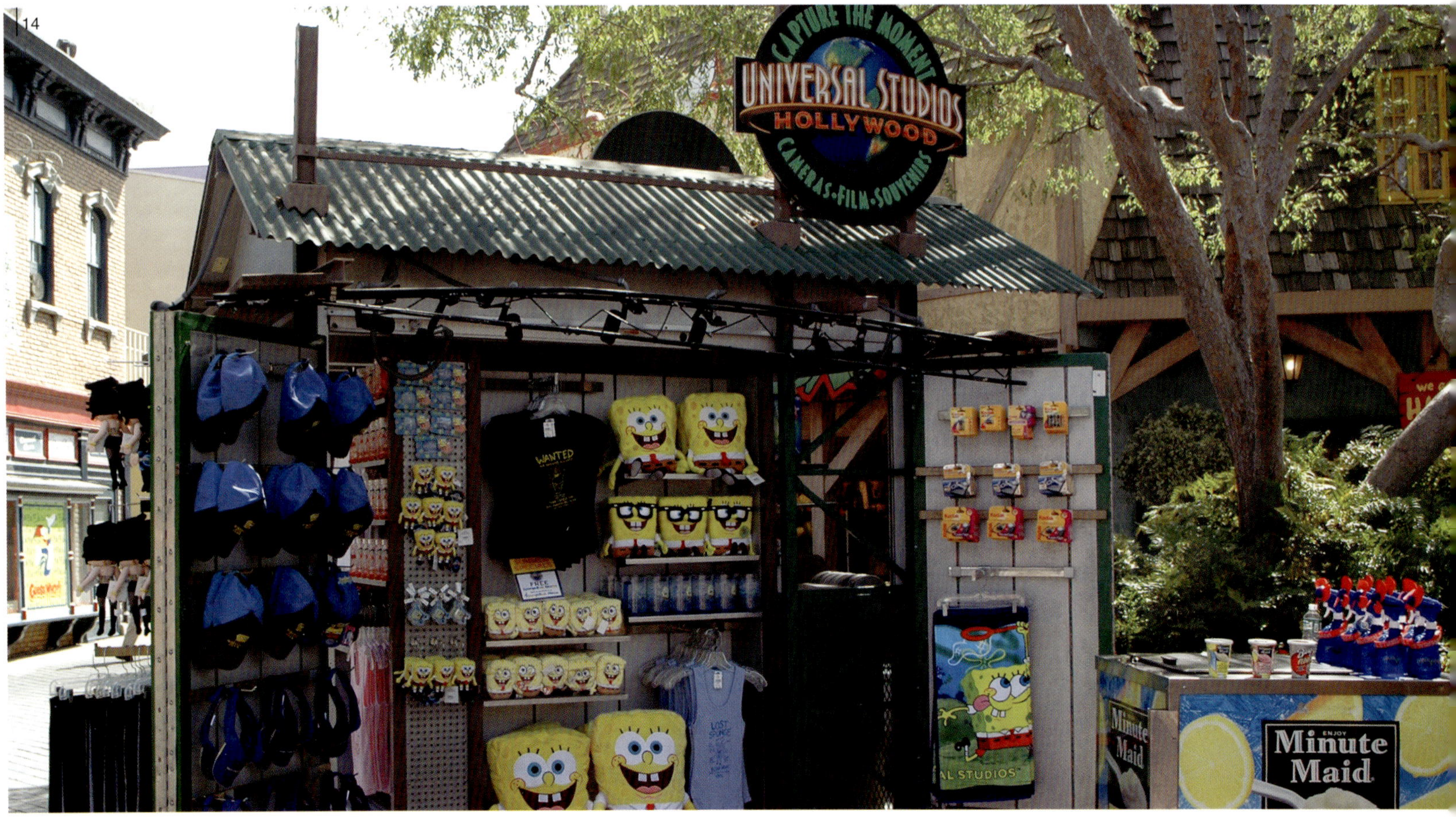
CAPTURE THE MOMENT
UNIVERSAL STUDIOS
HOLLYWOOD
CAMERAS·FILM·SOUVENIRS
WANTED
Minute Maid
ENJOY
Minute Maid

15

16

kiosks

|17

|18

kiosks

23

24

kiosks

29

30

ALOHA ISLAND COFFEE
31

T · · Mobile ·
32

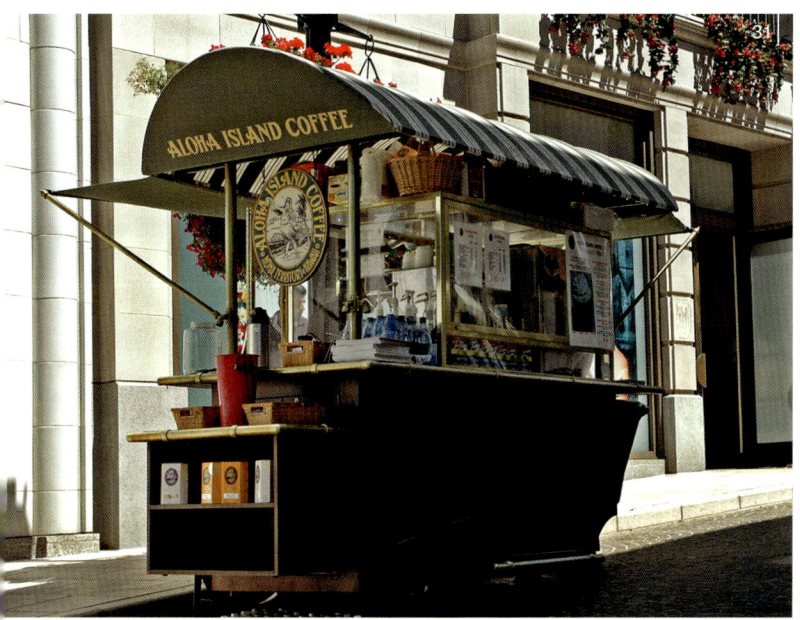

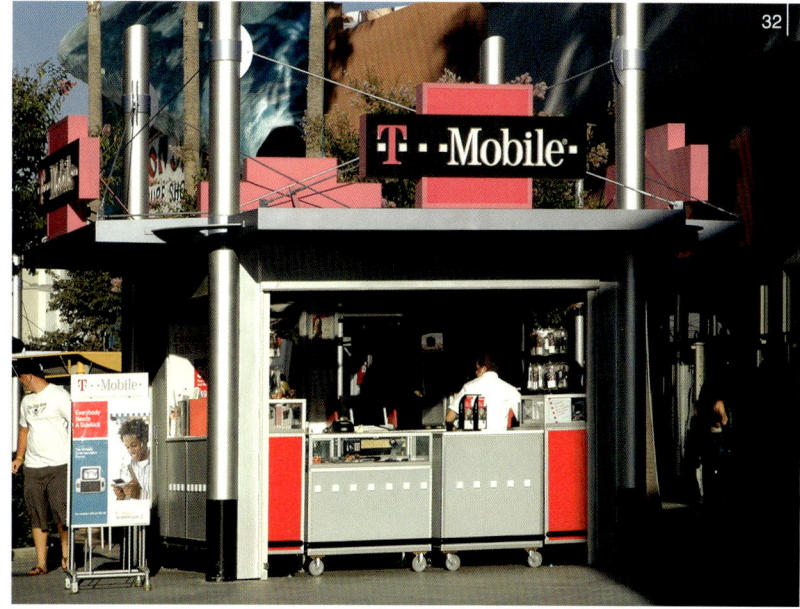

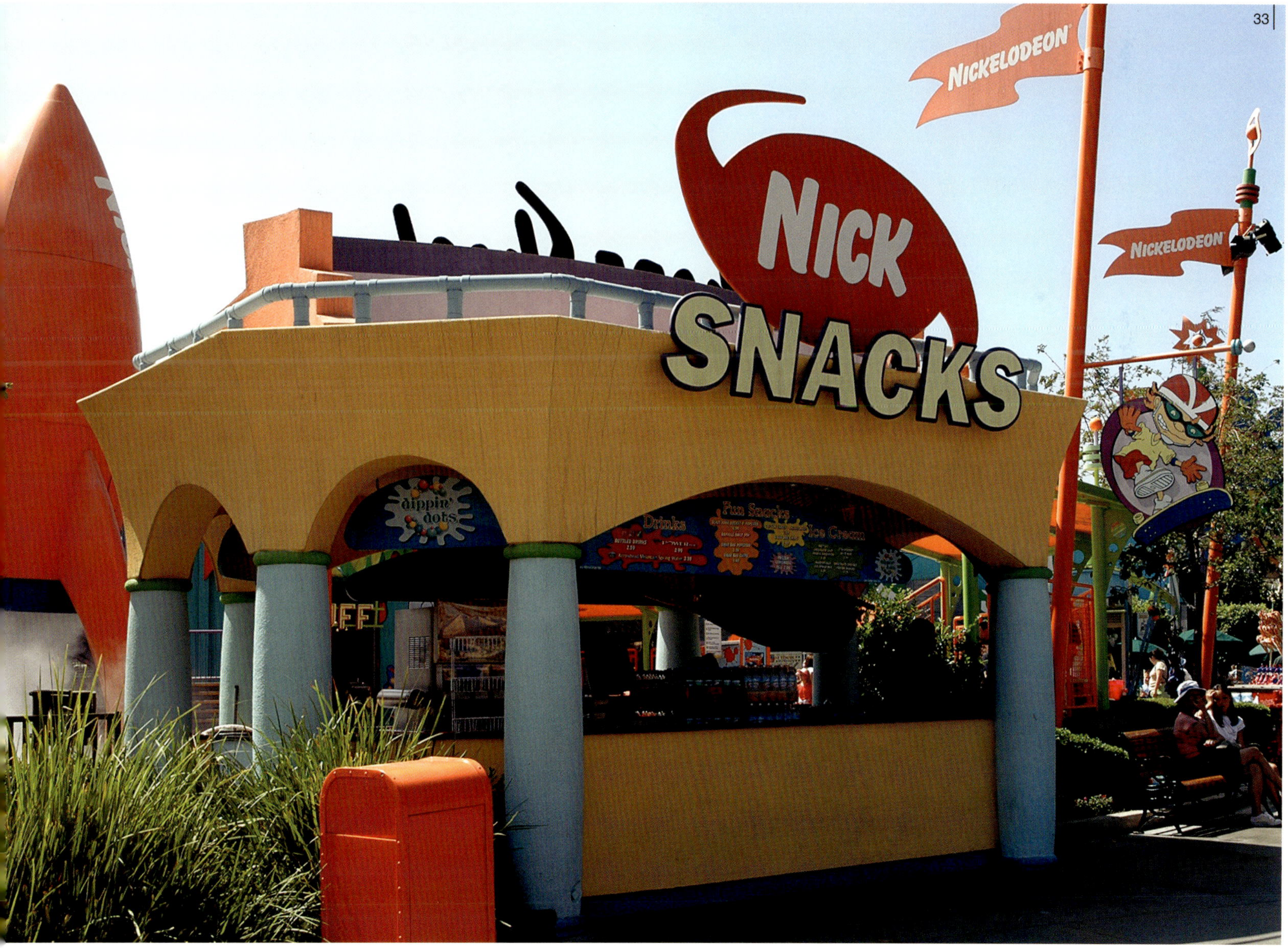
NICKELODEON
NICK
SNACKS
NICKELODEON
dippin' dots
Drinks
Fun Snacks
Ice Cream
33

kiosks

34

35

kiosks

48. Los Angele
49. Los Angeles
50. San Francisco
51. Los Angeles

48

49

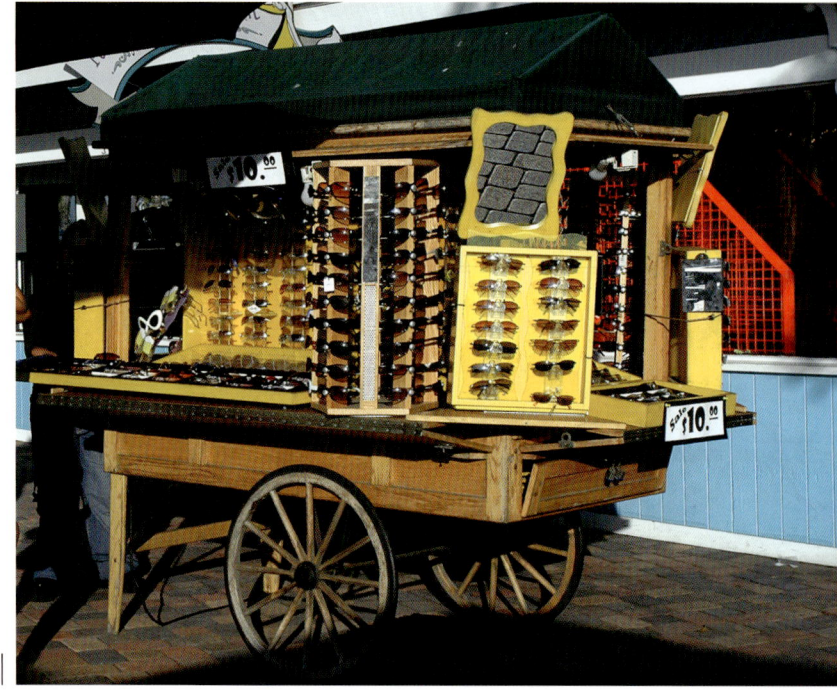

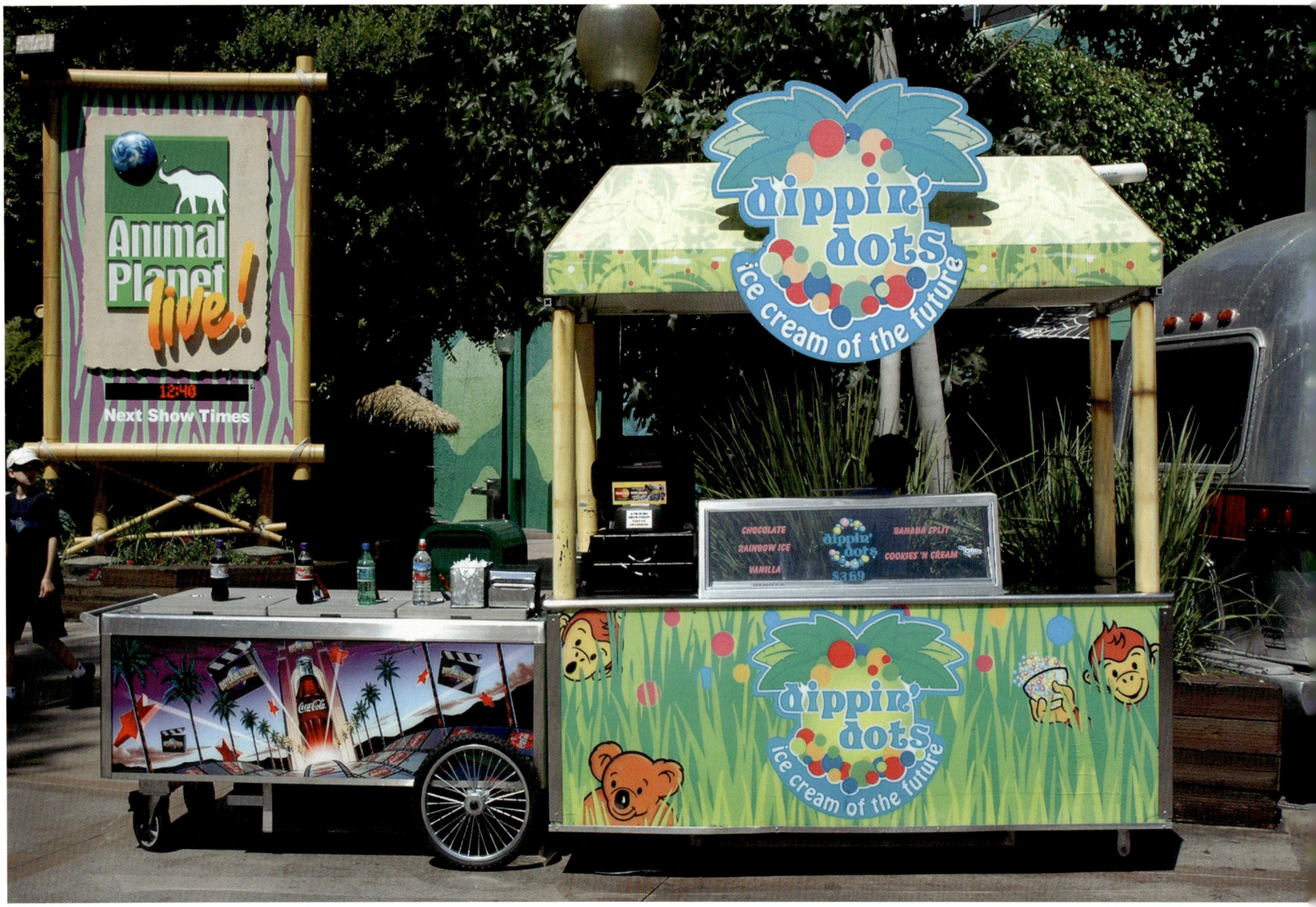

50

51

kiosks

52

53

54

57. Los Angeles
58. 1000 Islands
59. Los Angeles
60. Los Angeles
61. Los Angeles

57

58

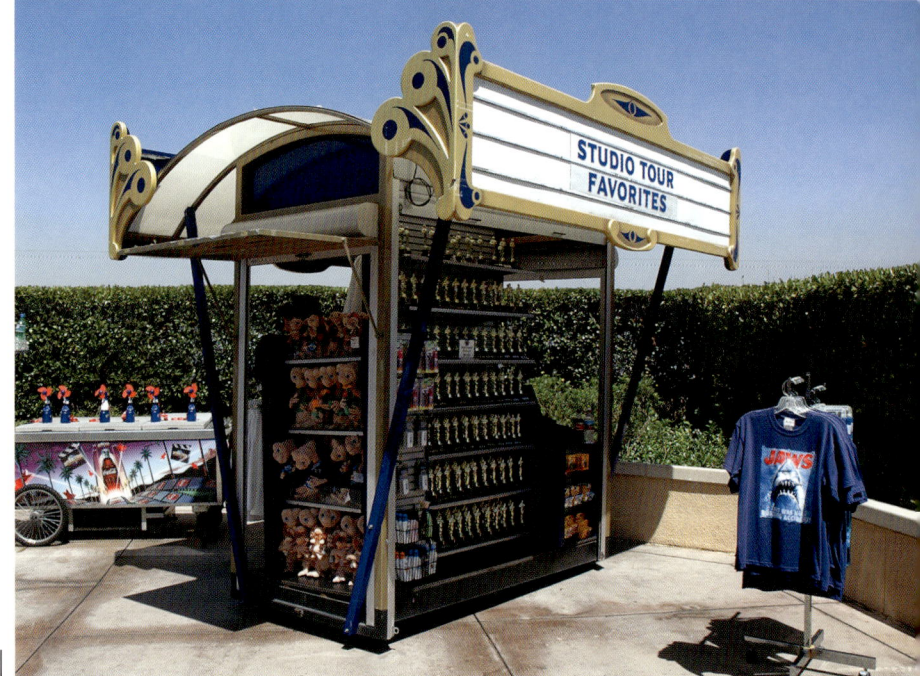

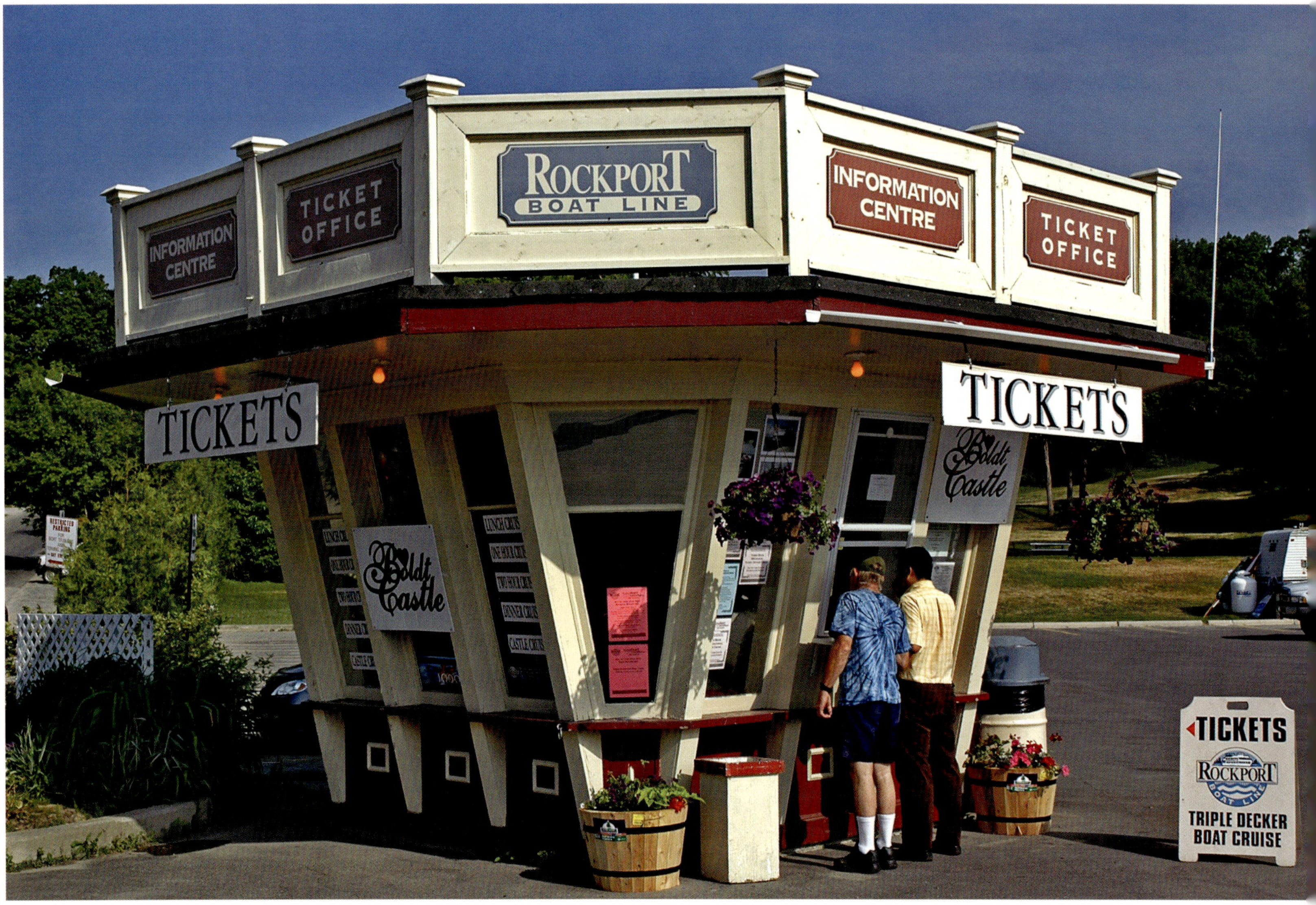

kiosks

62

63

64

65

71. Los Angeles

Accessories

Joyerías y tiendas de complementos

clave en el diseño de una joyería reside en su caparate que no es únicamente una parte de decoración del establecimiento, sino también elemento que nos ofrece la primera impresión el mismo. Las joyerías venden artículos de lujo y entorno en el que se presenten será el envoltorio e, junto a la iluminación, el color y la rotulación virá para presentar y mostrar al público su valiosa ercancía. Antes de entrar en la tienda, los clientes harán un vistazo aunque sea de forma consciente al escaparate, que pasa a jugar un portante papel a la hora de atraer a los nsumidores. Al diseñar un escaparate, el valor e los artículos expuestos debería ser el primer nto a considerar para satisfacer las necesidades icológicas de los clientes. Un buen escaparate s presenta el producto, se dirige al público y imula la compra; pero debe ser al mismo tiempo eza integrante de un trabajo artístico. El arte de señar fachadas es un aspecto clave en el sarrollo de áreas comerciales y de negocios. túa como elemento dinamizador en la olución de la economía, de la cultura y de las ndencias de moda en la ciudad.

diseño de fachadas de joyerías en América, mo portador de arte, se distribuye entre las nas comerciales y los centros de mayor tránsito n el fin de atraer y estimular a los clientes con ementos de últimas tendencias de gran influencia el entorno social.

Gioiellerie e negozi di accessori

L'elemento-chiave nel progetto di una gioielleria risiede nella vetrina, in quanto non solo è parte dalla decorazione del locale, ma anche un elemento che offre una prima impressione del negozio stesso. Le gioiellerie vendono articoli di lusso, e il contesto in cui si inseriscono sarà determinante, insieme all'illuminazione, al colore e alle insegne, per presentare e mostrare al pubblico la propria importante mercanzia. Prima di entrare in un negozio, i clienti getteranno uno sguardo, anche se in maniera inconsapevole, alla vetrina, che diventa così protagonista principale nel compito di attirare i consumatori. Nel progettare l'allestimento di una vetrina, il valore degli articoli esposti dovrà essere il primo punto da tenere in considerazione per soddisfare le esigenze psicologiche dei clienti. Una valida vetrina presenta il prodotto, si rivolge al pubblico e invita all'acquisto; deve essere però, allo stesso tempo, elemento integrante di un lavoro artistico più generale. L'arte di progettare le facciate è un aspetto chiave nello sviluppo delle aree commerciali e dei negozi, e agisce come elemento dinamico nell'evoluzione dell'economia, della cultura e delle tendenze di moda nella città.

Il design delle facciate di gioiellerie in America, in quanto veicolo artistico, si focalizza nelle zone commerciali e nei centri di maggiore passaggio, con lo scopo di attirare e invitare i clienti con oggetti di ultima tendenza e di grande influenza nel contesto sociale.

Bijouteries et magasins d'accessoires

La clé dans le design d'une bijouterie se trouve dans sa vitrine qui est non seulement une partie de la décoration de l'établissement, mais aussi un élément contribuant à notre première impression de celui-ci. Les bijouteries vendent des articles de luxe et l'environnement dans lequel elles sont présentées sera l'emballage qui, joint à l'illumination, à la couleur et à l'enseigne, servira à présenter au public sa marchandise de valeur. Avant d'entrer dans la boutique, les clients jetteront un coup d'oeil, bien que de manière inconsciente, à la vitrine, qui joue un rôle important au moment d'attirer les consommateurs. Lorsque l'on dessine une vitrine, la valeur des articles exposés devrait être le premier point à prendre en considération afin de satisfaire les nécessités psychologiques des clients. Une bonne vitrine nous présente le produit, s'adresse au public et stimule l'achat, mais elle doit également être pièce intégrante d'un travail artistique. L'art de dessiner des vitrines est un aspect clé dans le développement de zones commerciales et zones d'affaires et est un élément dynamisant dans l'évolution de l'économie, de la culture et des tendances de mode dans la ville. Le design de devantures de bijouteries aux états-unis, comme porteur d'art, est distribué entre les zones commerciales et les centres de majeur transit dans le but d'attirer et de motiver les clients grâce aux éléments de dernière tendance de grande influence dans l'environnement social.

Accessories

The key in designing a jewelry shop lies in its shop window which is not only a part of the decoration of the whole shop, but also the first impression of it. Jewelry shops sell high-grade jewelry and the background always serves as a foil to the jewelry, together with light, colour and words to introduce and propagate the goods. Before coming into the jewelry shop, the customers will glance over the shop window unconsciously, so the shop window design plays an important role in attracting consumers. In shop window design, the value of the products should be the first factor considered when meeting the psychological needs of the customers. A good shop window introduces goods, directs customers and promotes sales; it is a piece of artistic work as well. Shop front design art is one aspect of a commercial business center, and leads the trend of a city's economic development, cultural change and fashion development.

American jewelry shop front design, as a carrier of art, is distributed among commercial areas and transportation centers to attract and stimulate customers with its fashionable elements and influence the social environment.

Accessories

01

Accessories

|05

Accessories

09

CUSTOM
TATTOO
BODY
PIERCING
BODY
JEWELRY

10

JEWELERS
HAMILTON

11

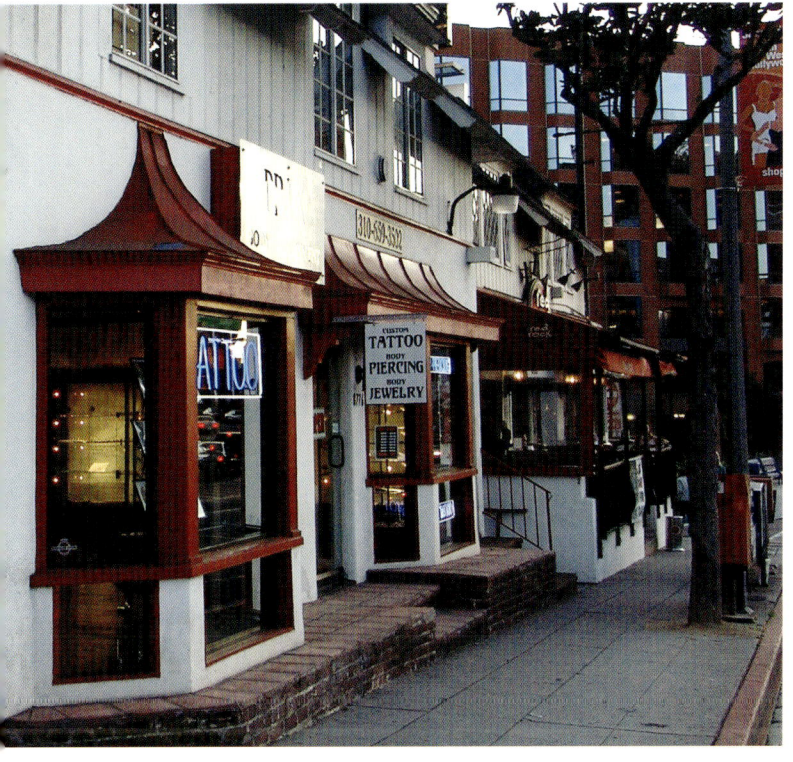

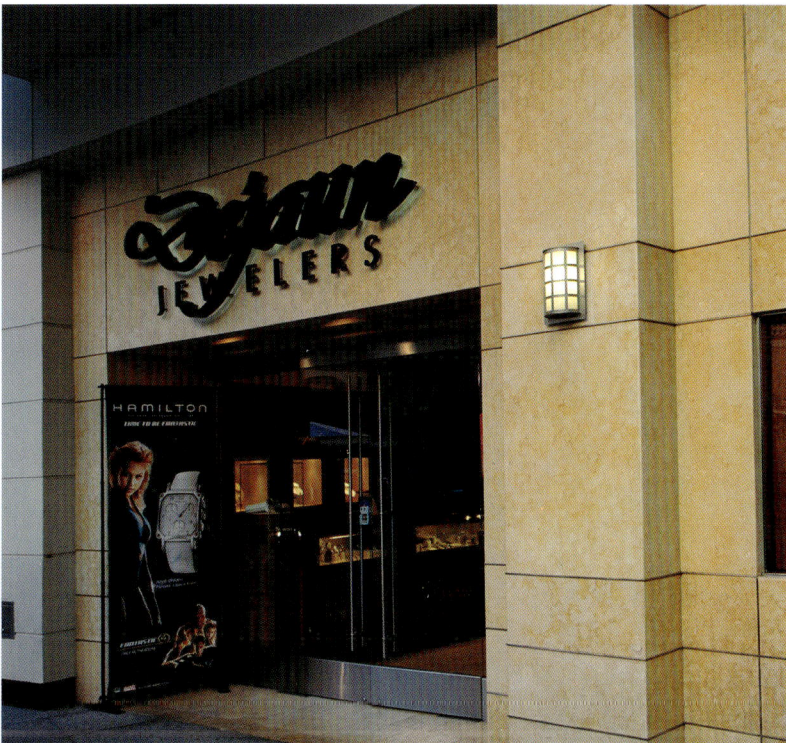

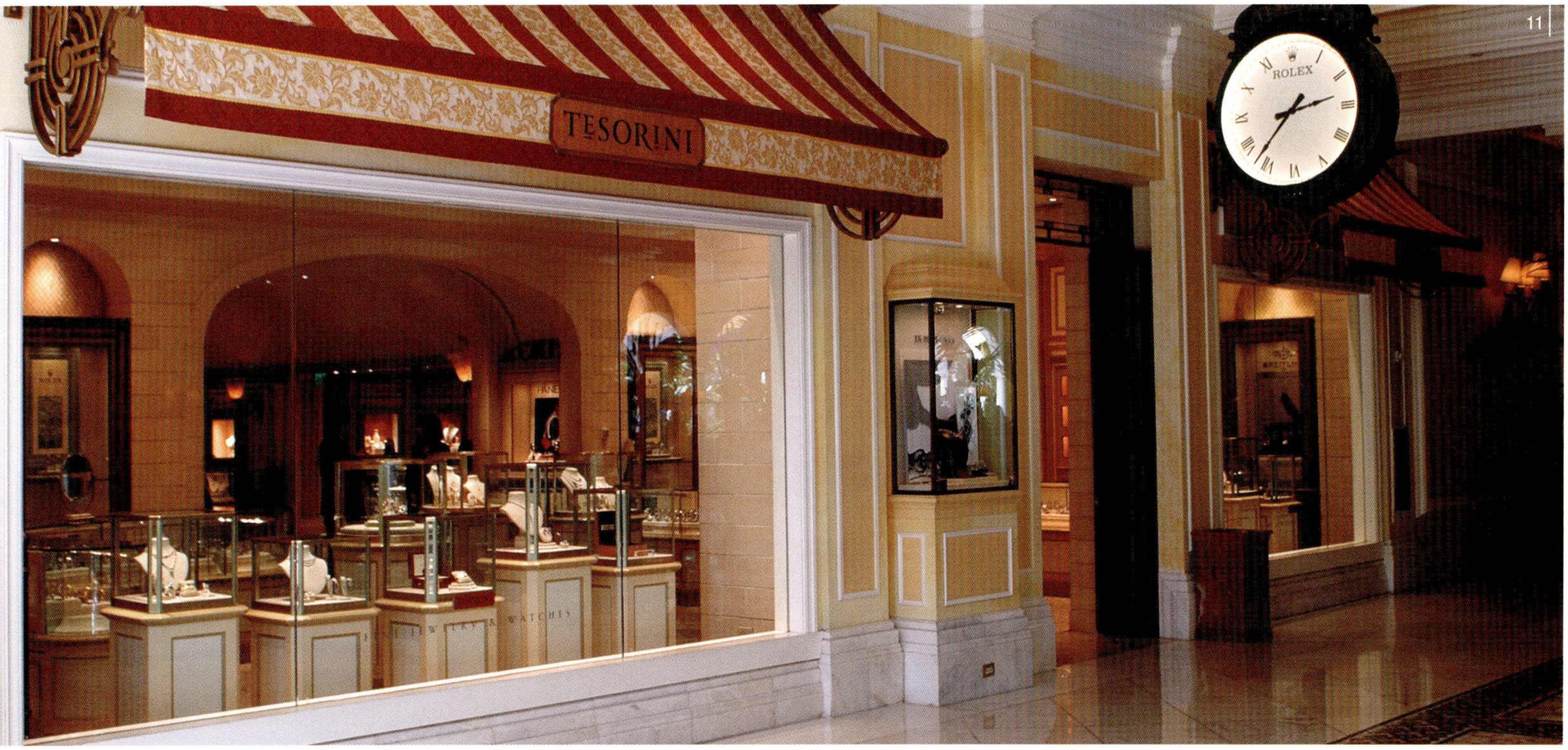
TESORINI
ROLEX

Accessories

12

13

Accessories

16. New York
17. San Francisco
18. Los Angeles
19. Los Angeles

SUNSHADES
SUNSHADES
RALPH LAUREN
Rēvo
GUCCI
17

OPTICAL
Outlook
STEVEN & CO.
DAN
DEUTSCH
CHROME HEARTS
EYEWEAR
18

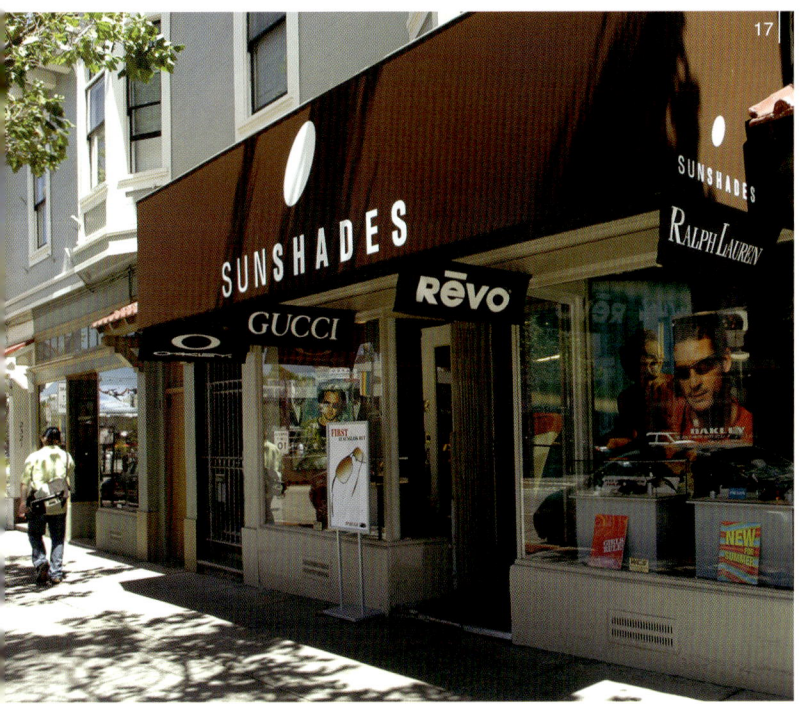

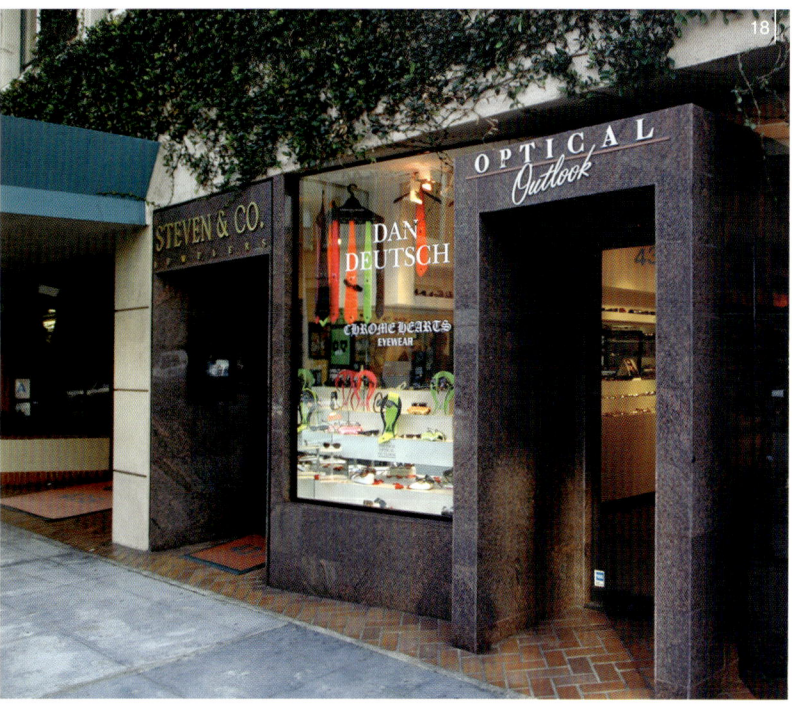

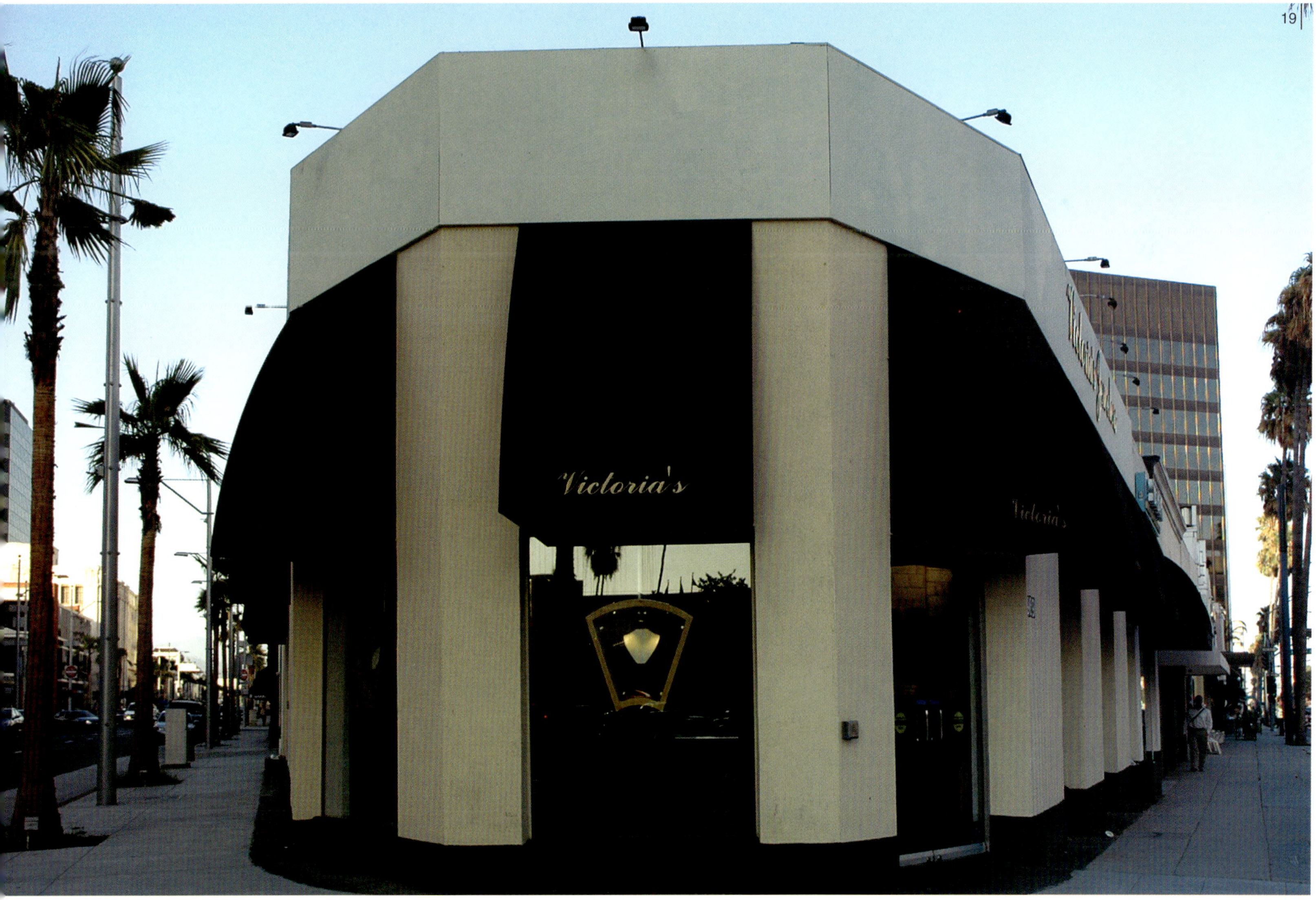
Victoria's
19

Accessories

Accessories

OSEPH EDWARDS
CORUM
26

Diamonds & Opals
PARKING IN REAR
27

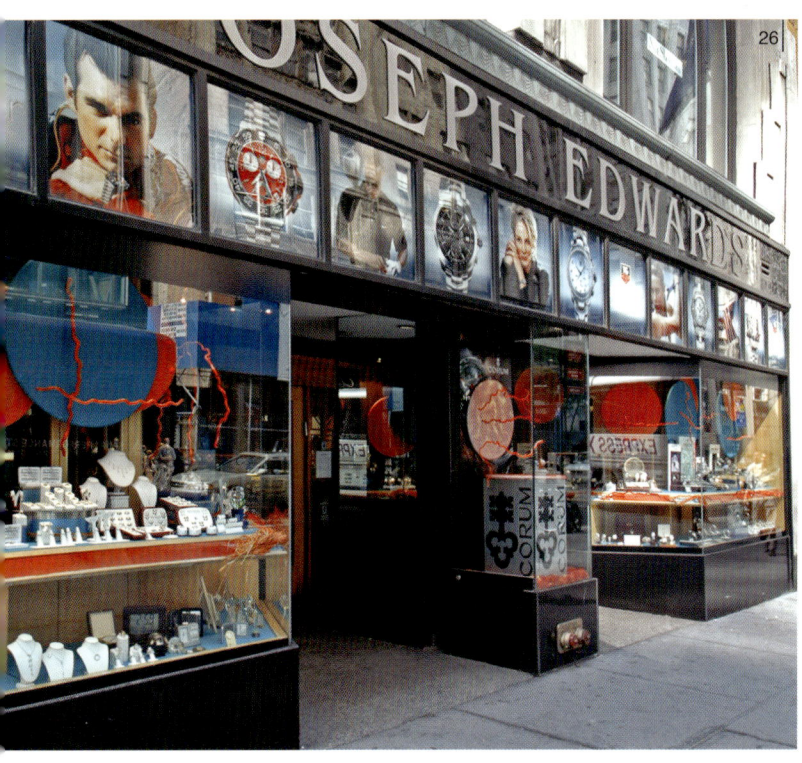

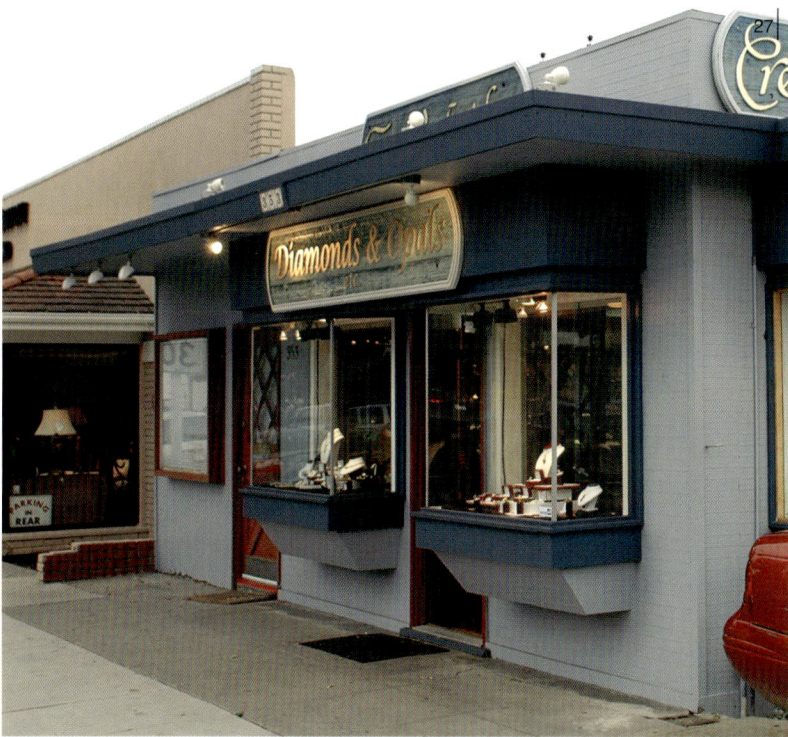

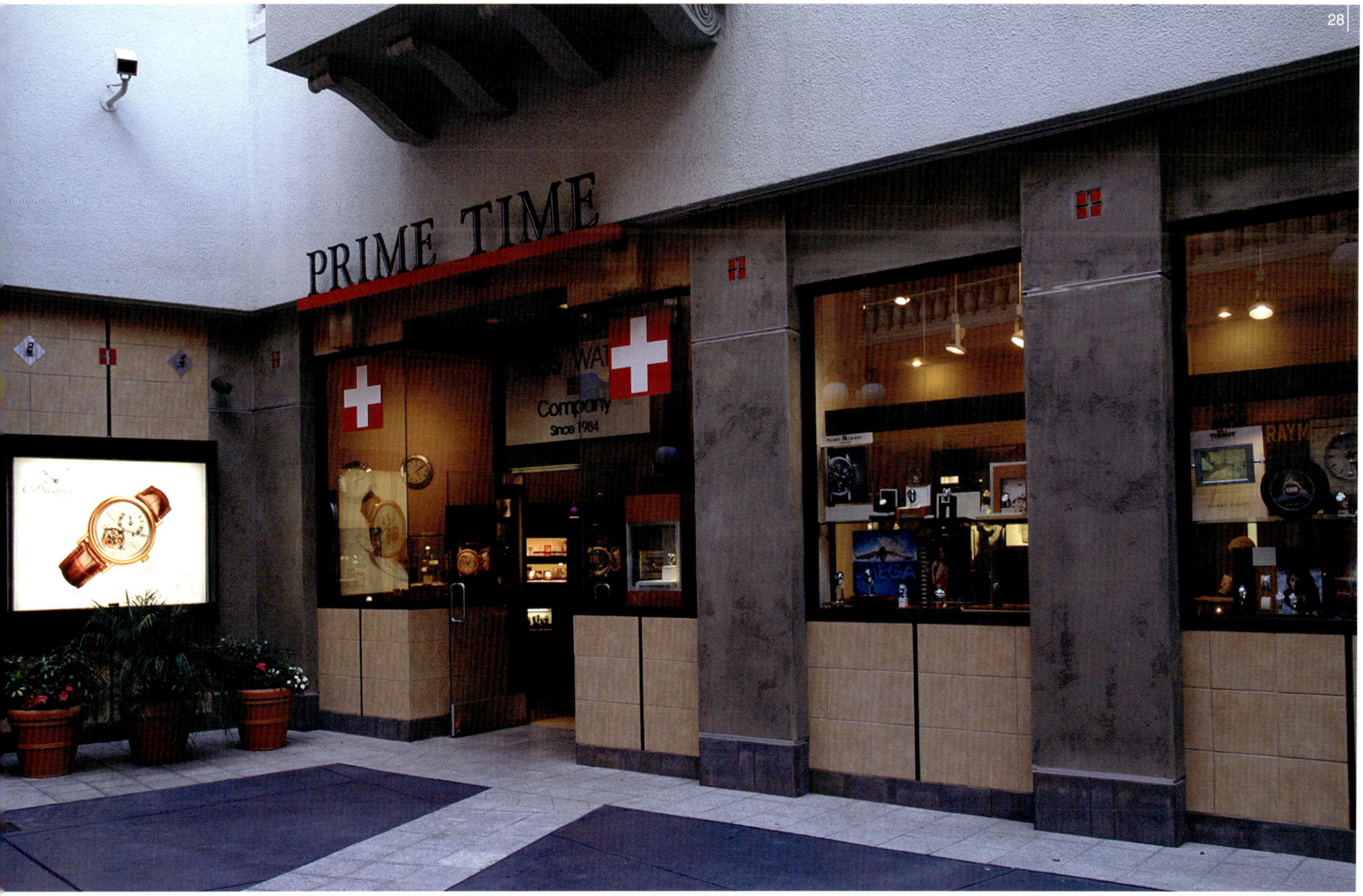
PRIME TIME
Company
Since 1984
28

Accessories

Specialized Shops

Tiendas especializadas

as tiendas especializadas americanas están iseñadas para poner de relieve el producto, traer la atención de los transeúntes y dirigir al liente hacia su interior. Así pues, el diseño de ada establecimiento se centrará y estará de cuerdo con el tipo de productos que en él se endan. Para demostrar exclusividad, a menudo e emplea mobiliario expositor moderno que nos nuestra los artículos con colores brillantes y gradables. El estilo de la tienda quedará nalmente definido con la utilización de ventanas e cristal transparente o ventanas francesas. stilo único, colores brillantes, diseño variado y ogotipos en relieve que interactúan con una uminación adecuada, crean un conjunto rmonioso y destacado.

Negozi specializzati

I negozi specializzati americani sono progettati per porre in rilievo il prodotto, attirare l'attenzione dei passanti e invitare il cliente al proprio interno. Così, il design di ogni locale si centrerà e accorderà con la tipologia di prodotti che in esso vengono venduti. Per conferire un carattere esclusivo, spesso si utilizzano mobili da esposizione moderni che presentano gli articoli con colori brillanti e piacevoli. Lo stile del negozio risulta definito dall'uso di vetrate trasparenti o di porte-finestre.
Stile unico, colori vivaci, design eclettico e loghi in rilevo che interagiscano con un'illuminazione adeguata, tutto ciò crea un insieme armonioso e di grande interesse.

Boutiques spécialisés

Les boutiques spécialisées américaines sont dessinées dans le but de mettre en valeur le produit, attirer l'attention des passants et guider le client vers l'intérieur du magasin. Ainsi, le design de chaque établissement se concentrera pour être en accord avec la catégorie de produit qui se vend à l'intérieur. Afin de démontrer l'exclusivité, on utilise bien souvent un mobilier d'exposition moderne qui nous montre les articles aux couleurs brillantes et agréables. Le style de la boutique restera finalement défini par l'utilisation de fenêtre vitrées transparentes ou fenêtres françaises. Un style unique, des couleurs brillantes, un design varié et des logotypes en reliefs qui interagissent avec une illumination adéquate, créent un ensemble harmonieux et remarquable.

Specialized shops

Exclusive shops in America are designed to highlight the products, attract passers-by, and then lead customers in. Therefore, shop designs mostly focus on and are in keeping with the style of the products. To show the shop's uniqueness, modern elements are often applied to the furnishings to display the products with bright and pleasing colours. By transparent glass windows or French windows, the style of the shop can be shown in its entirety.
Unique styles, bright colours, diverse designs and outstanding logos, together with attractive lighting all help to create harmonious and eye-catching visuals.

Specialized Shops

01

02

SEPHORA
makeup · skincare · fragrance
SEPHORA

03

HEMP
ELBOW GREASE
DRY TO VERY DRY SKIN
2.6 OZ (75g)
HEMP GETS TOUGH ON ROUGH SKIN
HEMP REVIVAL FOR SKIN SURVIVAL
PUT HEMP TO YOUR LIPS
THE BODY SHOP
THE BODY SHOP
BUY ONE GET ONE 1/2 OFF

04

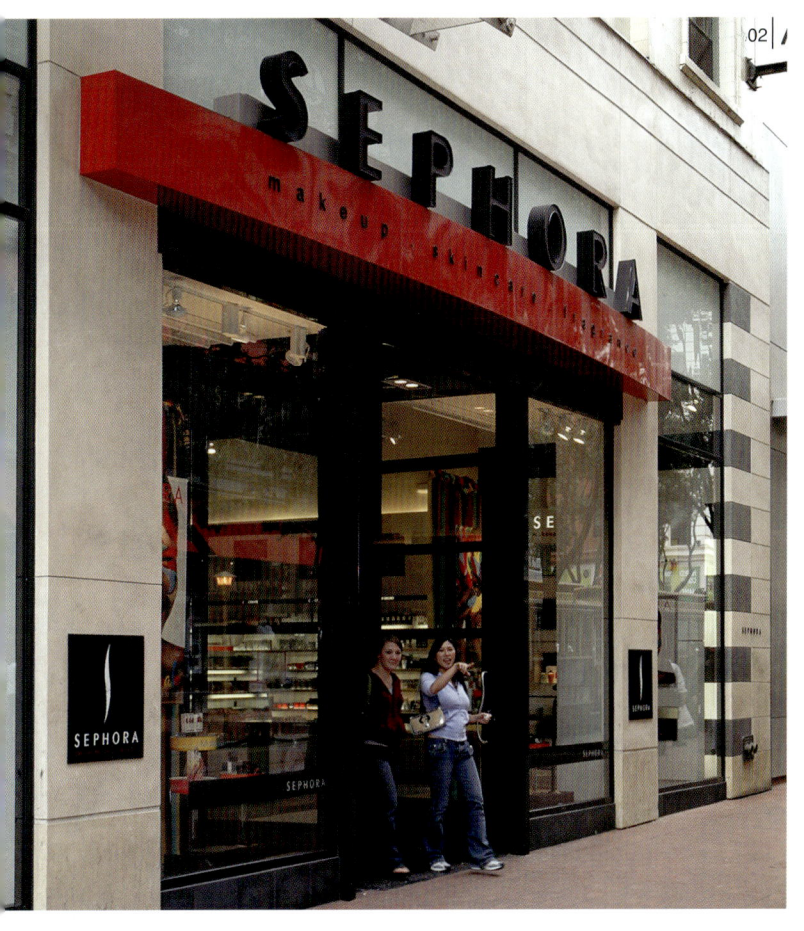

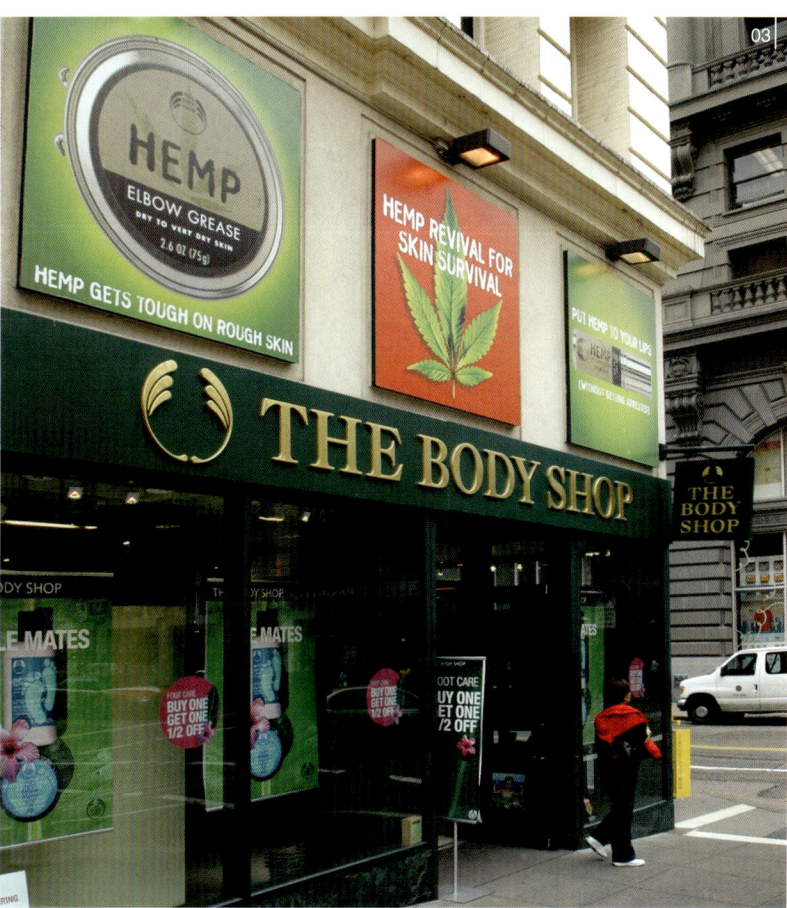

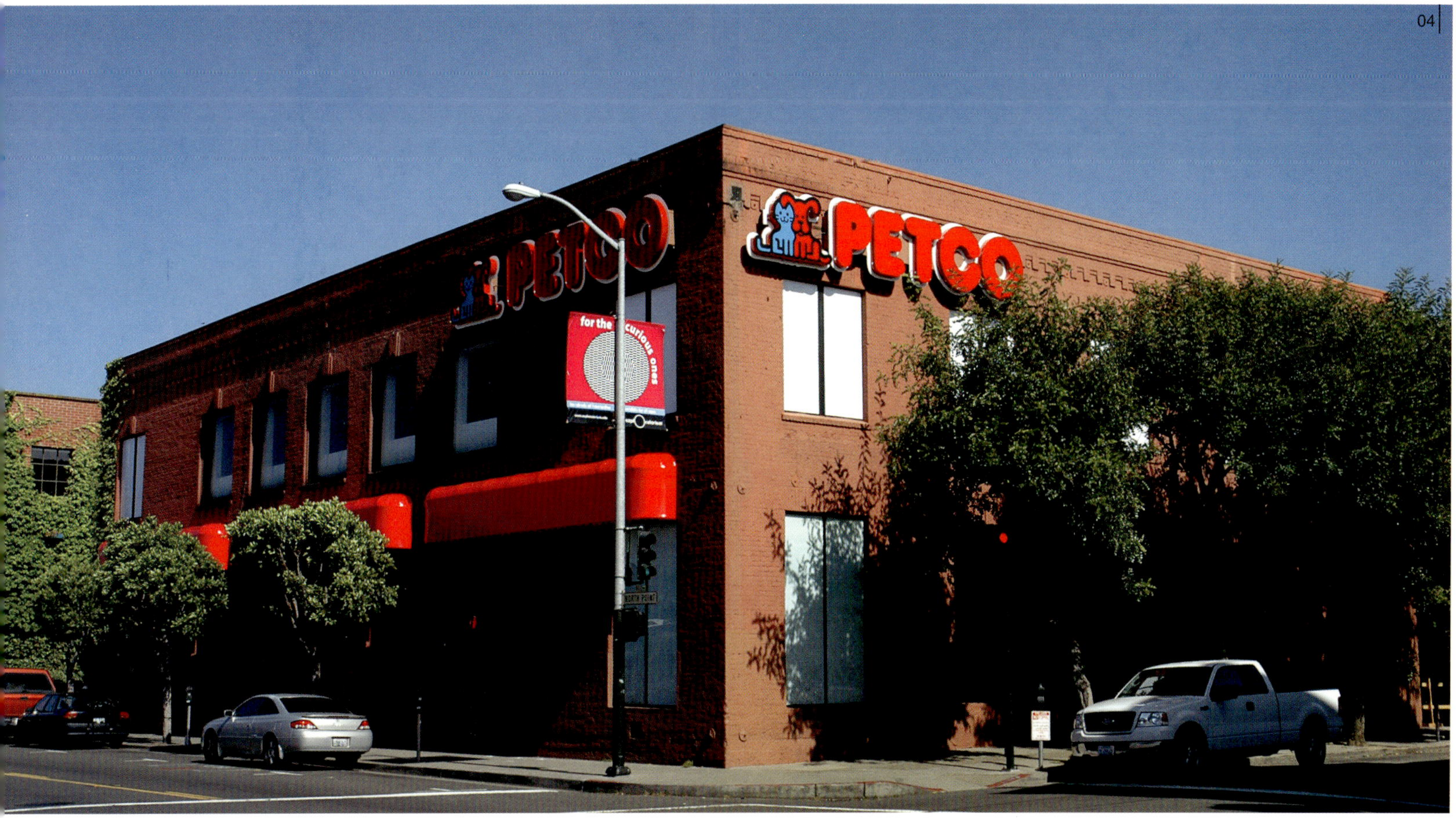
PETCO
PETCO
for the curious ones

Specialized Shops

05

06

Specialized Shops

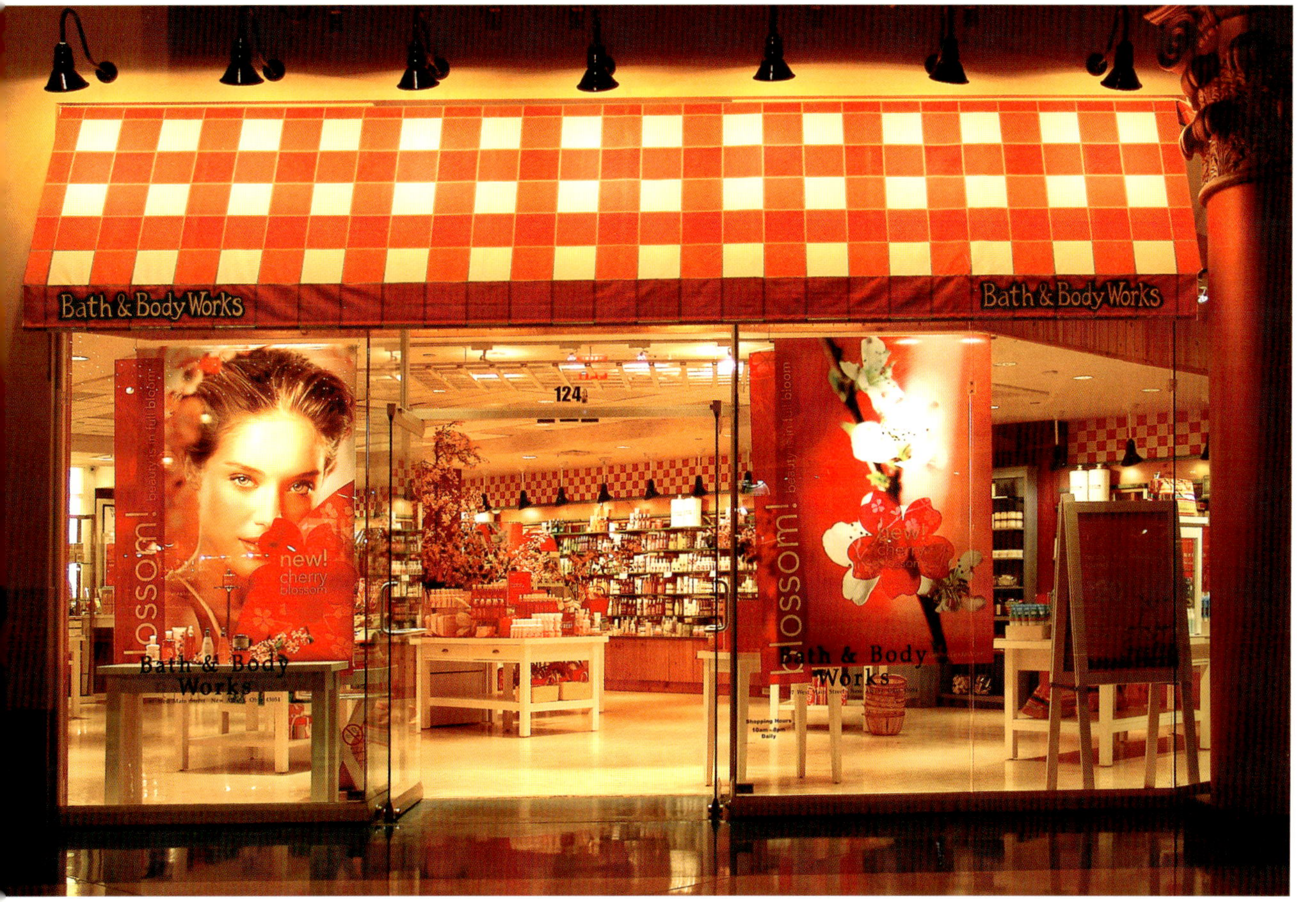
Bath & Body Works
Bath & Body Works
blossom!
new!
cherry
blossom
blossom!
Bath & Body
Works

09

La flirT
BOBBI BROWN
PRESCRIPTIVES
La flir

10

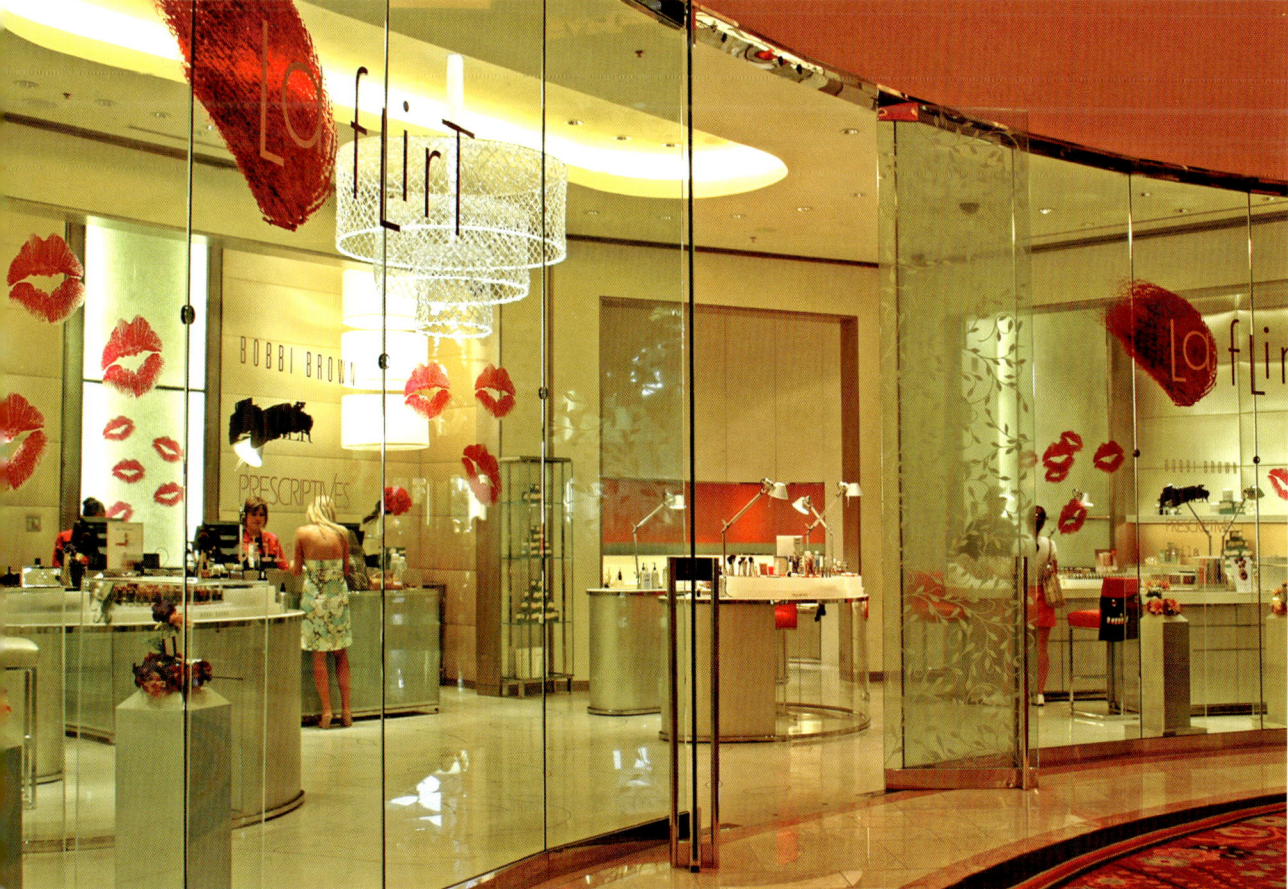

Specialized Shops

11

12

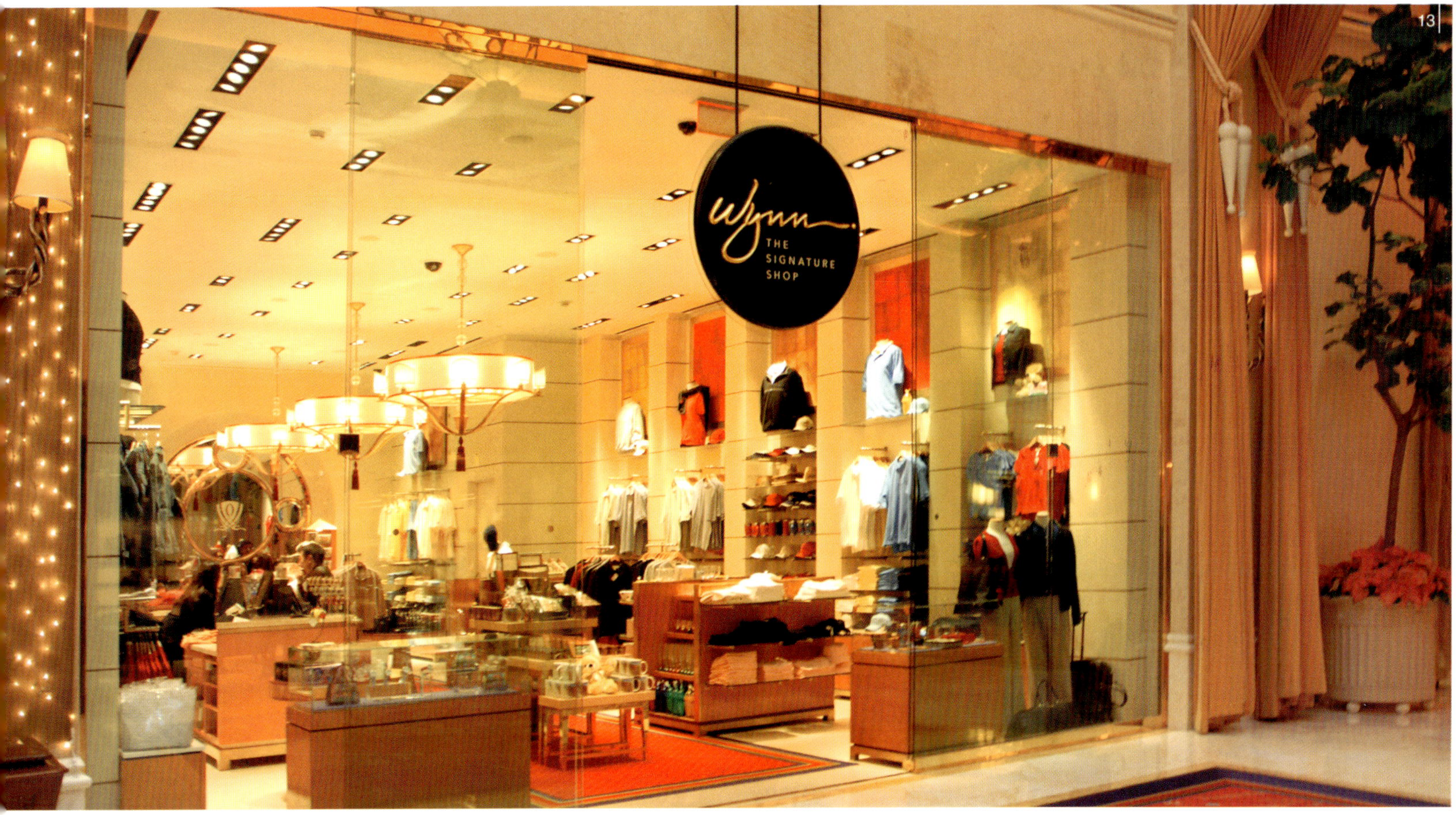

13

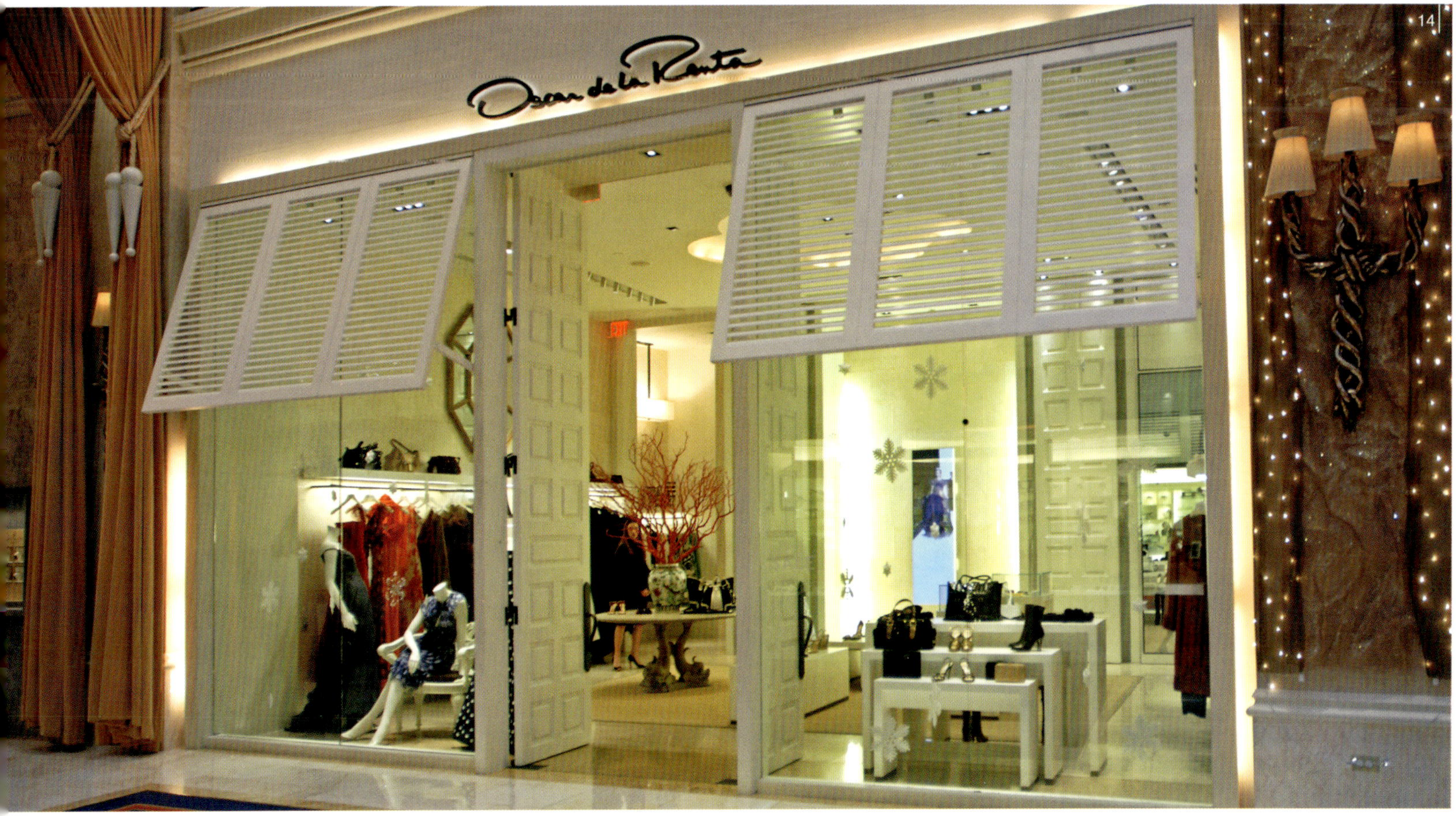

14

Specialized Shops

15

16

Specialized Shops

THE BODY SHOP
16
PURE RADIANCE
PURE RADIANCE

22

NAT SHERMAN
NAT SHERMAN
TOBACCONIST TO THE WORLD
NAT SHERMAN
TOBACCONIST TO THE WORLD

23

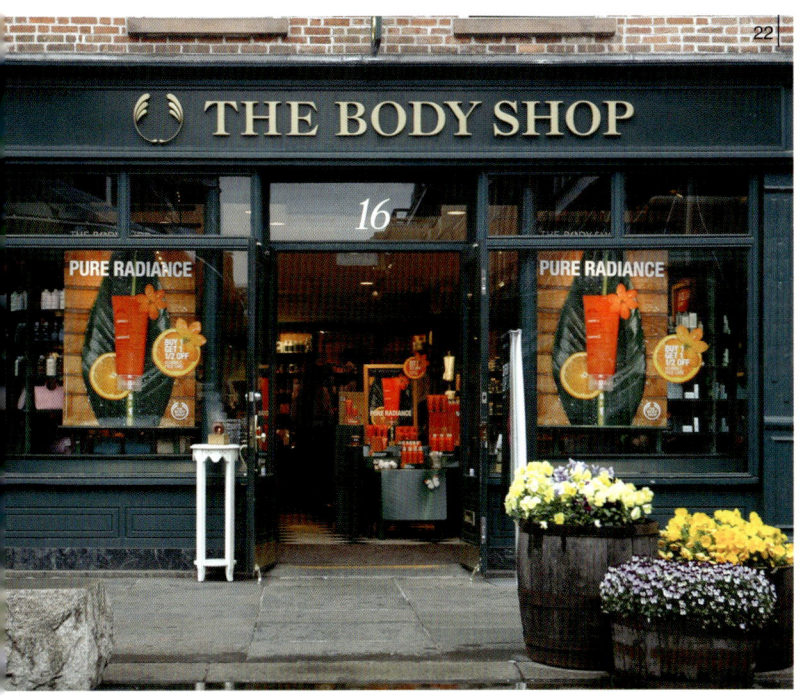

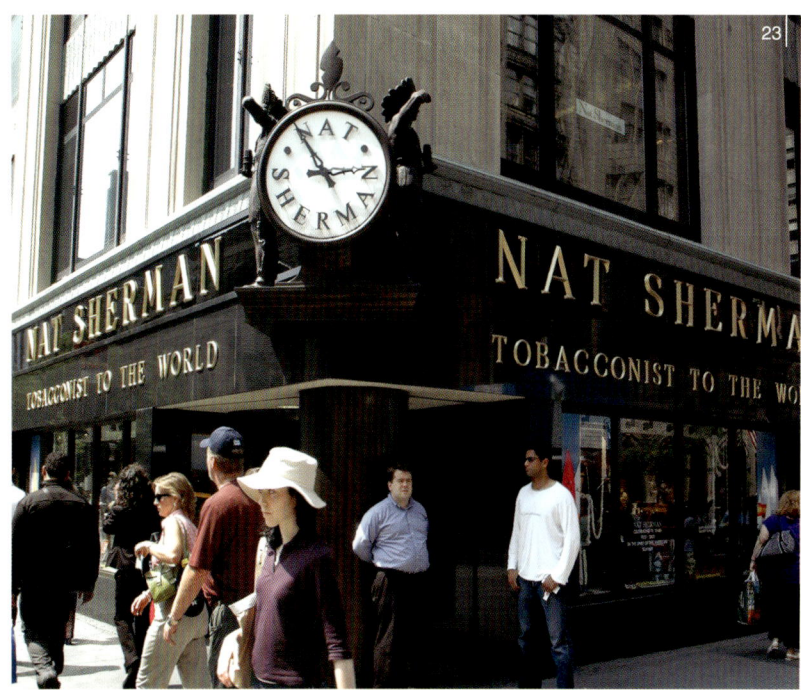

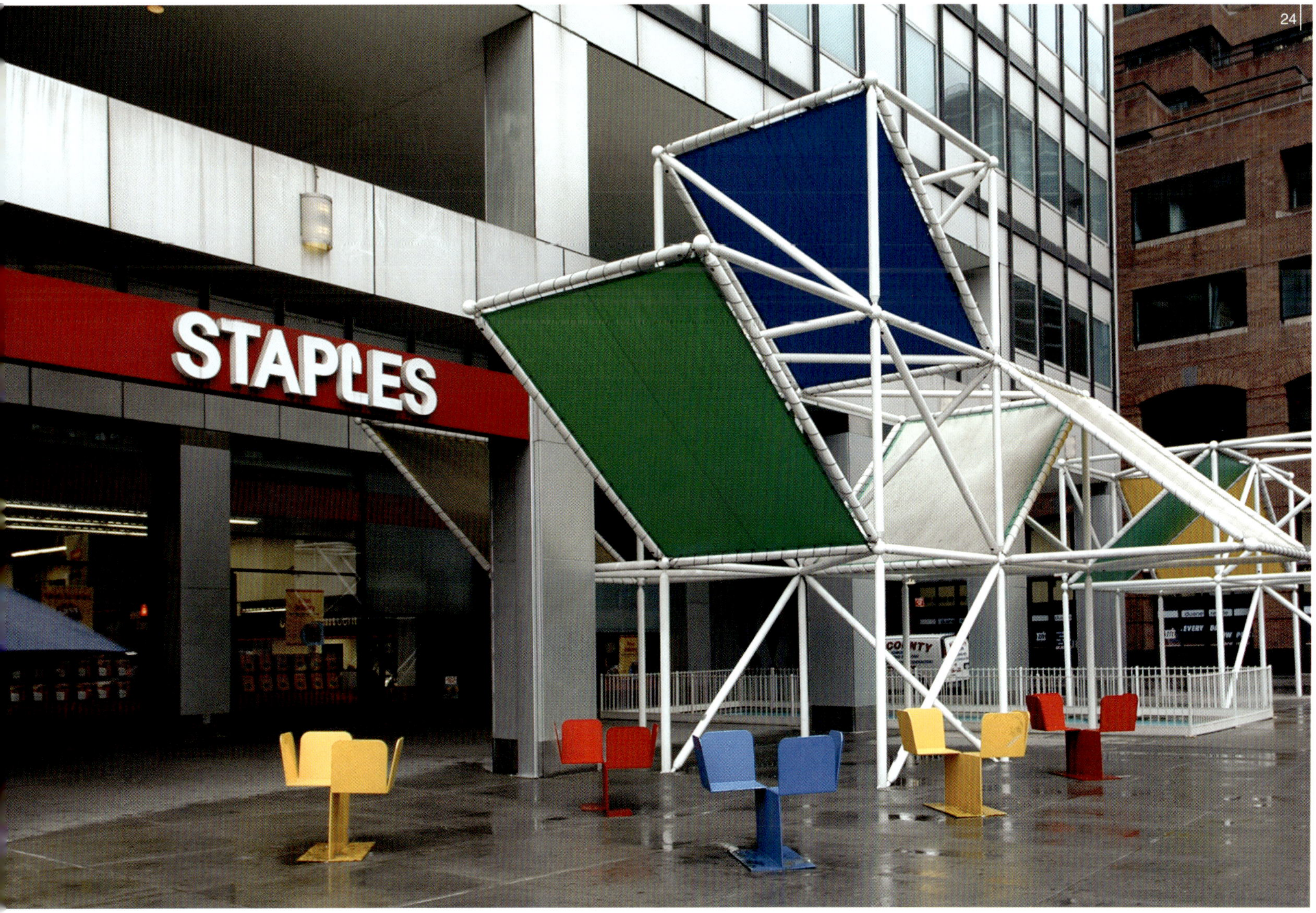
STAPLES

24

Sports Goods

Material deportivo

espacio de una tienda de artículos deportivos americana viene definido por la propia capacidad el negocio y los objetivos del mismo. En general, n local de unos cuarenta metros cuadrados que resente fachada con doble escaparate, se puede onsiderar adecuado, ya que es capaz de mostrar a imagen de marca del establecimiento. Muchas tiendas de artículos deportivos americanas omercializan artículos de primera calidad de arcas como Nike y Adidas. El diseño de la tienda ebe en consecuencia estar a la altura de dicha alidad. Un diseño integrado y actual no sólo esalta la prominencia de los productos sino que l mismo tiempo es la forma más adecuada de ejorar la imagen del propio establecimiento.

público tiene ídolos deportivos y desea ser como llos. Las tiendas de artículos deportivos provechan esta situación para transmitir formación a sus clientes. Los ídolos destilan un otente flujo de inspiración psicológica, a través e la cual los responsables de las marcas mejoran a imagen de sus productos, refuerzan su redibilidad y aumentan su capacidad de ersuasión. Los ídolos pueden ser estrellas del útbol, profesionales de pistas y canchas, heroínas e la competición o campeones mundiales y la lección de cada uno de ellos debe concordar on los gustos y tendencias de la marca.

a publicidad en el deporte hace hincapié en los spectos más estéticos. En primer lugar, la aparición e una figura es crucial debido al fuerte impacto ue genera entre el público. En segundo lugar, la escripción psicológica debe enfocarse de tal anera que explore sutilmente la belleza interior el protagonista. Finalmente, esa misma descripción ebe enfatizar la sensación de dinamismo ya que través del movimiento pueden mostrarse las aracterísticas emocionales de las personas.

Articoli sportivi

Lo spazio di un negozio di articoli sportivi americano viene definito dalla capacità e dagli obiettivi del negozio stesso. In generale, si può considerare adeguato un locale di quaranta metri quadrati che presenti una doppia vetrina in facciata, dal momento che è in grado di qualificare l'immagine che caratterizza il negozio.

Molti negozi sportivi americani vendono articoli di marche di grande qualità, come Nike e Adidas. Il design del negozio deve essere una diretta conseguenza del livello di tale qualità. Un progetto integrato e attuale non solo pone in risalto l'importanza dei prodotti, ma allo stesso tempo costituisce la forma più idonea per migliorare l'immagine del locale stesso.

Il pubblico ha dei personaggi-idolo nel campo dello sport, e desidera somigliare loro. I negozi di articoli sportivi colgono questa circostanza per trasmettere informazioni ai propri clienti. Gli idoli costituiscono un potente flusso di ispirazione psicologica, attraverso il quale i responsabili delle marche migliorano l'immagine dei propri prodotti, rafforzano la propria credibilità e aumentano la propria capacità di persuasione. Gli idoli possono essere stelle del calcio, professionisti dei circuiti, eroine da competizione o campioni mondiali, e la scelta di ciascuno di essi deve concordare con i gusti e le tendenze della marca stessa.

La pubblicità sportiva pone particolarmente l'accento sugli aspetti estetici. In primo luogo, la presenza di una figura è determinante, in quanto comporta un forte impatto sul pubblico. In secondo luogo, la descrizione psicologica deve focalizzarsi in maniera da esplorare delicatamente la bellezza interiore del protagonista. Infine, questa stessa descrizione deve enfatizzare la sensazione di dinamismo, tanto più che è anche attraverso il movimento che si possono evidenziare le caratteristiche emotive delle persone.

Matériel sportif

L'espace d'un magasin d'articles de sports américain est défini par la capacité même de la boutique et ses objectifs. En général, un local d'environ 40m^2 qui présente une façade à double vitrine peut être considéré comme adéquat, puisqu'il est capable de montrer l'image de l'établissement. Beaucoup de magasins de sports américains commercialisent des articles de marques de première qualité comme Nike et Adidas. Le design de la boutique doit être par conséquent à la hauteur de cette qualité. Un design intégré et actuel non seulement rehausse la proéminence des produits mais également la forme la plus adaptée afin d'améliorer l'image de l'établissement lui-même. Le public a des idoles sportives et souhaite leur ressembler. Les magasins de sports profitent de cette situation pour transmettre des informations à ses clients. Les idoles subliment un important flux d'inspiration psychologique au travers duquel les responsables des marques améliorent l'image de leurs produits, renforcent leur crédibilité et augmentent leur capacité de persuasion. Les idoles peuvent être des stars du football, des professionnels de course, des héroïnes de la compétition ou champions mondiaux, et le choix de chacun d'eux doit concorder avec les goûts et tendances de la marque.

La publicité dans le sport met en valeur les aspects les plus esthétiques. Dans un premier temps, l'apparition d'une personnalité est cruciale, due au fort impact qu'elle génère dans le public. Dans un second temps, la description psychologique doit se concentrer de telle manière à explorer de manière subtile la beauté intérieure du protagoniste. Finalement, cette même description doit souligner la sensation de dynamisme puisque c'est au travers du mouvement que peuvent se montrer les caractéristiques émotionnelles des personnes.

Sports Goods

The space of an American sports shop is decided by the scope of the business and the management's objectives. Generally speaking, a shop around forty square meters, which has two shop fronts, is appropriate, because it can show the brand image of a sports shop.

Many American sports shops mainly sell high quality goods like Nike and Adidas. The shop design should match the quality of the brands. Fashionable and integrated design not only gives prominence to the goods but also provides a good way to upgrade the image of the shop.

Many people have their sports idols and desire to be like them. Sports shop design takes advantage of this psychology to transmit information to the customers. Idols have a strong sense of psychological inspiration, through whom businessmen can improve the image of products, establish credibility and create persuasiveness. The idols can be football stars, track and field professionals, women heroes and world champions. Who is chosen should be consistent with the type of products on sale.

The greatest importance in sports advertisements are placed upon aesthetic features. First, the appearance of a figure is crucial because it has a strong impact on people. Second, the psychological depiction should be considered to subtly explore internal beauty. Finally, the depiction of movement should also be emphasised, because movement can bring out people's emotions.

Sports goods

01. Los Angeles
02. San Francisco

Sports goods

03

04

Sports goods

07. Los Angeles
08. San Francisco
09. Los Angeles
10. Los Angeles

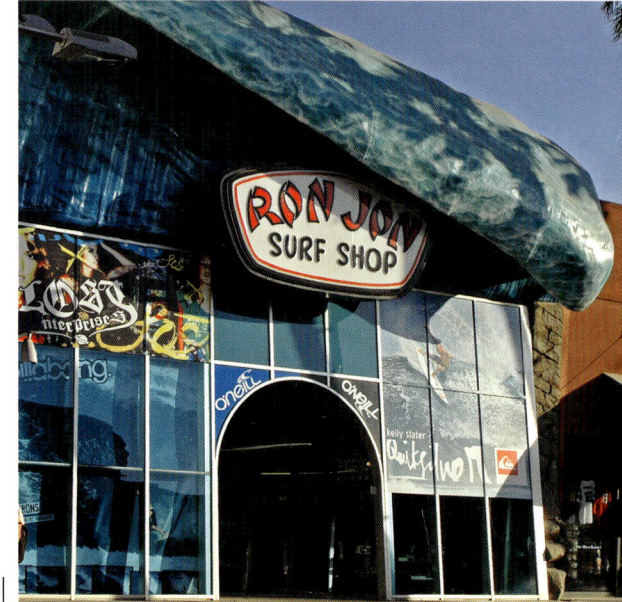

07

08

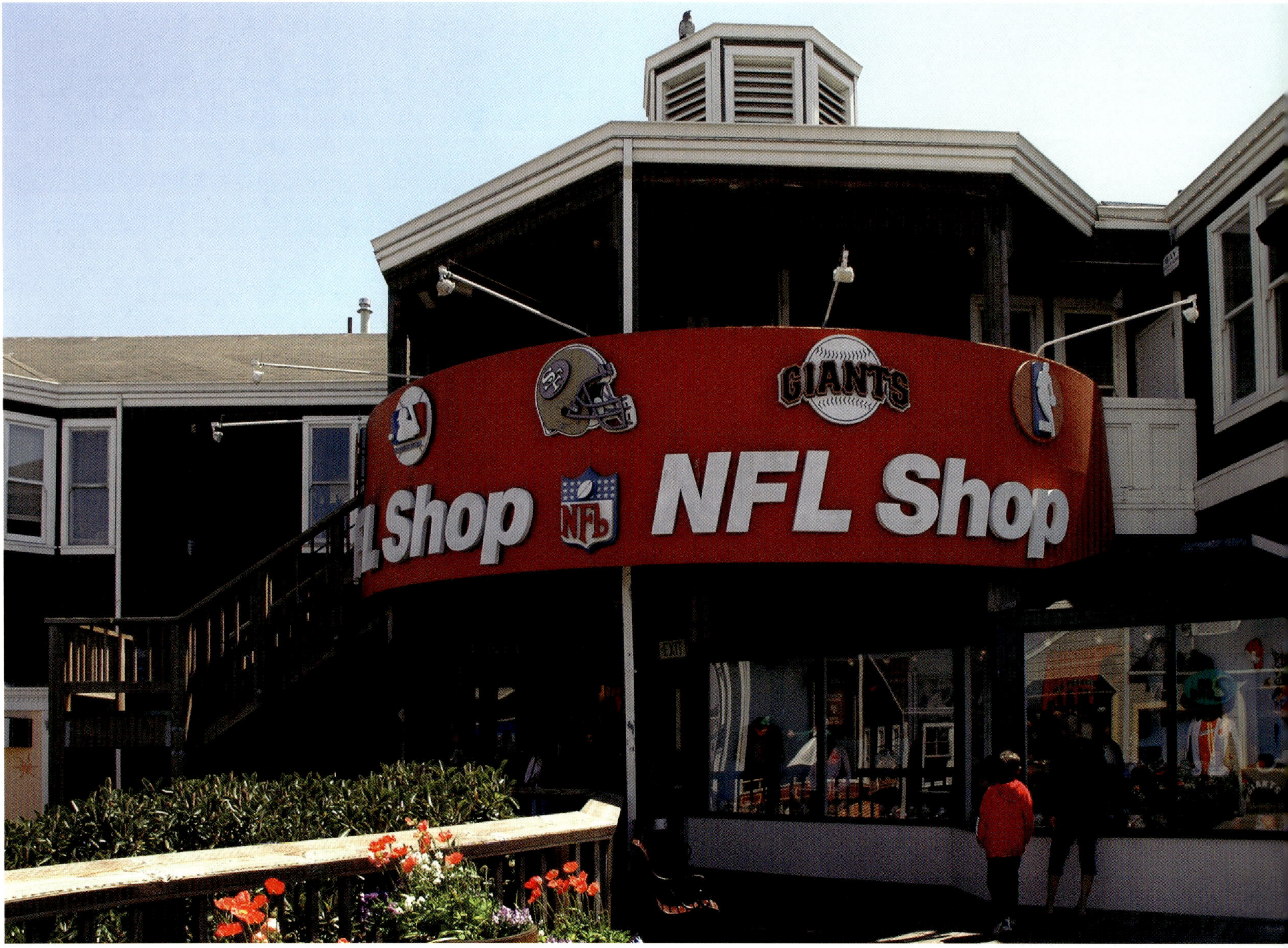

09

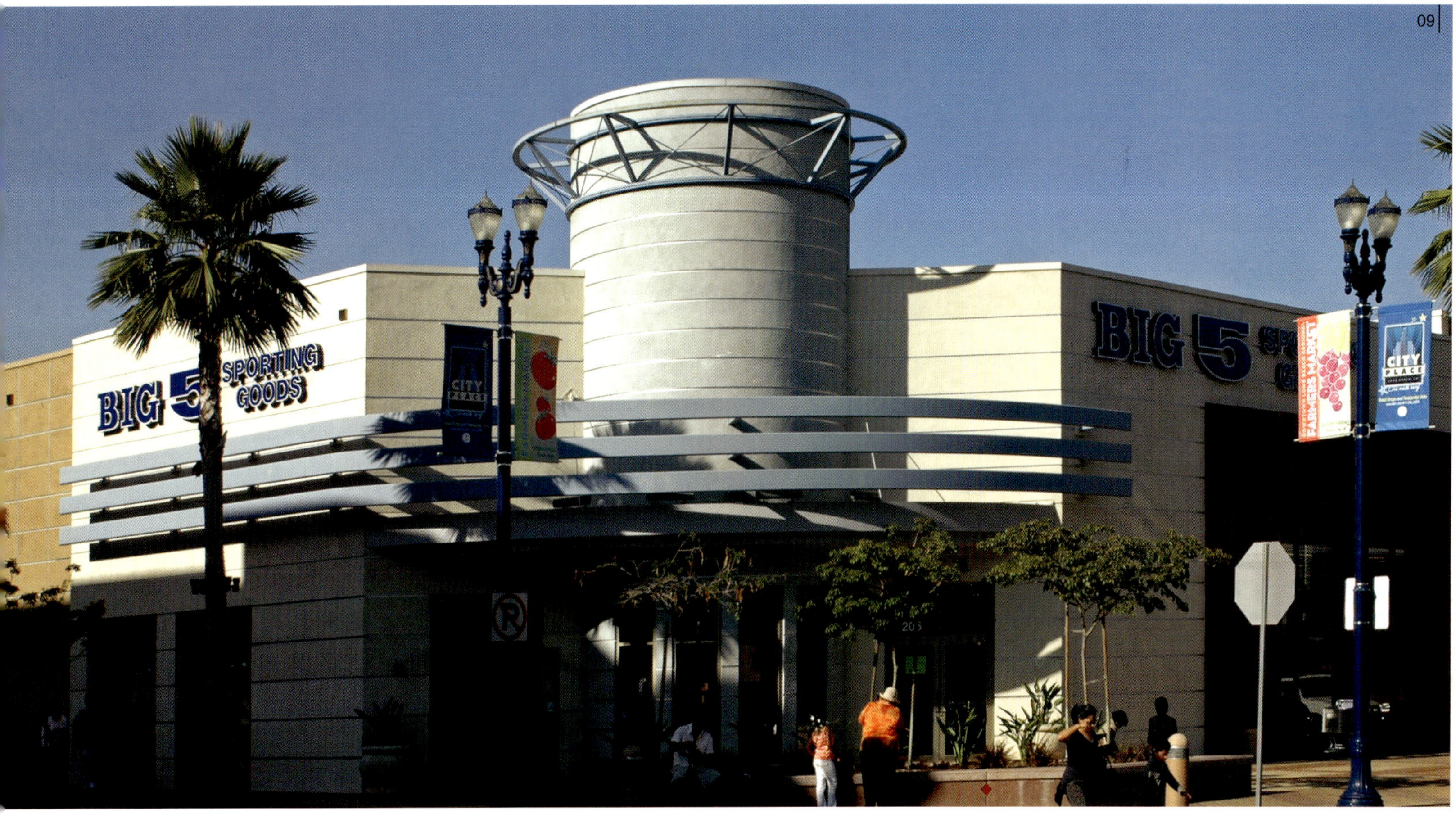

10

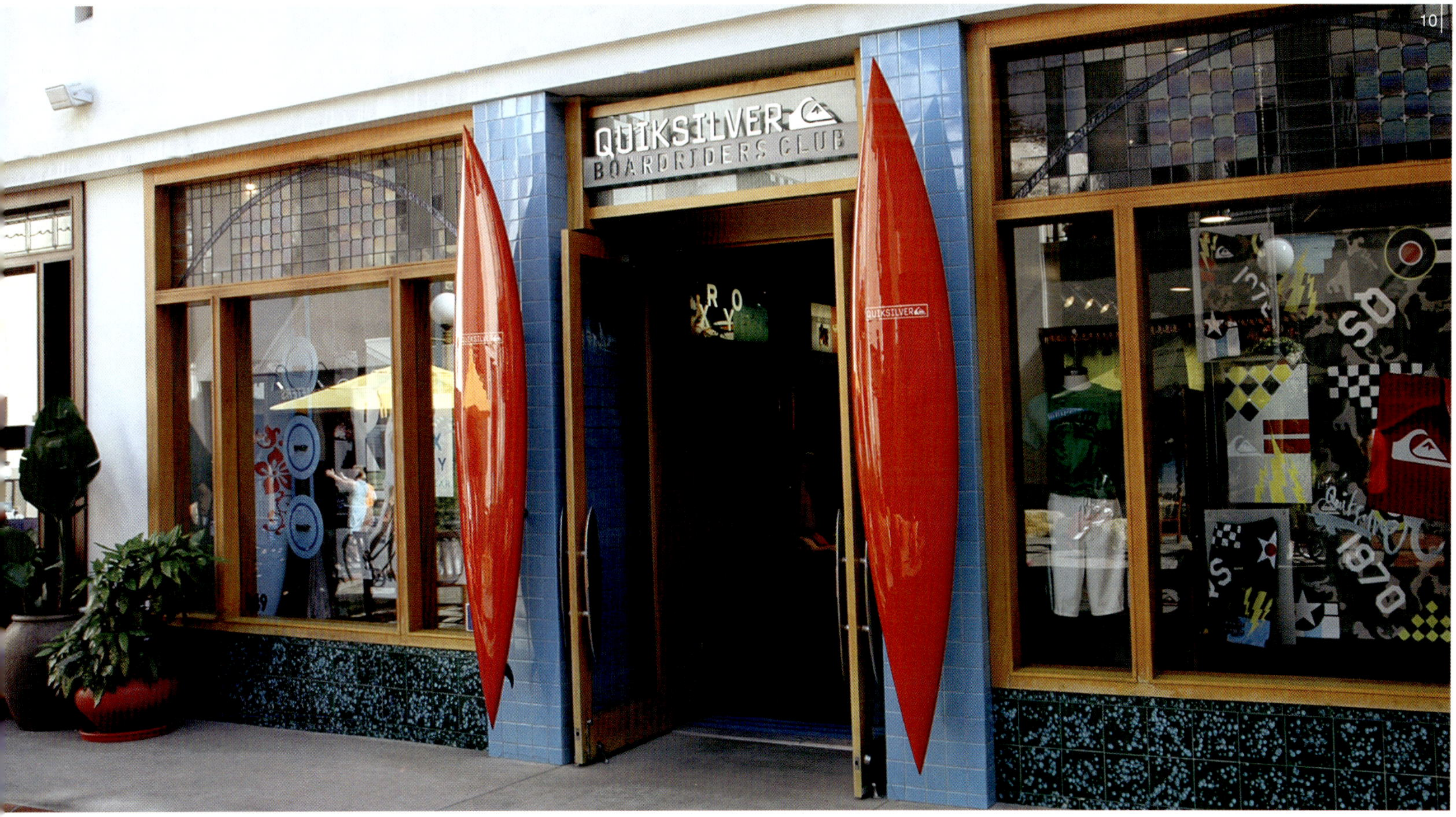

Sports goods

11

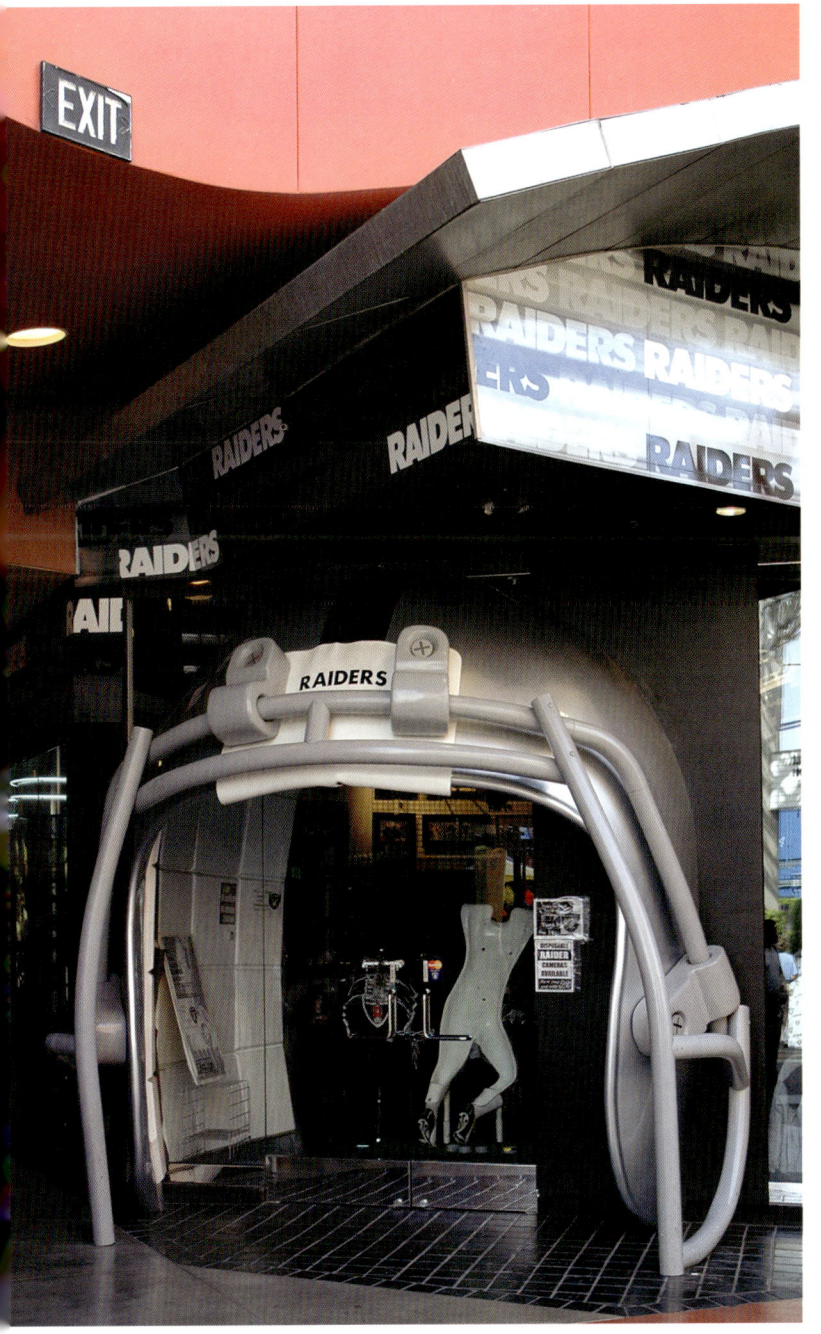

14

Sports goods

Children's Goods

Artículos para niños

da tienda dirigida al público infantil debe onsiderar las siguientes premisas: escaparate ractivo, zona habilitada para juegos y ostrador. Los niños que son sensibles al rojo, el sa y el naranja se sentirán fácilmente atraídos or la diversidad de colores, de modo que el o de dichas tonalidades puede tener un efecto ositivo y modificar la percepción visual del ente. Un azul aplicado en el techo agrandará espacio y un degradado progresivo en la ensidad de los tonos de las paredes ofrecerá a sensación de amplitud. Los cambios de color olicados con mesura son percibidos por los entes como una novedad.

s diseñadores de estos establecimientos juegan n la imaginación para exagerar las cualidades características de los productos. Una tienda oncebida en un idílico entorno de cuento de adas puede estimular el deseo de consumir por rte tanto de los niños como de sus padres. La ombinación de colores cálidos con una minación suave hará que los clientes se sientan ómodos en el local.

n el fin de atraer la atención de los niños, las chadas de estos establecimientos se decoran n personajes de dibujos animados, pues es un ublico que se siente cómodo en presencia de osas que les resultan familiares. Y son ecisamente los personajes de dibujos nimados, atractivos y vivaces, lo que los niños mpre esperan ver.

Articoli per bambini

Ogni negozio rivolto al pubblico infantile deve tener conto delle seguenti premesse: vetrina accattivante, area per il gioco e bancone. I bambini, che sono sensibili al rosso, al rosa e all'arancione, si sentiranno facilmente attirati dalla varietà dei colori, tanto che l'uso di queste tonalità può avere un effetto senza dubbio positivo e modificare la percezione visiva del cliente. Il blu applicato sul soffitto ingrandisce lo spazio e un chiaroscuro progressivo nell'intensità delle tonalità sulle pareti offre una sensazione di vastità. I cambiamenti di colore applicati con criterio sono percepiti dai clienti come un novità.

I designer di questi negozi giocano con l'immaginazione per esaltare le qualità e le caratteristiche dei prodotti. Un locale concepito come l'ambientazione fantastica di un racconto di fate può suscitare il desiderio all'acquisto, sia da parte dei bambini che da parte dei genitori. La combinazione di colori caldi con un'illuminazione diffusa farà sì che i clienti si sentano accolti e si trovino a proprio agio.

Con lo scopo di attirare l'attenzione dei bambini, le facciate di questi negozi vengono decorate con personaggi dei cartoni animati, così che il pubblico si senta a proprio agio in presenza di oggetti e personaggi familiari. Sono proprio i personaggi dei cartoni animati, allegri e vivaci, che attirano sempre l'attenzione dei bambini.

Articles pour enfants

Tout magasin s'adressant à un public infantile doit prendre en compte les éléments suivants : vitrine attractive, zone habilitée pour les jeux et présentoirs. Les enfants, sensibles au rouge, au rose et à l'orange se sentiront facilement attirés par la diversité de couleurs, de forme à ce que l'utilisation de ces tonalités puisse avoir un effet positif et modifie la perception visuelle du client. Un bleu appliqué aux plafonds agrandira l'espace, et un dégradé progressif dans l'intensité des couleurs sur les murs offrira une sensation d'amplitude. Les changements de couleurs appliqués à mesure sont perçus par les clients comme une nouveauté. Les dessinateurs de ces établissements jouent avec l'imagination pour exagérer les qualités et caractéristiques des produits. Une boutique conçue dans un environnement idyllique de conte de fées peut stimuler le désir de consommer de la part des enfants comme des parents. La combinaison des couleurs chaudes avec une illumination douce permettra aux clients de se sentir à l'aise dans l'établissement.

Dans le but d'attirer l'attention des enfants, les devantures de ces établissements sont décorées avec des personnages de dessins animés, car le public visé se sent à l'aise en présence de choses qui leur paraissent familières. Et ce sont précisément les personnages de dessins animés, attractifs et vivaces, que les enfants espèrent toujours voir.

Children's Goods

Children's shops need to have the following items: show case, playground and counter. Children who are very sensitive to red, pink and orange are easily attracted by different colours, thus using these colours may have a very good effect, and can also change the visual image for the customer. A blue ceiling enlarges the space and the gradually shoaling of the colour on the walls gives a feeling of vastness. Customers may also find that the changing colours have a novel effect.

In a very effective way, children's shop design uses the imagination to exaggerate the quality and features of the products. A shop full of atmosphere of fairy tales and romance can stimulate both children and parents to consume. Warm colours, together with soft lighting, makes customers feel comfortable.

Cartoons are employed on the door of children's shops as a way to attract customers' attention. The familiarity makes people feel more at home. Interesting and lively cartoons are what children always hope to see.

Children Goods

Children Goods

03

04

05

06

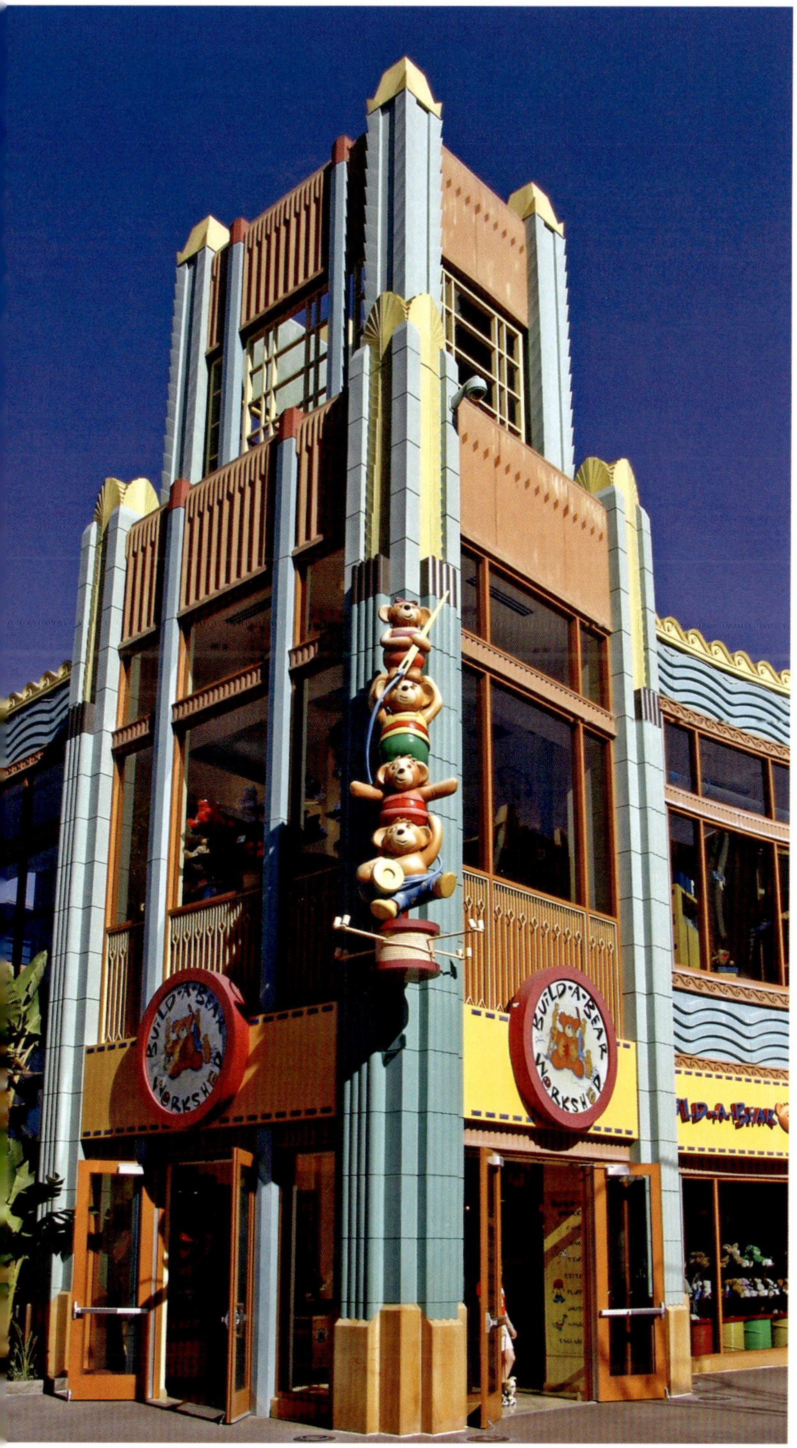
BUILD-A-BEAR WORKSHOP
BUILD-A-BEAR WORKSHOP

07

ANIMAL COUNTRY
ANIMAL COUNTRY

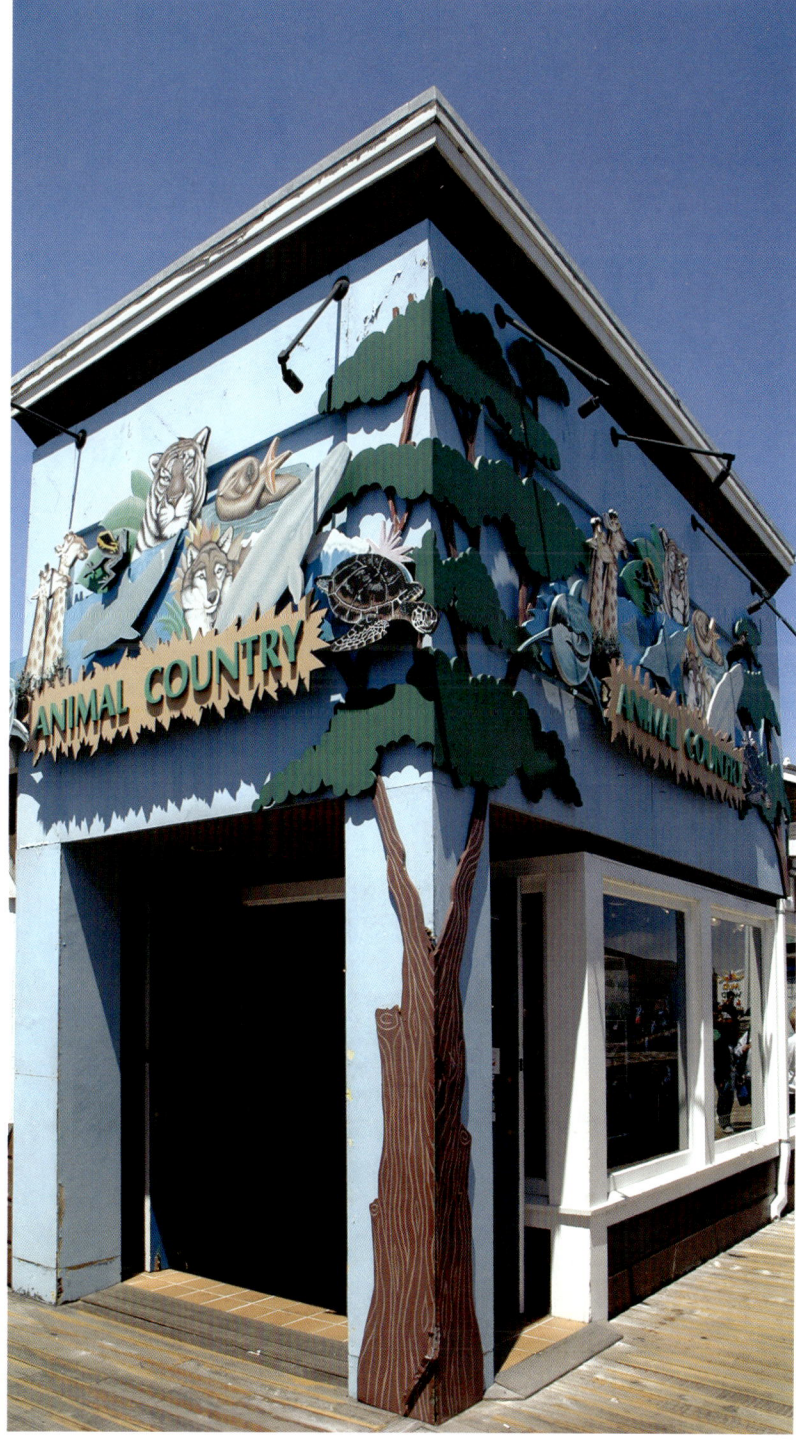

Children Goods

09

DISNEY STORE
POWELL
ONE WAY

10

Discounted
Admission
Under 48"
CHECK HERE!
48"
36"
24"
12"

11

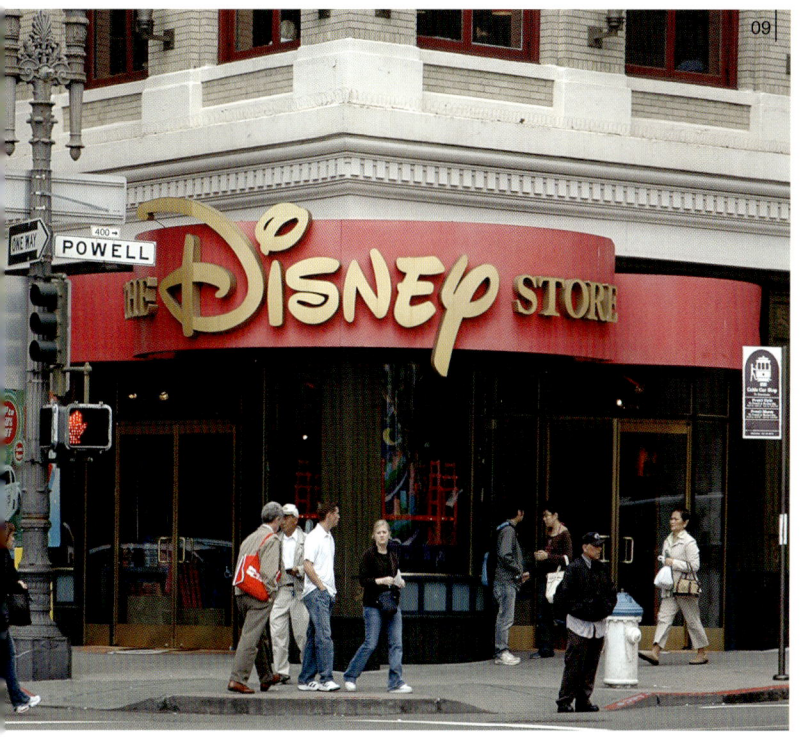

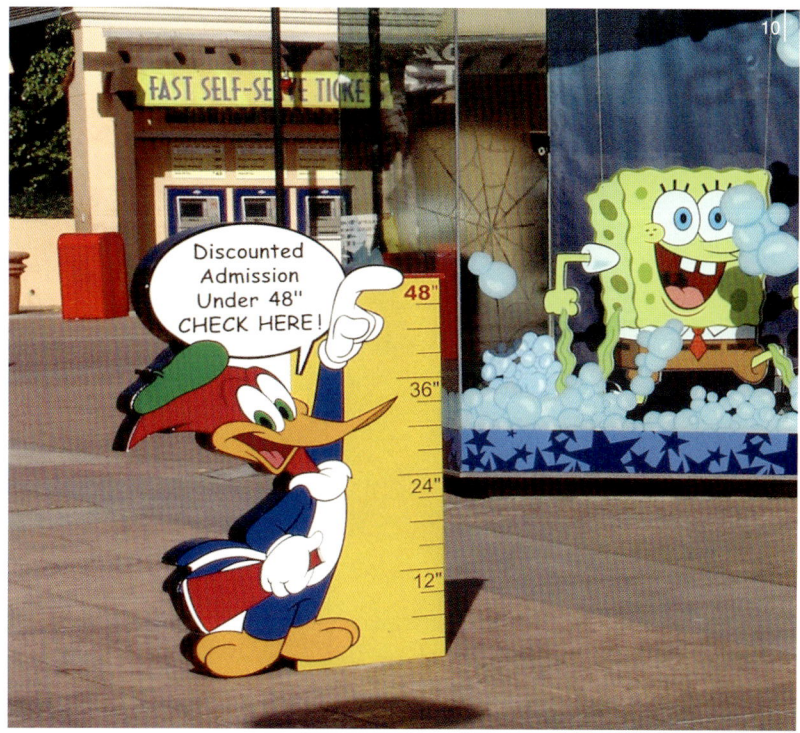

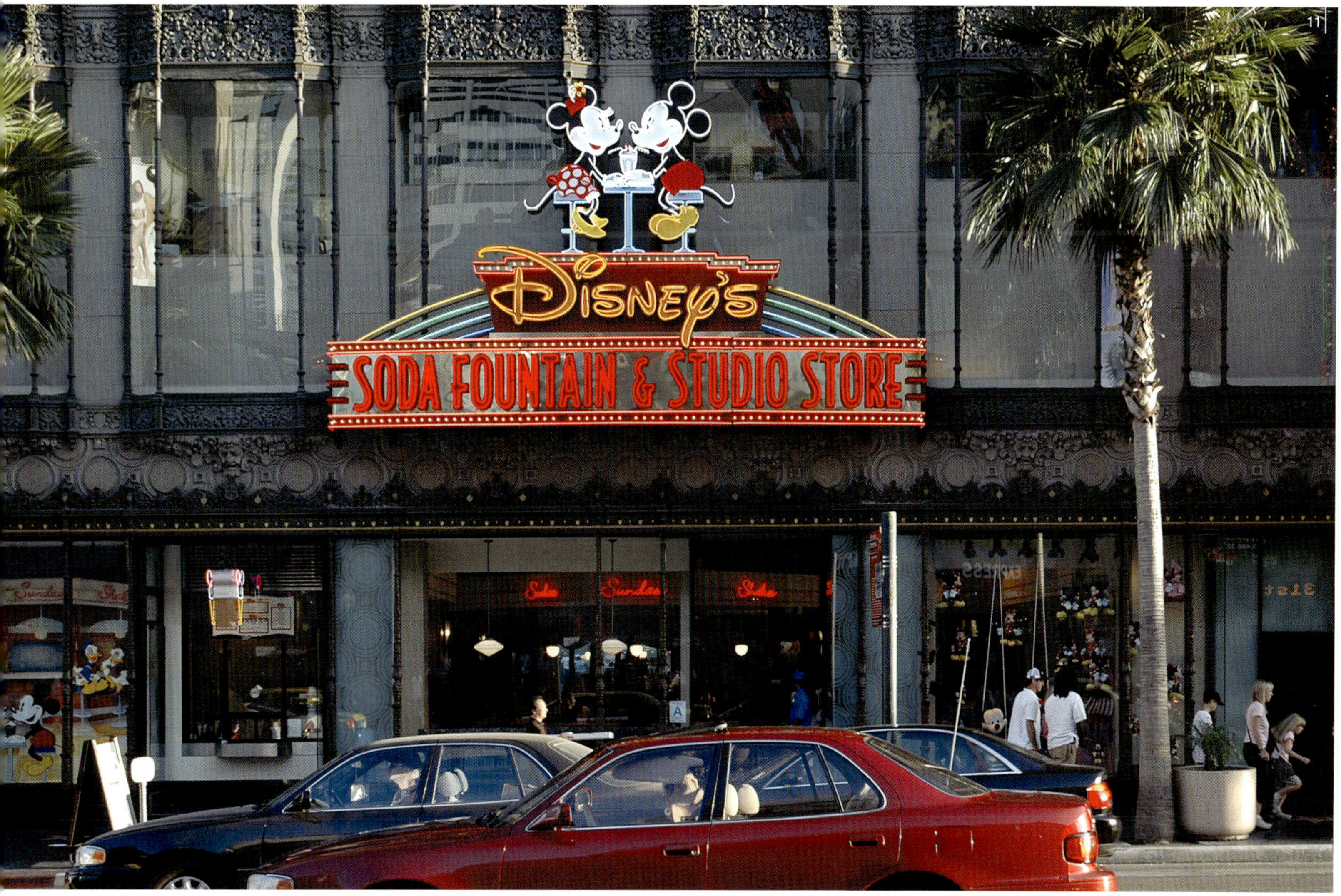
Disney's
SODA FOUNTAIN & STUDIO STORE

16

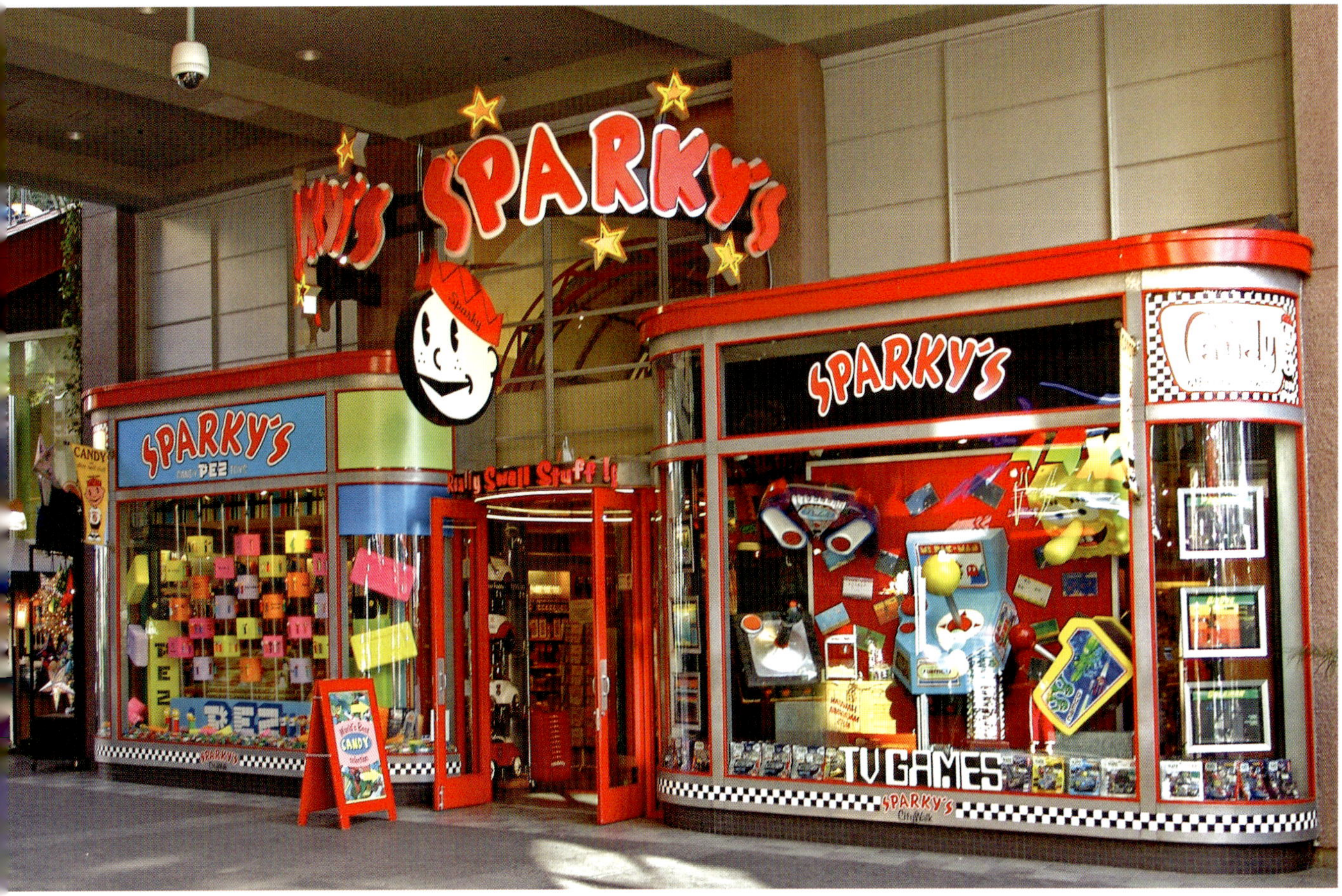
SPARKY'S
SPARKY'S
SPARKY'S
TV GAMES
18

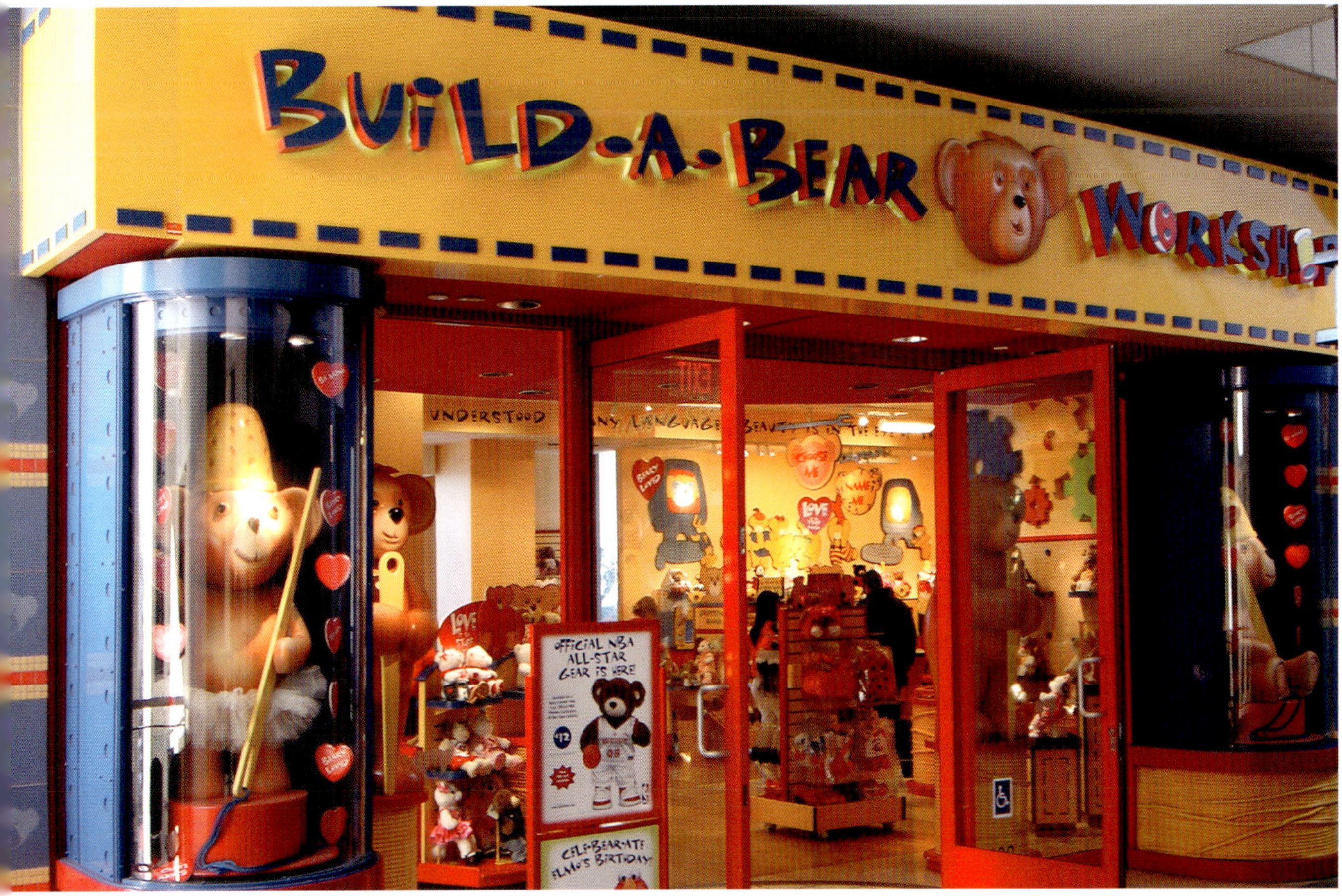
BUILD-A-BEAR
OFFICIAL NBA ALL-STAR GEAR IS HERE
19

Children Goods

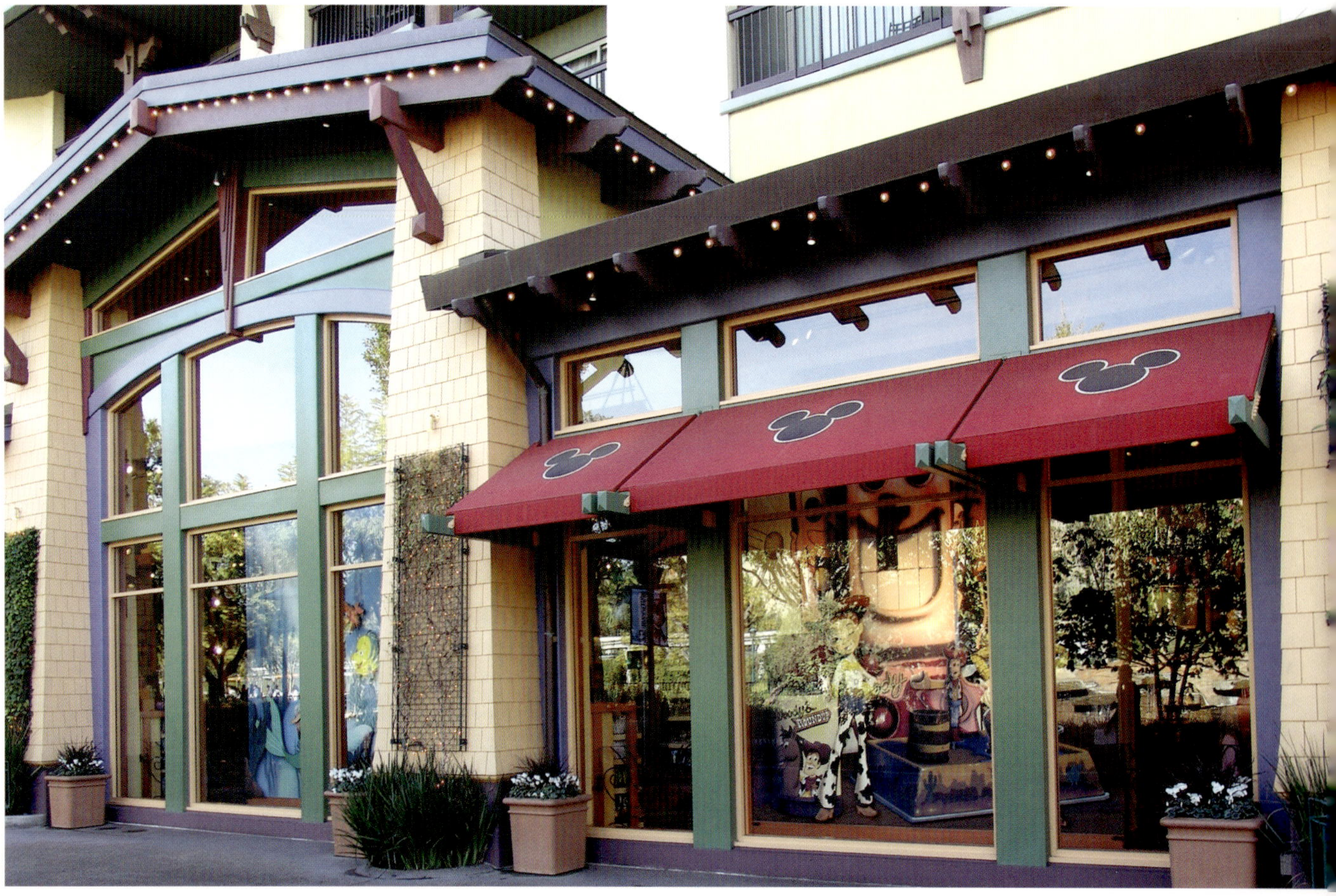

20

HORTON TOY

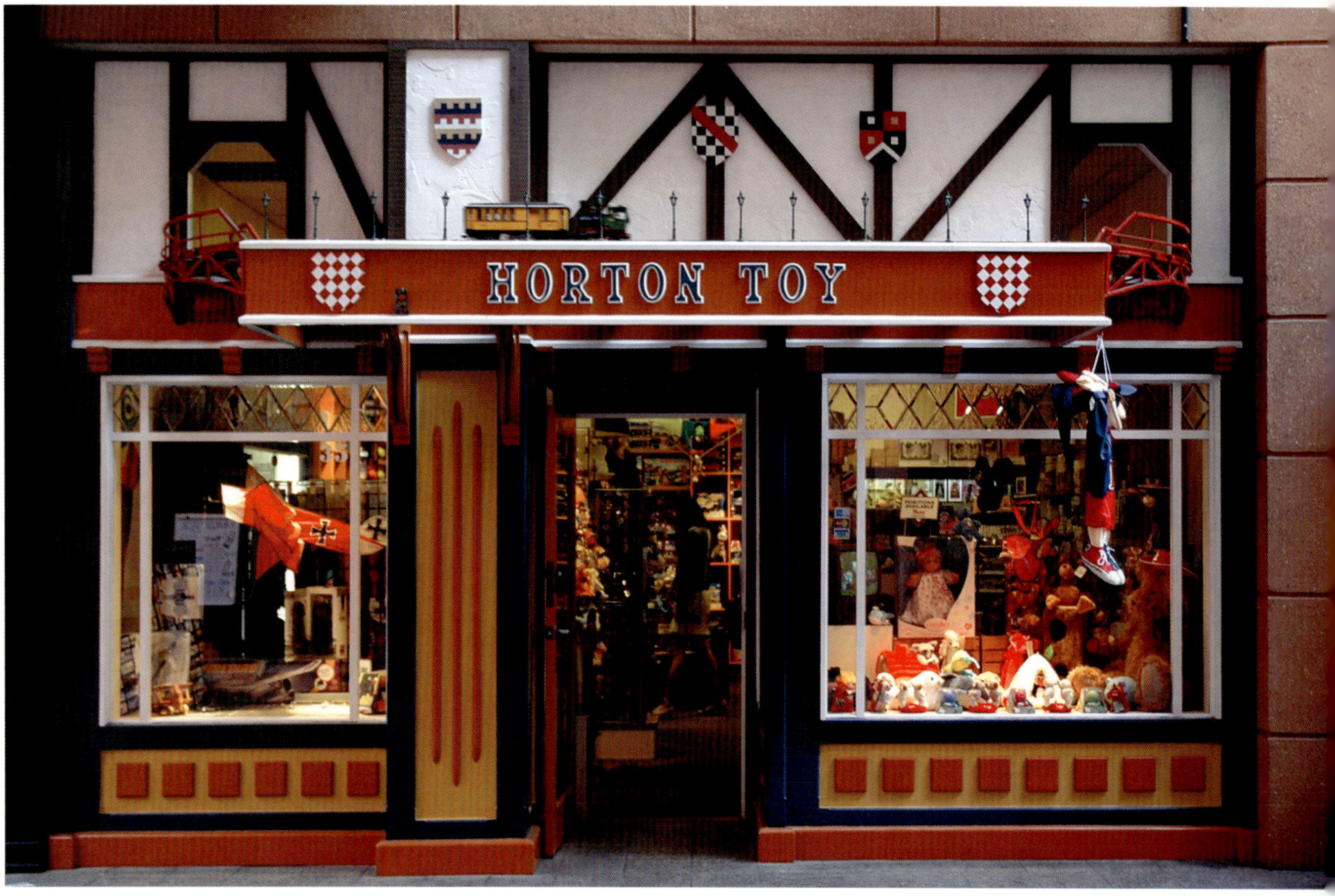

21

Children Goods

23. San Francisco
24. Los Angeles
25. Los Angeles
26. San Francisco
27. Las Vegas
28. San Francisco

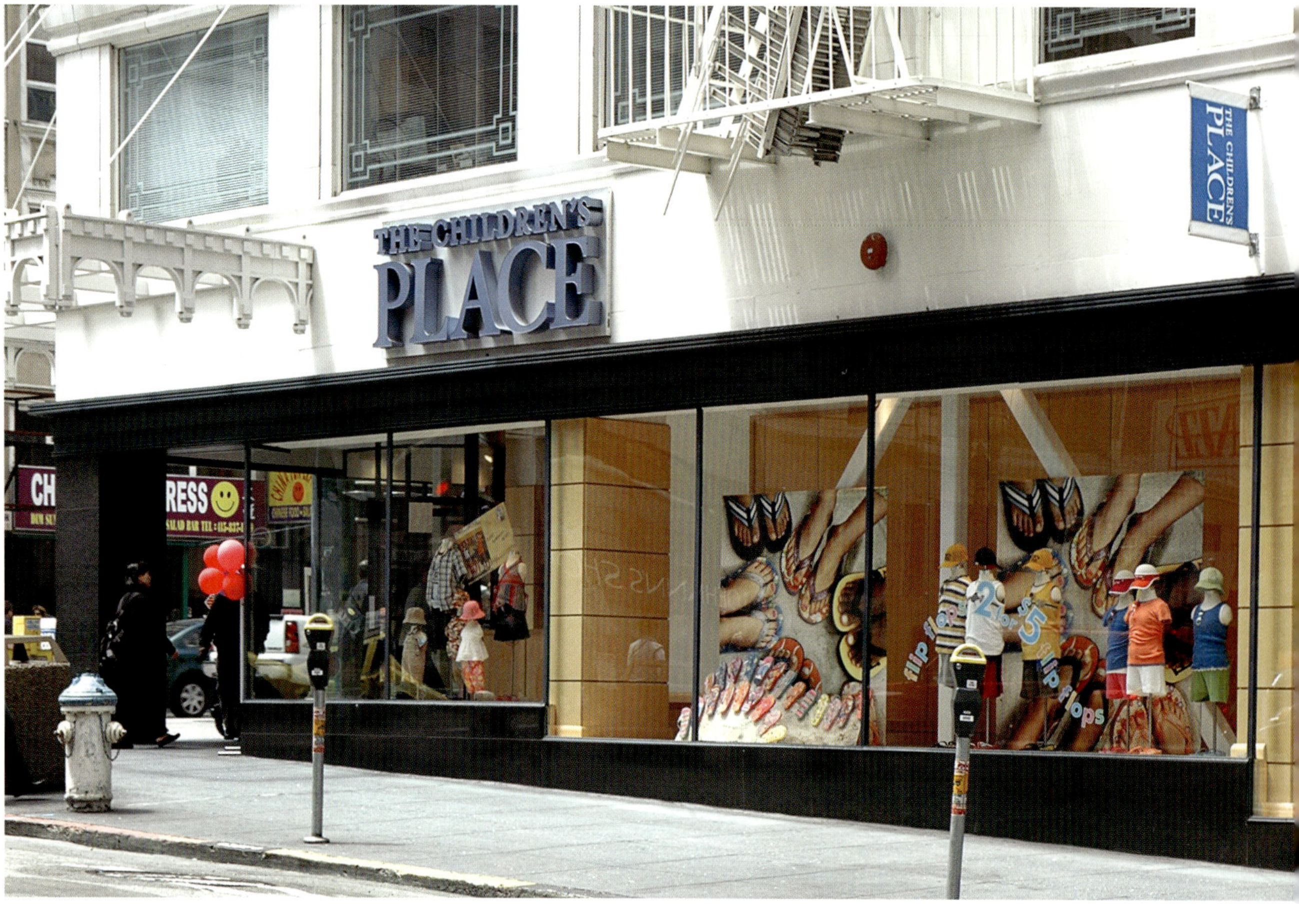

23

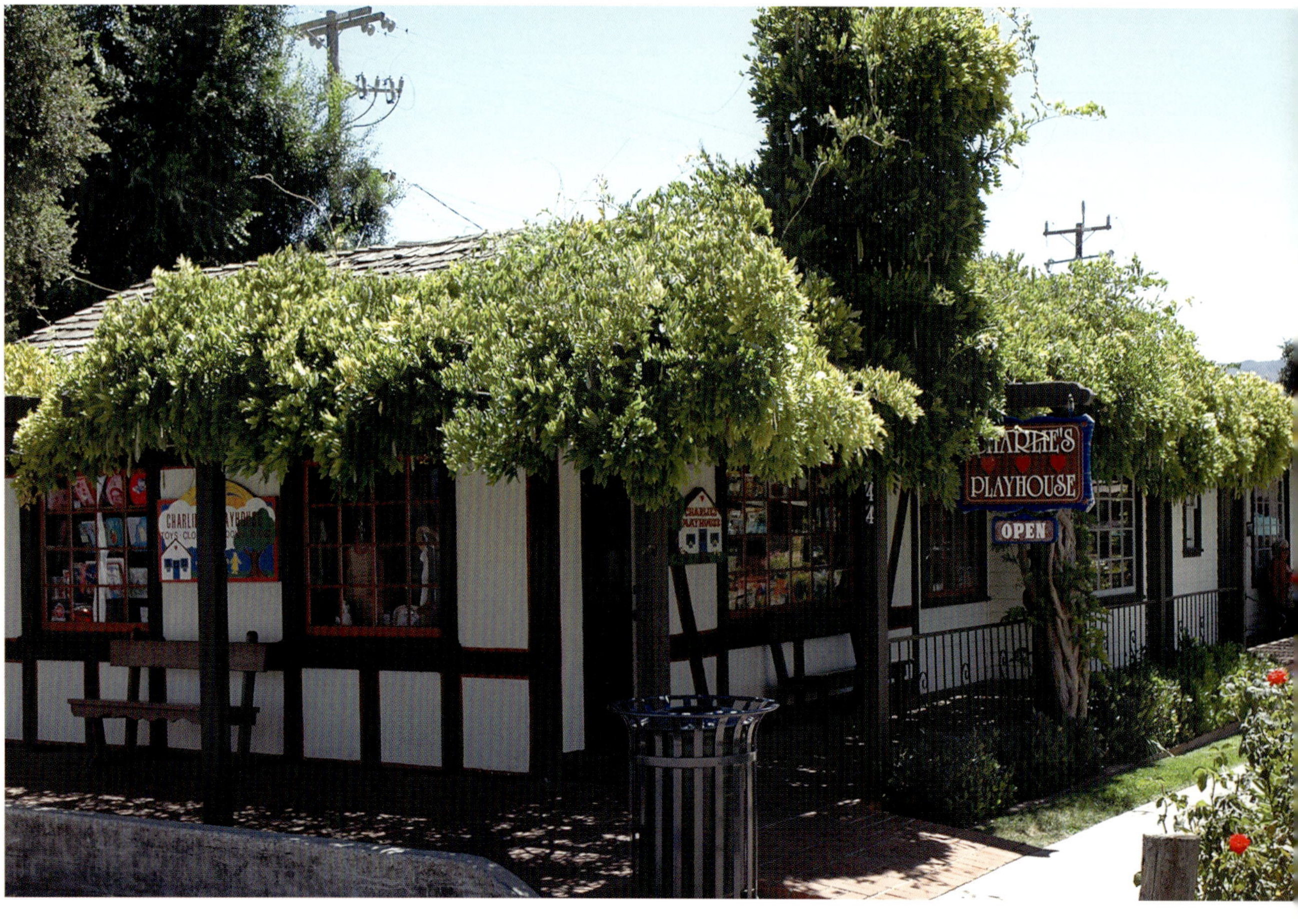

24

25

26

27

28

Bank Facades

Fachadas de bancos

Muchos bancos americanos están situados en rascacielos o en edificios a pie de calle diseñados siguiendo un modelo cerrado y con materiales protectores que proporcionan a sus fachadas un aspecto de seguridad. Los materiales modernos se utilizan razonablemente y en general las fachadas resultan transparentes. Los elementos modernos y clásicos debidamente combinados, transmiten una sensación de modernidad y de clásica solemnidad.

Facciate di banche

Molte banche americane sono situate in grattacieli o in edifici a livello della strada progettati seguendo un modello chiuso e con materiali protettivi che conferiscono alle facciate un aspetto di grande sicurezza. I materiali moderni vengono utilizzati in maniera razionale e in generale le facciate risultano trasparenti. Elementi moderni e classici, debitamente combinati, trasmettono una sensazione di modernità e di classica solennità.

Devantures de banques

De nombreuses banques américaines sont situées dans des gratte-ciels ou dans des bâtiments au rez-de-chaussée, dessinées suivant un modèle fermé avec des matériaux protecteurs qui donnent à leurs devantures un caractère sécurisé. Les matériaux modernes s'utilisent raisonnablement et pour cela les devantures sont en général transparentes. Les éléments modernes et classiques correctement combinés transmettent une sensation de modernité et de solennité classique.

Bank Facades

Many banks in America are located in skyscrapers or on the sides of streets, thus a closed pattern and protective materials are often used as the front of banks for the purpose of safety. Modern materials are usually used and the street facades are generally transparent. The combination of modern and classical elements evokes a feeling of modern fashion and classical sobriety.

Service Industry

01

Service Industry

05

06

Service Industry

10. New York
11. New York
12. San Francisco
13. Los Angeles

10

11

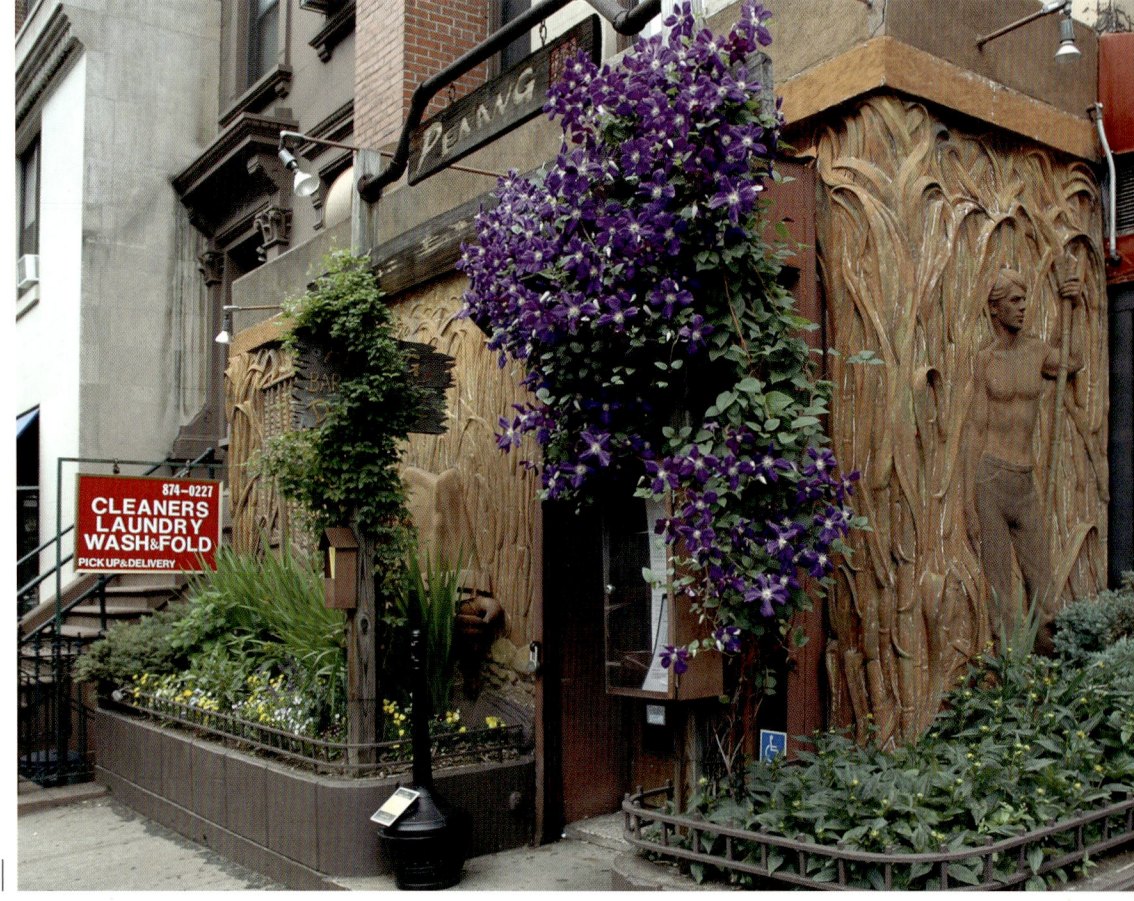

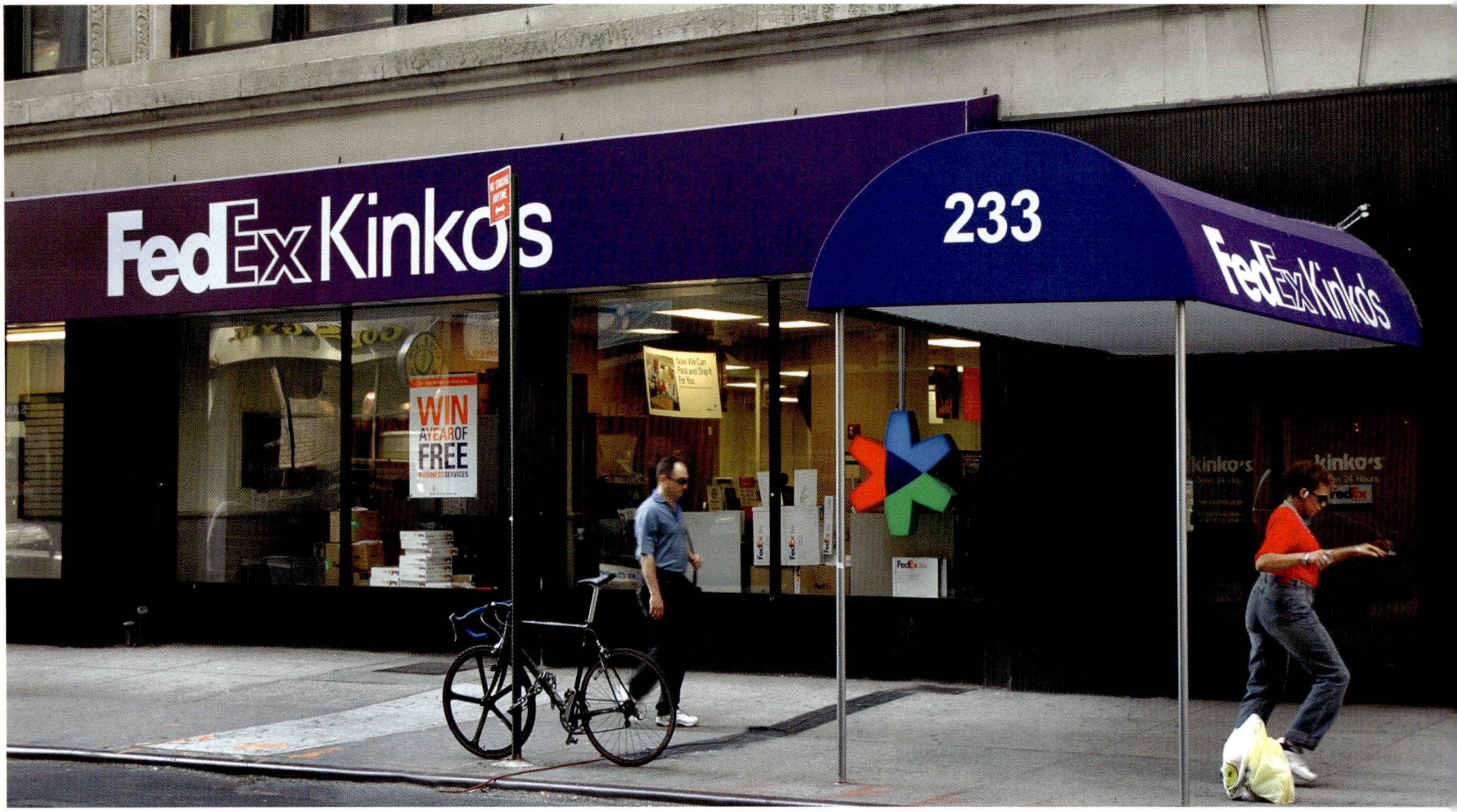

12

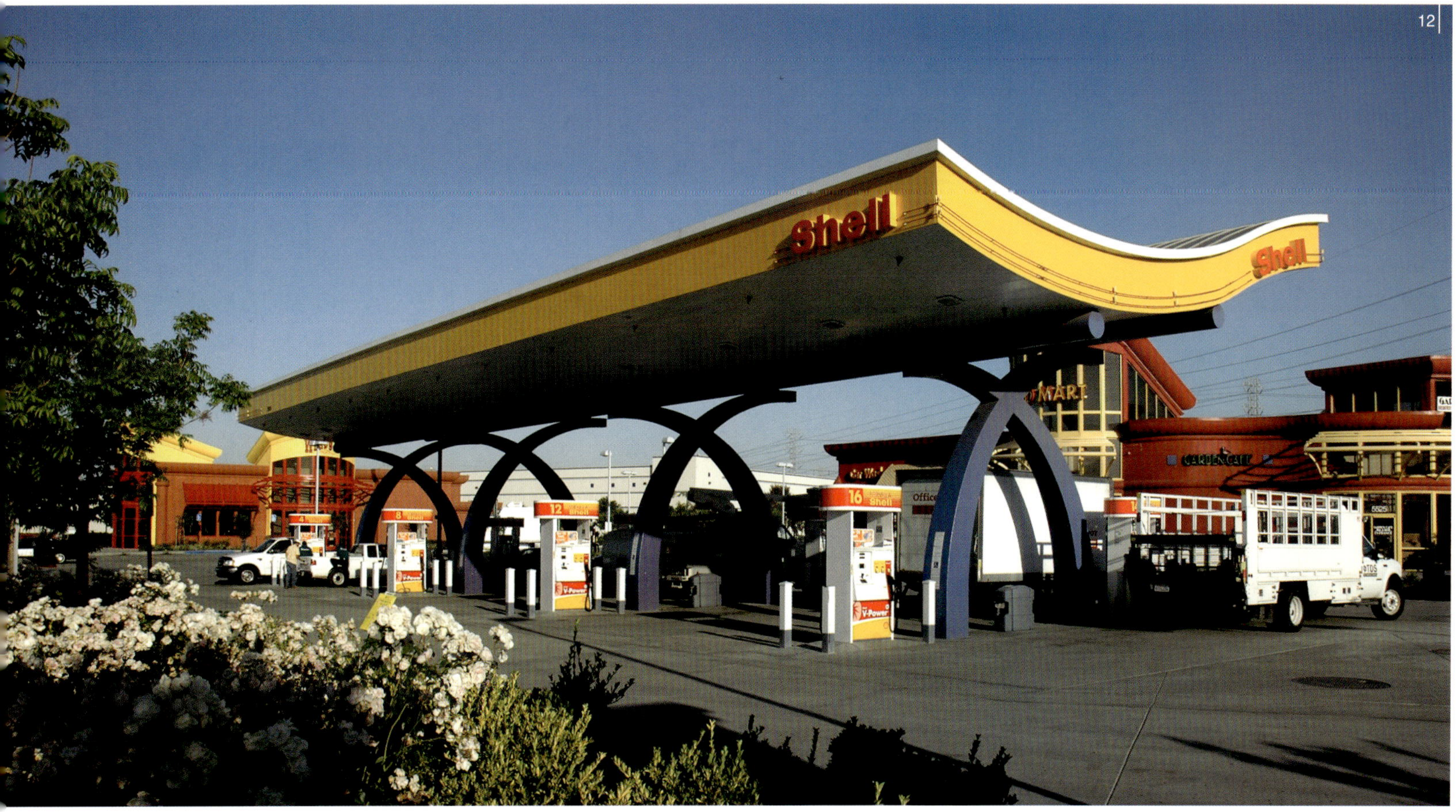

13

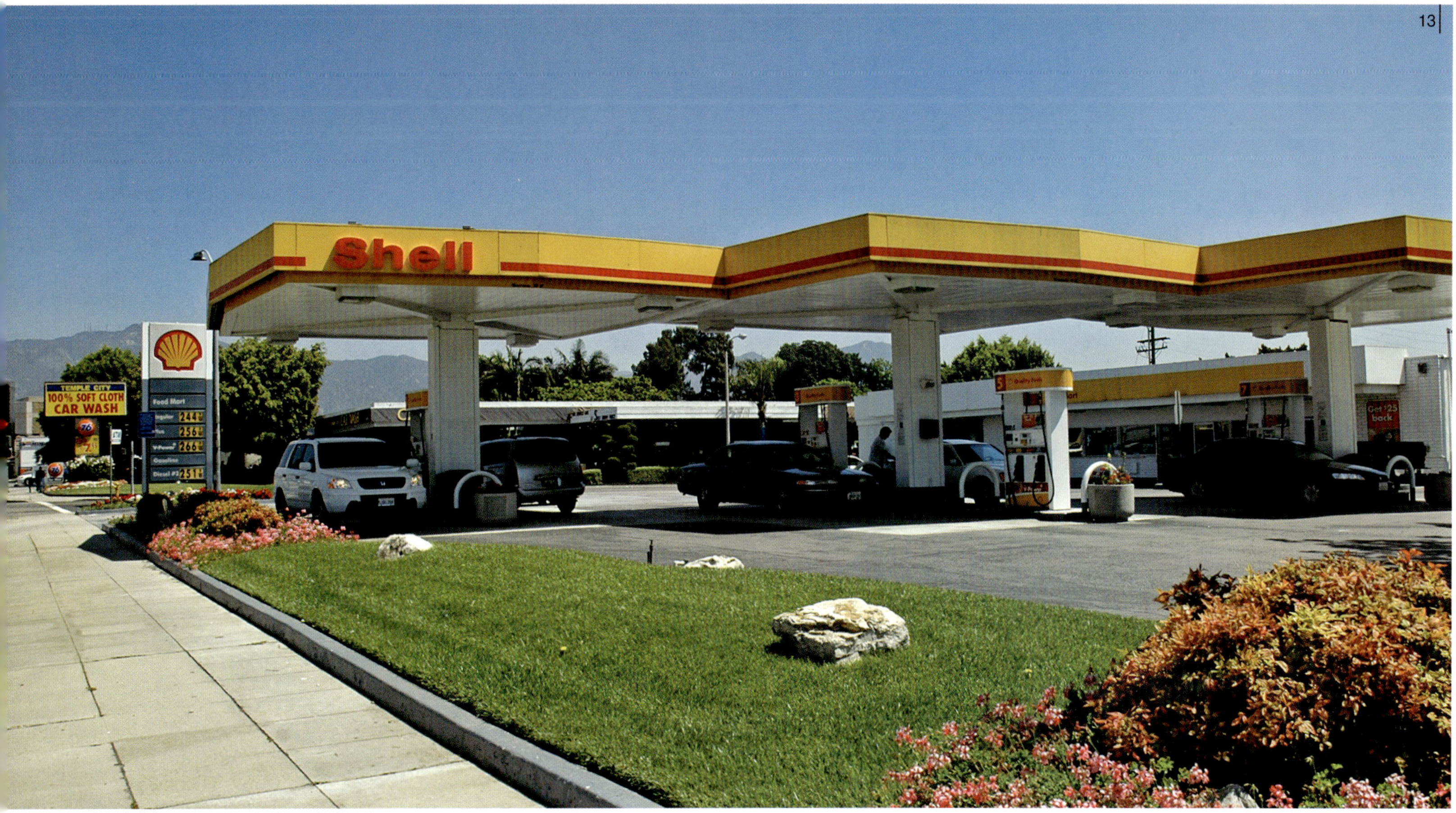

15
71
Sierra Madre
Life Resources
Diane Widner Webb, M.A., L.M.F.T.
Vicki Chelsvig Ewing, M.A., L.M.F.T.
Bette Ozburn, M.S., L.M.F.T.
Mary F. Reynolds, M.S., RD

16
VILLA ROMANA
TRATTORIA
VILLA ROMANA RESTAURANT
BEACH
BROADWAY

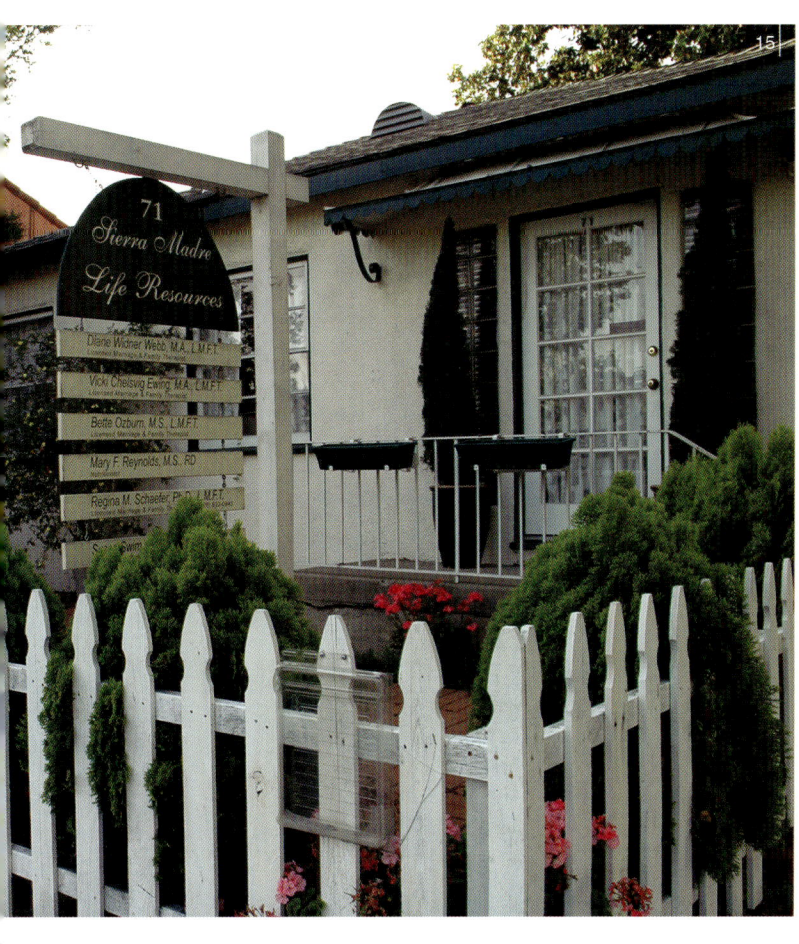

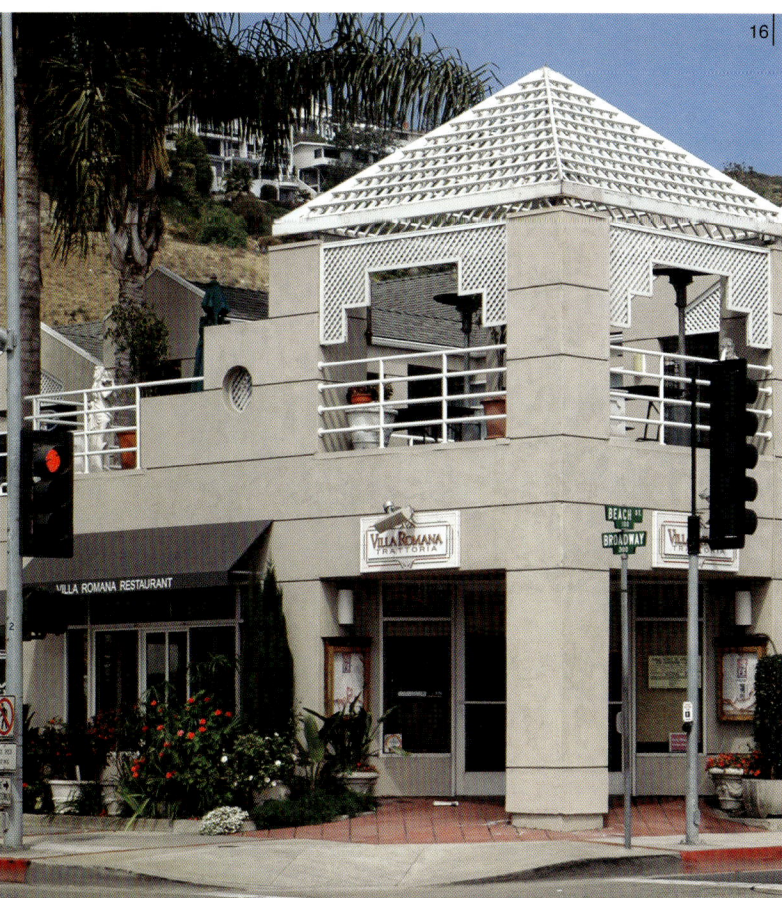

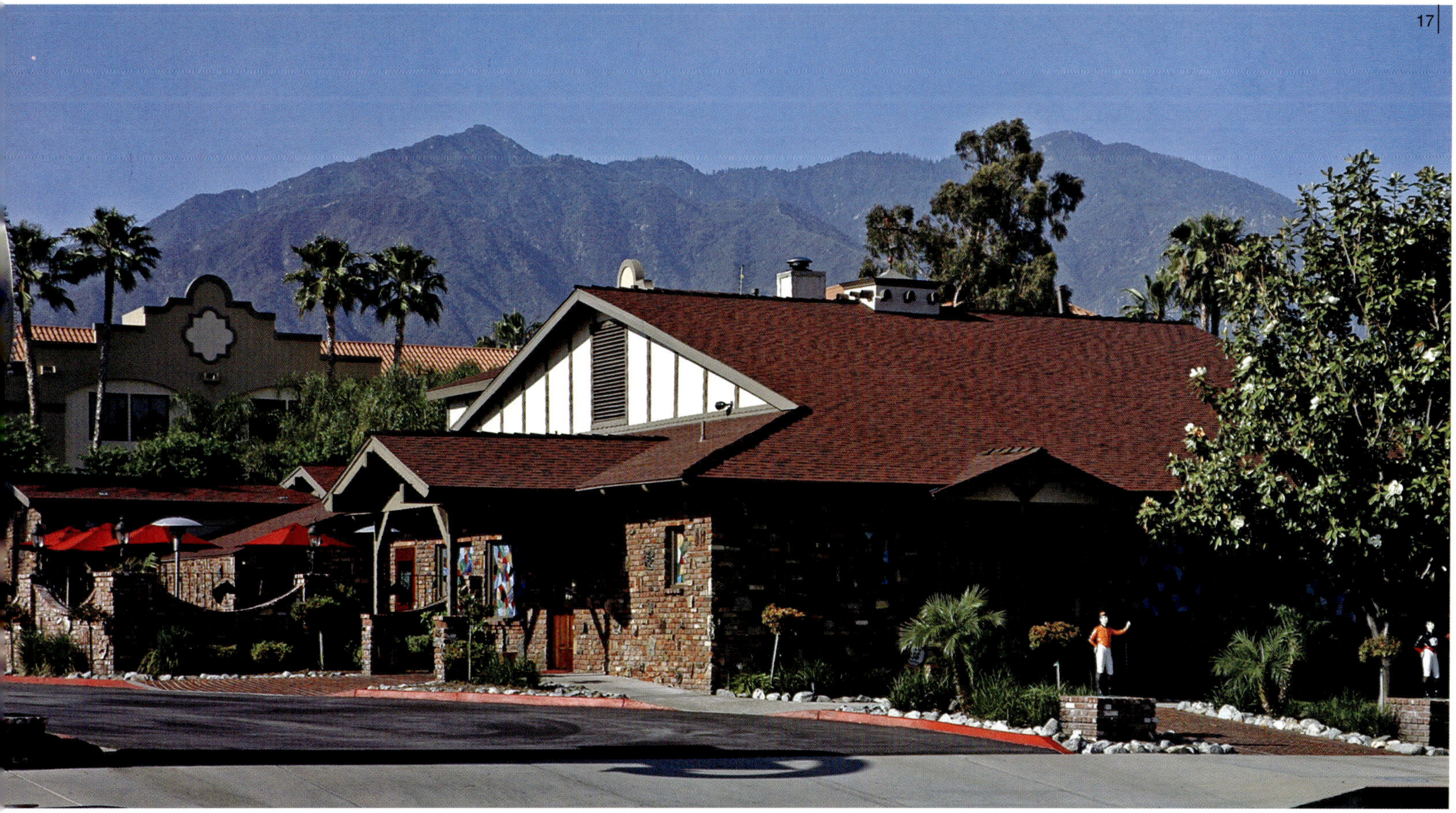
17

18. San Francisco
19. Los Angeles
20. Niagara City
21. Los Angeles

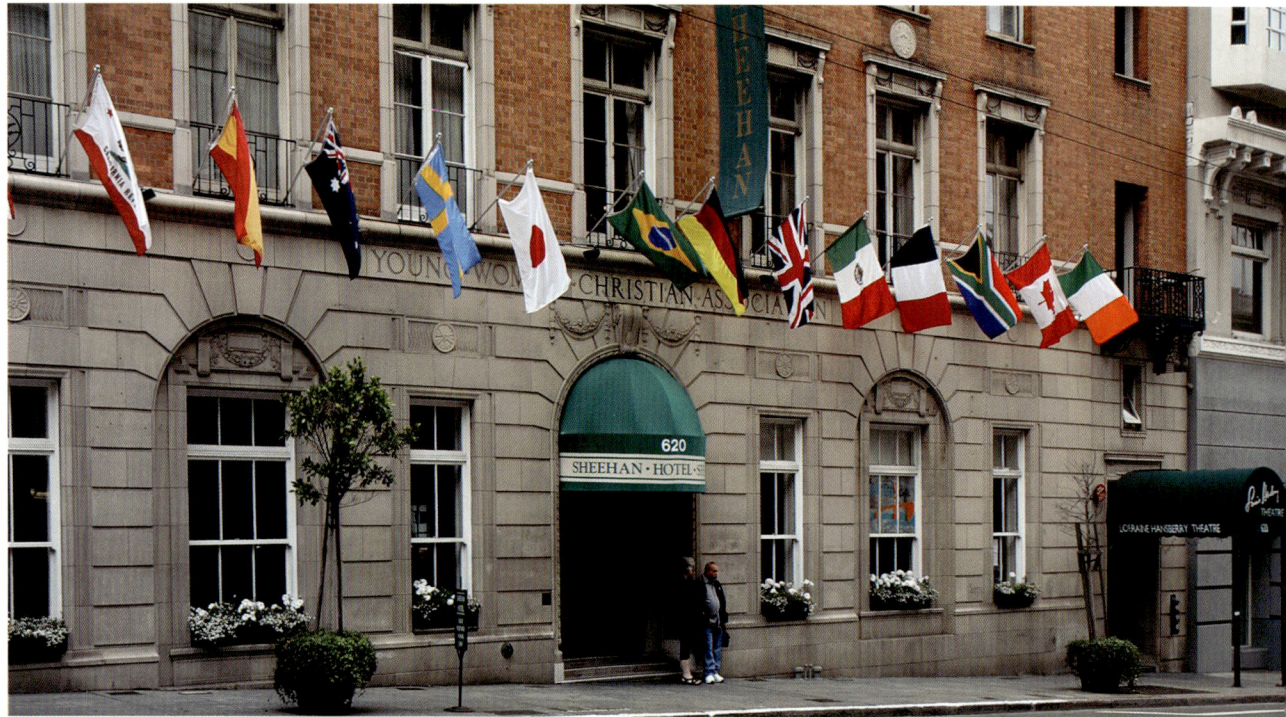

18

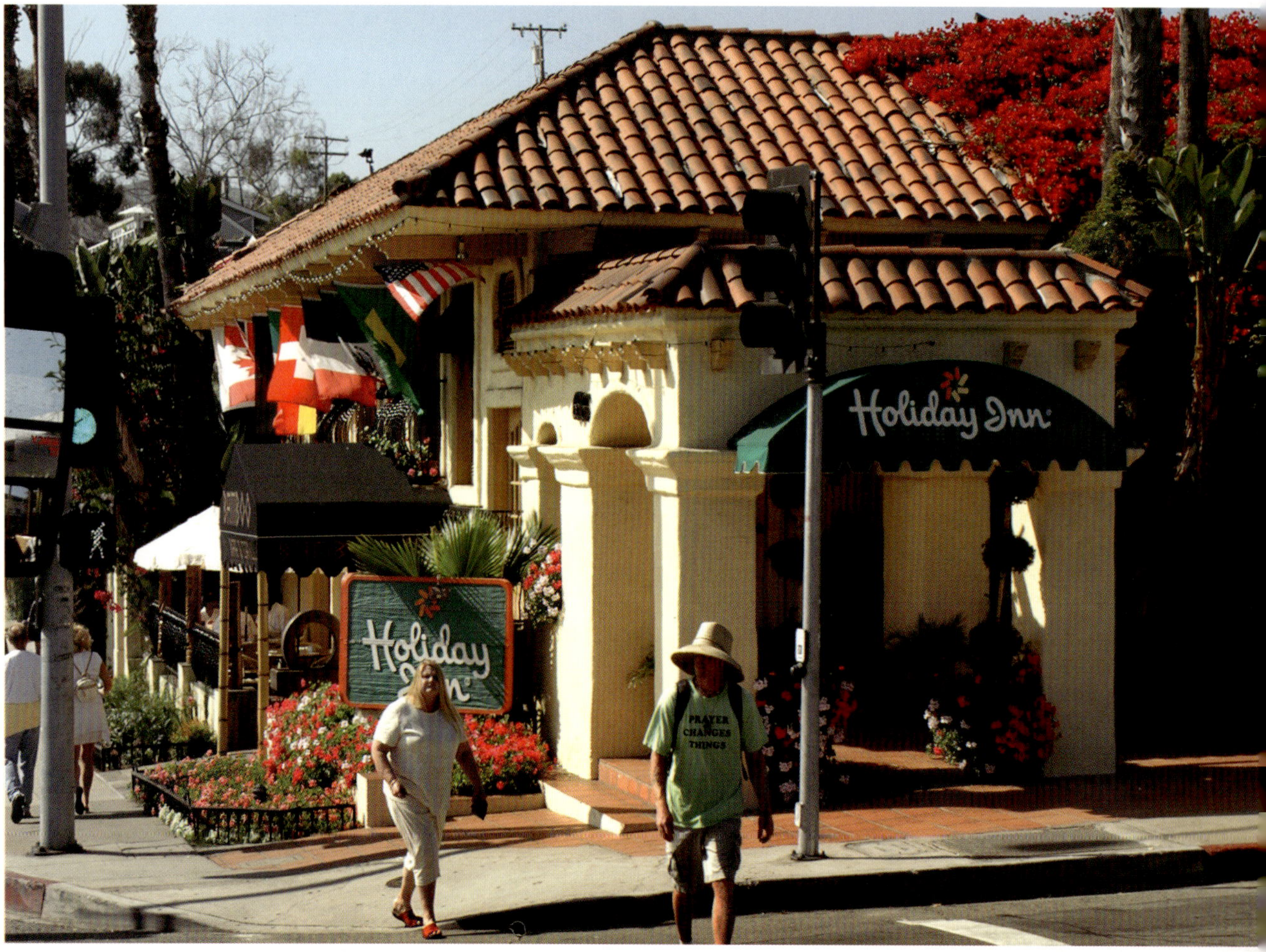

19

QUALITY
HOTEL & SUITES
After 11:00pm
PLEASE USE OUR
MAIN ENTRANCE
LOCATED ON
RAINBOW BLVD.

20

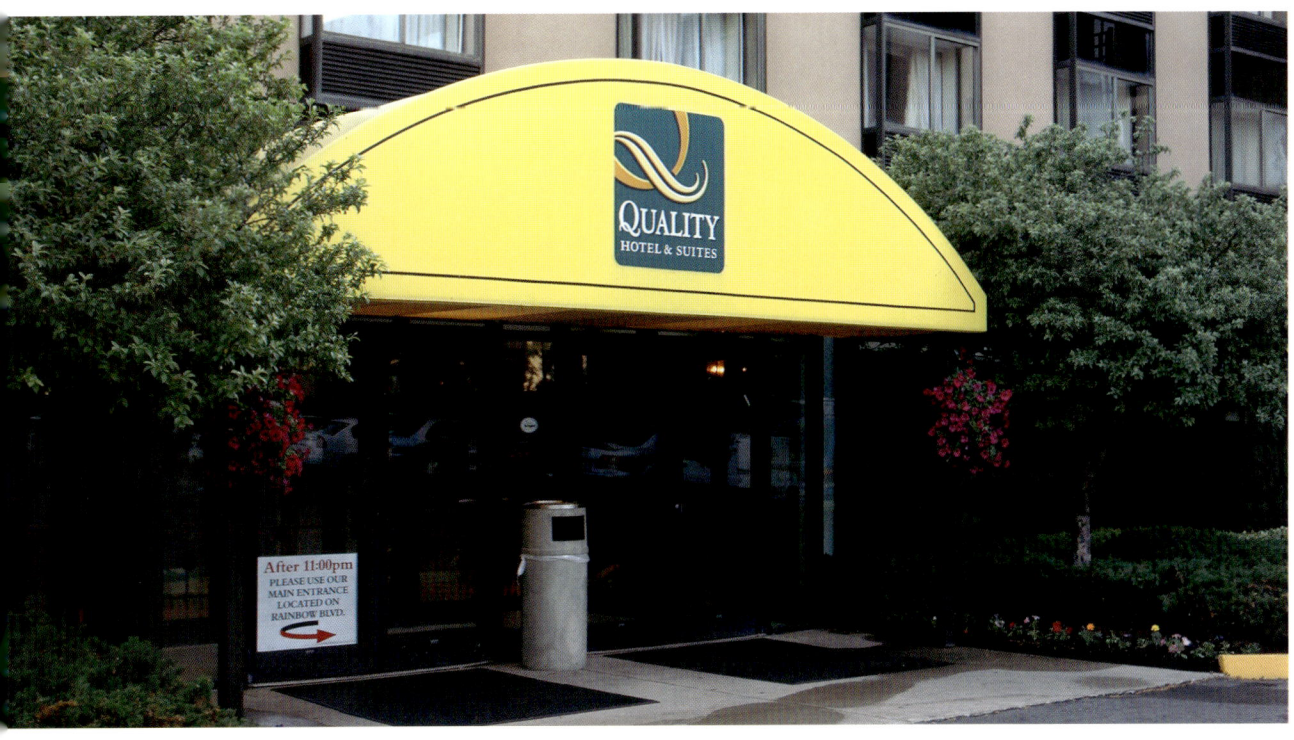

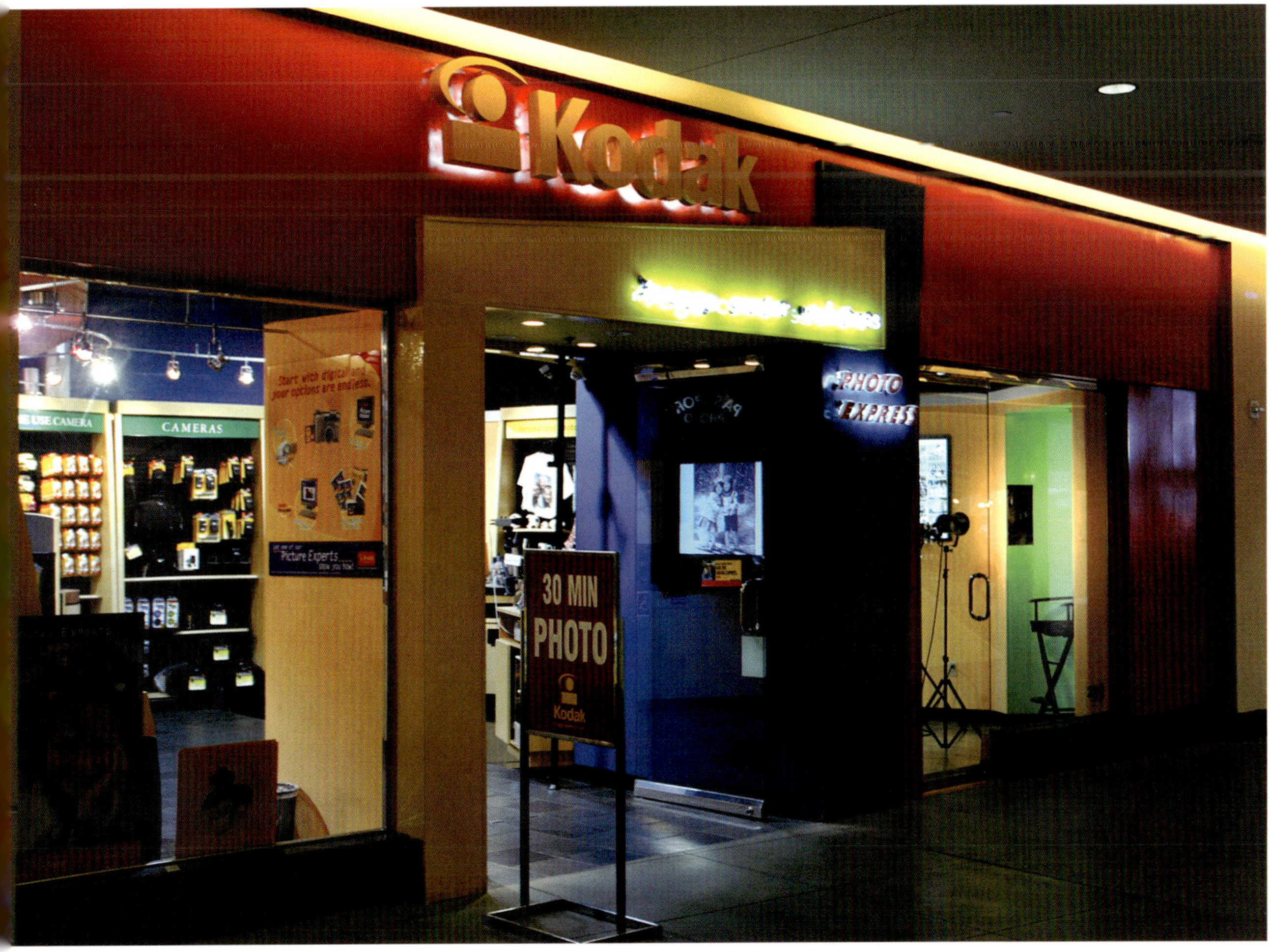
Kodak
CAMERAS
PHOTO
EXPRESS
30 MIN
PHOTO
Kodak

21

Cultural Shops

Papelerías

El diseño de las tiendas de material de escritorio se basa en los conceptos e ideas que sus propietarios tienen acerca del negocio. Los establecimientos con más éxito del sector tienen características propias bien definidas. El espacio interior del local no se limita a conformar un lugar para vender mercancías, sino que se llena de una atmósfera humana, un ritmo pausado y detalles cuidadosamente concebidos destinados a la satisfacción integral del cliente. El grafismo de la publicidad empleada en el diseño de estas tiendas servirá para satisfacer las necesidades psicológicas del cliente y guiarlo en su aproximación a los productos y servicios ofrecidos. Debe al mismo tiempo expresar el concepto comercial correcto capaz de convencerlo de las ventajas de su elección. Con la ayuda de determinada información, los clientes tomarán una decisión razonable que les llevará a realizar la compra.

Cartolerie

Il progetto dei negozi di articoli da cancelleria si basa sull'idea che ciascun proprietario ha riguardo la propria attività. I negozi del settore di maggior successo hanno caratteristiche precise. Lo spazio interno del locale non si limita a configurare uno spazio di vendita, ma risulta caratterizzato da un'atmosfera umana, dal ritmo rilassato e ricca di dettagli accuratamente studiati per soddisfare completamente il cliente.

L'aspetto grafico della pubblicità usata per progettare questi negozi è volto a soddisfare le esigenze psicologiche del cliente e invitarlo ad accostarsi ai prodotti ed ai servizi offerti. Allo stesso tempo, deve esprimere un'idea commerciale efficace, per convincerlo dei vantaggi derivanti dalla scelta di un determinato prodotto. Con l'aiuto di informazione specifica, i clienti potranno prendere una decisione ragionevole al fine di portare a termine l'acquisto.

Librairies

Le design des boutiques de matériels de bureaux se base sur les concepts et les idées que leurs propriétaires ont du commerce. Les établissements de plus grand succès du secteur possèdent des caractéristiques propres bien définies. L'espace intérieur du local ne se limite pas à conformer un lieu pour vendre des marchandises, mais se remplit d'une atmosphère humaine, un rythme détendu et des détails curieusement conçus, destinés à la satisfaction totale du client.

Le graphisme de la publicité employée dans le design de ces boutiques servira à satisfaire les nécessités psychologiques du client et à le guider dans son approche aux produits et aux services offerts. Il doit également exprimer correctement le concept commercial capable de convaincre le client des avantages de son choix. Grâce à cette information, les clients prendront une décision raisonnable qui les amènera à réaliser l'achat.

Cultural Shops

The design of stationery shops is based on the manager's thoughts and ideas. Every successful stationery shop has its own characteristics. The space in the shop is not only a place to sell goods, but is also filled with human atmosphere, moderate rhythm, thoughtful details, which can bring all-round enjoyment to the customers.

In designing stationery shops, graphic advertising should be used to meet the psychological needs of customers and guide them to the products or services they are looking for. It should also express the right sales concept to persuade customers to believe that they are making the right choice. With the help of some information, the customers will make a reasonable decision and decide to buy.

02

ANIMAL COUNTRY
ANIMAL COUNTRY
HOUDINI'S
MAGIC SHOP
Studio 39
VIRTUAL VACATIONS
MAGIC C
STAR IN YOUR
OWN MOVIE

03

B.DALTON
Bookseller
B.DALTON
B.DALTON
B.DALTON

Cultural Shops

Cultural Shops

07. San Francisco
08. San Francisco
09. Los Angeles
10. San Francisco
11. San Francisco

07

08

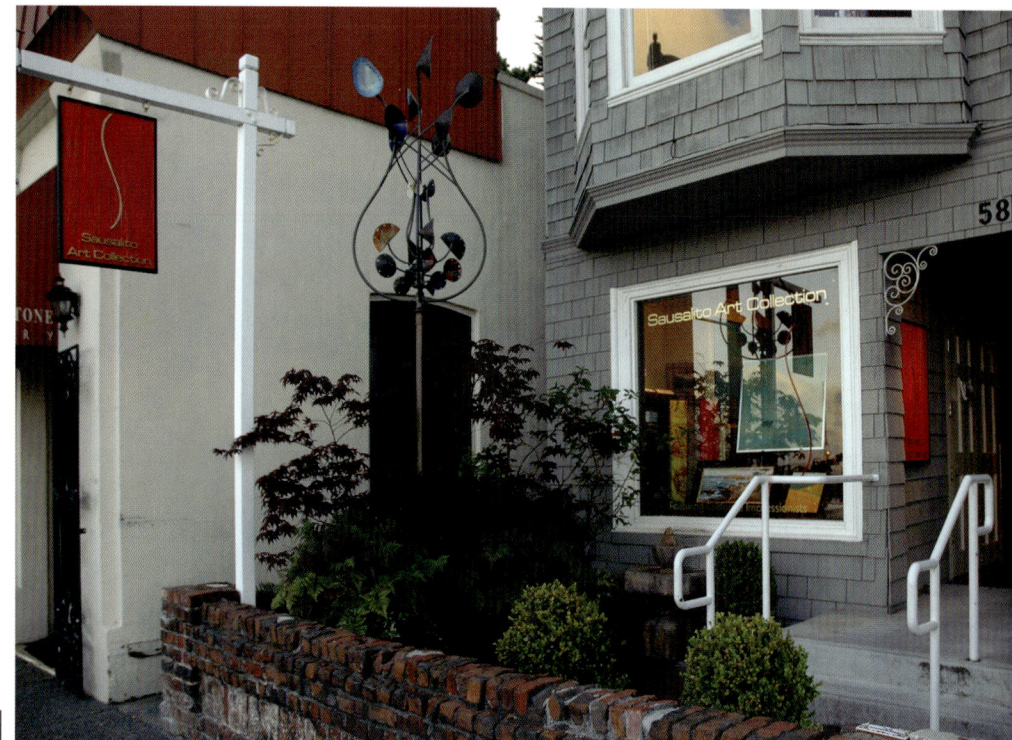

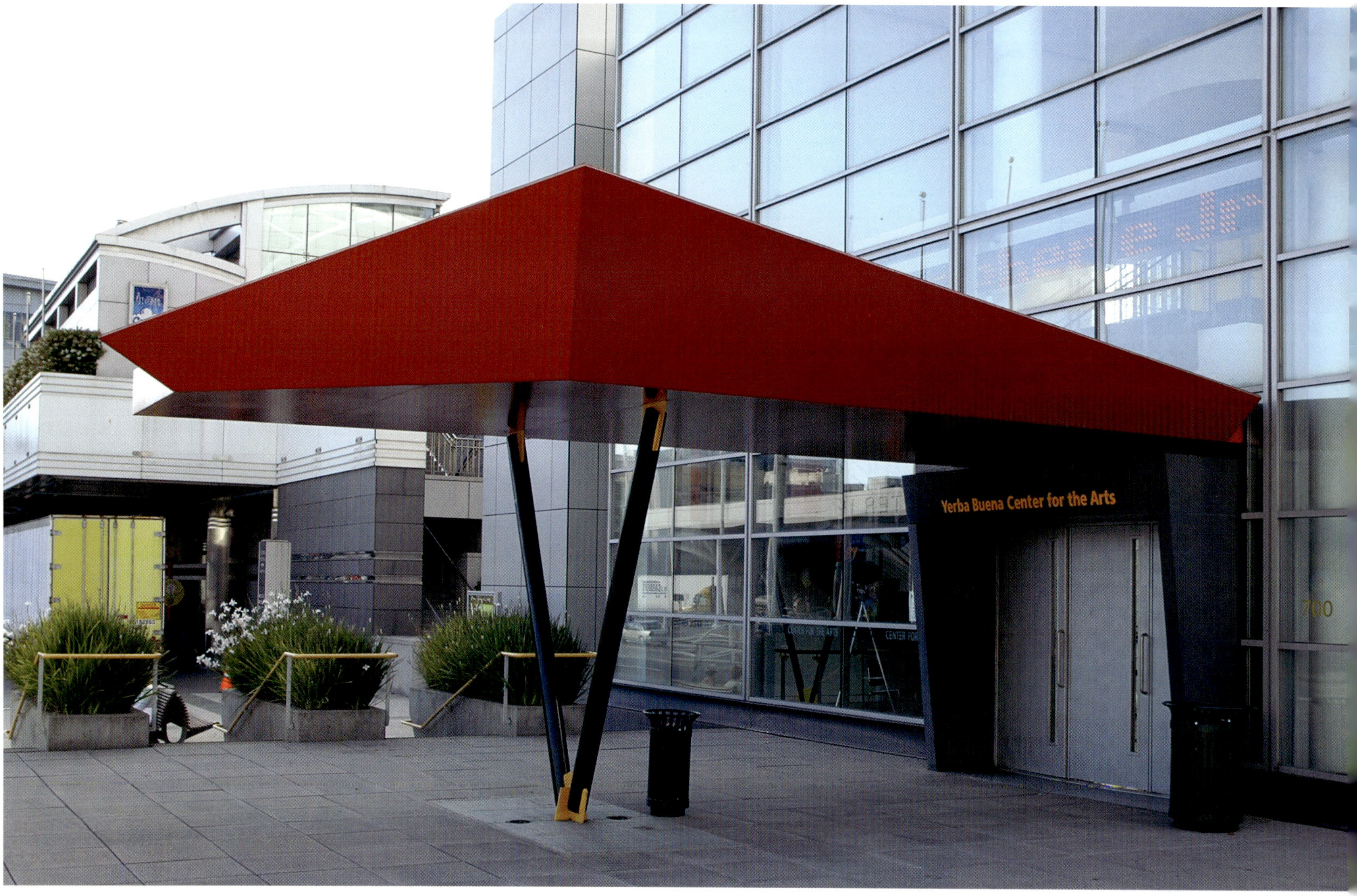

DUTTON'S
BEVERLY HILLS
BOOKS
now open

09

ACADEMY of ART
UNIVERSITY
FOUNDED IN 1929
ACADEMY of ART
UNIVERSITY
FOUNDED IN 1929
ACADEMY of ART UNIVERSITY

10

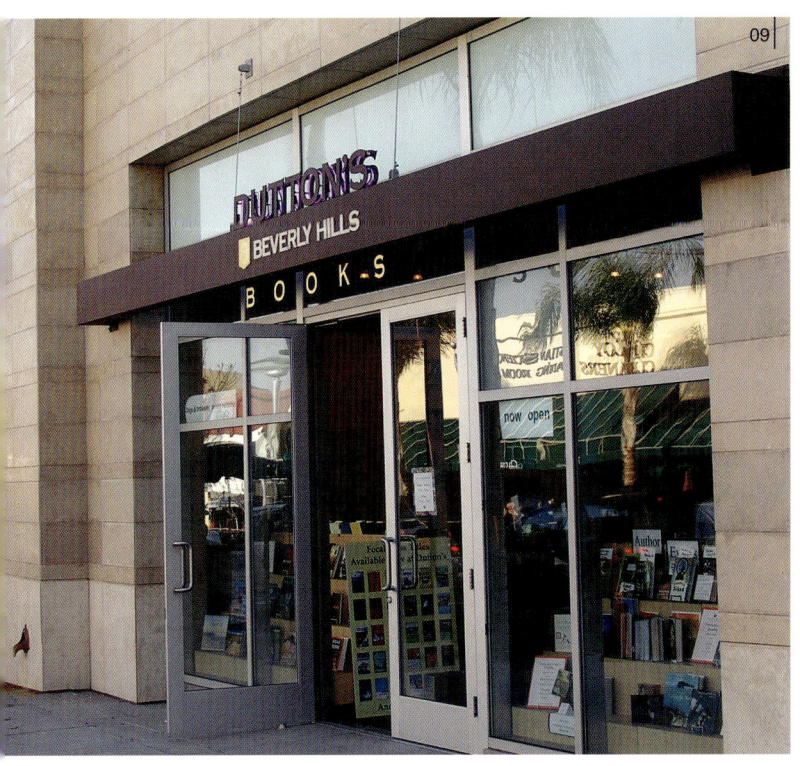

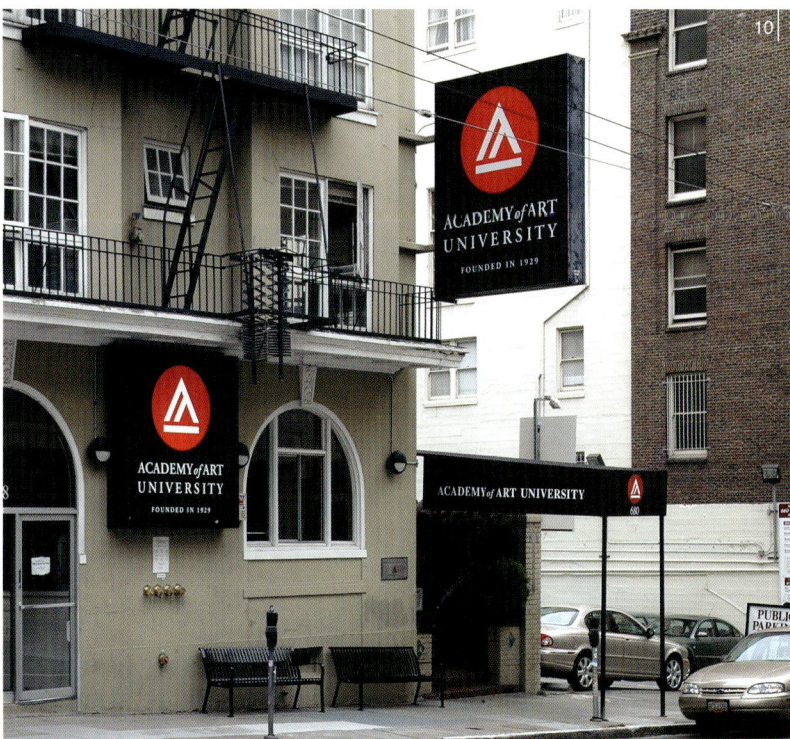

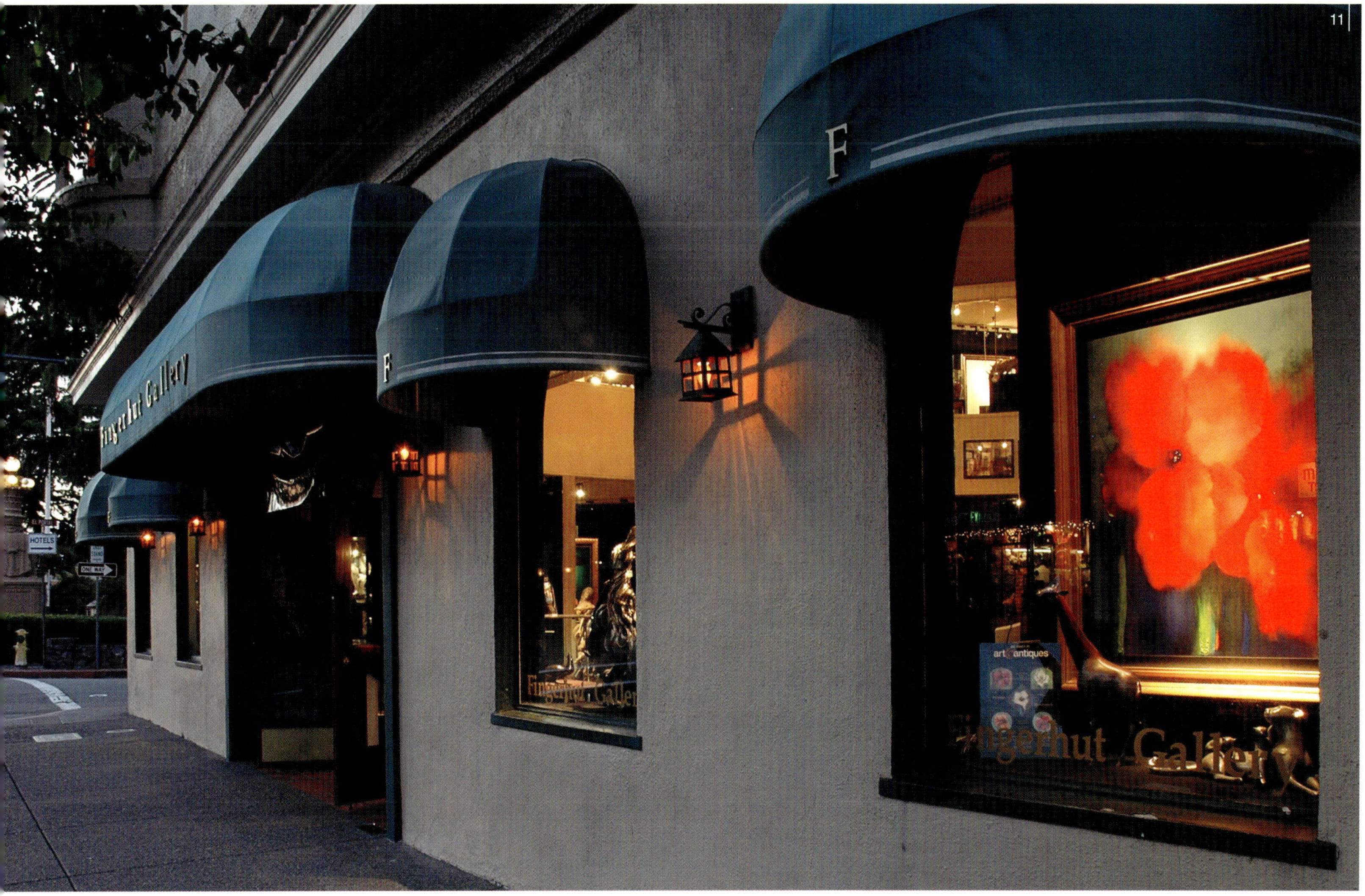
Fingerhut Gallery
F
F

11

Cultural Shops

12

16